新时代的到来——看见大海的天皇

“明治”年号确定后的第二十二天，在从京都乘肩舆前往东京的途中，明治天皇第一次亲眼看见了太平洋。江户时代的历代天皇基本上从未离开过京都，更不曾见过外海。可以说，明治天皇看见太平洋的那一刻，历史的轨道即从“幕末”转向了“明治”，新的时代到来了。

▲《武州六乡船渡图》，描绘的是明治天皇从京都出发行幸东京时，列队渡过多摩川的景象（月冈芳年绘）

◄ 明治天皇像（内田九一拍摄）

《废藩置县》（小堀鞆音绘，圣德纪念绘画馆藏）

岩仓具视

木户孝允

西乡隆盛

新政府的变革——废藩置县

明治政府在明治四年（1871）废除了全国各藩，统一设立了府县，这是明治政府建立中央集权政权的一项划时代的政治变革。岩仓具视、木户孝允、西乡隆盛、大隈重信、大久保利通、伊藤博文是废藩置县后政府首脑的代表。

大隈重信

大久保利通

伊藤博文

《山形市街图》（高桥由一绘，山形县藏）

文明开化的代表——山形的官厅街

明治九年（1876）八月就任山形县县令的三岛通庸，通过向当地居民募捐，修建了新的城区。左图左侧由外向内的建筑物，依次是警察署、活版印刷所、郡的官厅、博物馆、劝业制丝厂（有烟囱），正对面是县厅。图的右侧自内向外的建筑物，则依次是师范学校（有钟楼）、南山（小）学校、警察本署，以及一个布告栏。布告栏上张贴的是与殖产兴业的政策、教育、活版印刷等内容相关的布告，布告栏的存在使得新时代的行政工作可以通过一种直观的形式呈现出来。

《宪法颁布阅兵式行幸启》（片多德郎绘，圣德纪念绘画馆藏）

崭新的阶段——宪法颁布仪式

宪法颁布仪式于明治二十二年（1889）二月十一日上午在宫殿的正殿举行，这是一场我们常能在绘画中见到的西式仪式。在仪式上，内大臣三条实美手捧宪法进入现场，天皇向内阁总理大臣黑田清隆授予了《大日本帝国宪法》。

▲《宪法颁布式之图》（床次正精绘，日本宫内厅宫内公文书馆藏）

►《宪法颁布式》（和田英作绘，圣德纪念绘画馆藏）

明治时期的帝国大学

教育制度的发展——帝国大学

明治十九年 (1886) 三月，明治政府整合了文部省的东京大学、司法省法学校、工部大学校，随后又兼并了农商务省的驹场农学校，成立了帝国大学。帝国大学是当时唯一的大学，也是现在的东京大学的前身。

明治时期的帝国大学法学部校舍

讲谈社
日本的历史

IO

HISTORY
OF JAPAN

维新的构想与开展

明治时代

[日]铃木淳——著　李青——译

文匯出版社

新经典文化股份有限公司
www.readinglife.com
出　品

講談社・日本の歴史10

維新の構想と展開

“横看成岭侧成峰”

——日本人书写的日本历史

2014年，理想国出版十卷本的“讲谈社·中国的历史”中文版，引起中国读者广泛关注：有人敬佩成立已达百年的讲谈社打造学术精品的底蕴与担当，有人惊叹日本史学家对中国历史理解的深度与广度。

阅读过这套丛书的读者，体味到“从周边看中国”的观念刺激与知识冲击，继而衍生出对日本历史的好奇与兴趣。如今，新经典文化推出十卷本的“讲谈社·日本的历史”，既与前述“讲谈社·中国的历史”成双，也契合了中国读者积聚多年的阅读趣味和需要。

放眼国际史学界，“日本历史”是重要的热点之一。从东方视角观之，因独特的地缘及紧密的文化纽带，日本史与周边国家的历史互相交织，自然而然成为各国观照自身的镜鉴；以西方立场视之，从古代神秘的“黄金岛”传说到现代经济腾飞的神话，无不触发西方人的探秘欲望与破译冲动。因此，日本历史研究的热潮，无论在东方还是西方均经久不衰。

以中国为例，从3世纪末的《三国志》到20世纪初的《清史稿》，历代正史专设日本传凡十七篇，时间跨度超过一千五百年，是研究日本历史不可或缺的原始史料群。加之，日本古代多以汉文撰写史书，依托此种得天独厚的史料解读优势，以周一良等主编的“中日文化交流史大系”为标志，中国史学家的研究在中日关系史及中日文化交流史领域别开生面，颇有建树。然而，中国史学家少有人通晓日本古代“和文”系统文献，如古代的宣命体、中世的武士文书、近世的候文等，因其解读难度大，所以迄今尚无一部获得公认的日本史丛书问世。

再举欧洲的例子，在英语读书界最受追捧的无疑是马里乌斯·B. 詹森（Marius B. Jansen）等人主编的“剑桥日本史”（*The Cambridge History of Japan*）。这套集多国史学精锐撰写的六卷本，在西方史学理论框架下梳理日本历史脉络，无论其宏观视域还是研究方法，尤其是对政治史、社会史的叙述视角，都有颇多可取之处。然而，西方史学家的短板也同样存在。如第四卷至第六卷叙述近现代四百余年历史，而远古至中世数千年历史仅占全套书一半篇幅，薄古厚今的倾向明显；又如第一卷《古代日本》（*Ancient Japan*）拘泥于“成文史”的史观，将叙述重点置于弥生晚期以后，对日本历史黎明期的无土器时代、绳纹时代一笔带过。

总之，中国的日本史研究与欧美的日本史研究，属于“旁观者”书写的日本历史，虽各有建树，但存在不足。那么，作为“当事人”的日本史学家，他们书写的日本历史，又会具有什么特色呢？正如苏轼《题西林壁》中的诗句："横看成岭侧成峰，远近高低各不同。"面对名为"日本历史"的"山"，倘若从中国望去是"峰"，站在西方看到的是"岭"，那么映现在立足于本土的日本史学家眼中的，又是何种"山容"呢？

大凡了解日本图书现状的读者都知道，历史题材受到的关注从未减弱。这方面笔者有亲身体验，但凡关涉圣德太子、鉴真、阿倍仲麻吕、最澄、圆仁等历史人物，每次演讲的听众动辄数百上千，报纸专栏、杂志特辑、系列丛书等的稿约应接不暇。正因为有众多历史爱好者旺盛的需求，日本大型出版社均有底气倾力打造标志性的日本历史丛书。此次新经典文化译介的"讲谈社·日本的历史"，便是代表日本史学界水准的学术精品。

该丛书原版共二十六卷，中文版萃取其中十卷，大致展示弥生时代至明治时期约两千年的日本历史进程。大而观之，第一卷《王权的诞生》叙述弥生时代至古坟时代，第二卷《从大王到天皇》聚焦古坟时代至飞鸟时代，第三卷《律令国家的转变》起自奈良时代、迄于平安时代前期，第四卷《武士的成长与院政》重点置于平安时代后期，第五卷《源赖朝与幕府初创》大抵等同镰仓时代断代史，第六卷《〈太平记〉的时代》跨越南北朝时代与室町时代，第七卷《织丰政权与江户幕府》聚焦战国时代，第八卷《天下泰平》侧重于江户时代前期，第九卷《开国与幕末变革》框定江户时代后期，第十卷《维新的构想与开展》铺叙明治维新时期迈入近代化的进程。

前述中国学者周一良等主编的“中日文化交流史大系”与美国学者詹森等主编的“剑桥日本史”，邀约各领域专家共同执笔，因而能确保历史脉络的连贯性及叙述层面的完整性。与此相较，中文版“讲谈社·日本的历史”各卷均为单人独著，各卷时段难免偶有重叠，每位著者叙述重点不一，但这将最大限度发挥著者“术业有专攻”的优势。日本史学界专业壁垒森严，史学家大多博通不足而深耕有余，浸淫擅长领域，积淀十分深厚，对相关史料掌控无遗，对学界动态紧追不懈，这既是日本史学界的严谨风格，也是这套丛书的一大看点。

这套丛书呈现的是日本人书写日本历史的成果，既不是从中国侧视的“峰”，亦非西方人横看的“岭”，置身此山的日本人，虽然未必能俯瞰延绵起伏的山脉，纵览云雾缭绕的山势，但可以肯定的是，他们作为“当事人”，比任何“旁观者”更能对溪流的叮咚、山谷的微风、草木的枯荣感同身受。比如在第二卷《从大王到天皇》中，“治天下大王”的“治”字读作“治（シラス）”久成定论，著者则将其训读为“治（オサム）”，二者间微乎其微的差异，绝非外国学者所能体味。而著者对此的解读是：前者“强调统治者拥有绝对性的统治权”，后者“强调互酬性……的统治权”，从而定性大王具有“以人身依附关系为纽带的原始性统治权”，区别于具有“以绝对君权和国家机器为后盾的强制性统治权”的天皇。关于大王称号的前缀“天下”，在著者细致入微的考证下，此“天下”与中国语境中蕴含“德治”与“天命”要素的“天下”观迥异，是指在众神群居的“高天原”之下，王权中心的所在地，与排斥“天命”且“万世一系”的天皇观一脉相承。诸如此类，抽丝剥茧地推演日本历史的内在机理，是该丛书的又一大亮点。

相对于其他学科，日本史学界给人的印象较为刻板、固守传统，连臭名昭著的“皇国史观”也尚存一席之地，右翼学者炒作的新历史教科书便属此类。然而，“讲谈社·日本的历史”带给我们的是开放式、客观性、国际化的史学新风。还是以第二卷《从大王到天皇》为例，朝鲜半岛南部曾有一个小国林立的地区，名为加罗，日本史书《日本书纪》称该地为“任那”，大和朝廷在那里设有“日本府”。长期以来，日本史学界偏信《日本书纪》，认为任那是大和朝廷的屯仓，也有朝鲜学者愤而反驳此观点，双方论战火药味甚浓。本卷著者持论公允，指出加罗地区虽然存在倭人势力，但尚未沦为日本的殖民地，而“任那”一词暴露了“日本古代国家的政治立场”，所以史学家不应使用该词。在墨守成规的日本史学界，这些看似微弱的声音，实如惊天霹雷，让我们看到现代日本史学家的良知与果敢，值得我们赞赏。

前面说过日本史学家“博通不足而深耕有余”的特点，穷尽史料、追根问底是其优势，局限性则体现在研究古代史的绝不涉猎中世史、近世史，攻日本史的鲜少涉足中国史、朝鲜史，总体而言多在日本框架下研究日本史。然而，“讲谈社·日本的历史”向读者呈现出些许不落窠臼的气象，从“从世界史和现代角度看王权诞生”（第一卷）、“东亚世界中的倭国”（第二卷）、“国际秩序构想的转变”（第三卷）等章节标题可见，一些著者不再局限于在日本列岛之内观照日本历史，而是从东亚乃至世界的联系中洞察日本历史的脉搏，剖析文明发展的机制。虽然上述气象还比较微弱，但也是这套丛书令人耳目一新之处。

《题西林壁》下联有云：“不识庐山真面目，只缘身在此山中。”置身此山的日本史学家，能够在至近距离凝视日本历史之“山”，可以鼻闻花草之芬芳，耳听虫鸟之啼鸣，眼观云雾之聚散，手触泉水之冷暖——一切都是那么自然、真实、细腻、神奇，深耕之下或许还能发现地下的根须、山中的矿石、溪流的水源，这是日本史学家与生俱来、得天独厚的优势。但正因为置身此山，未必能看清庐山真容。比如日本古代历史以“和汉”两条主脉交织而成，近代以来则形成“和洋”交叠的结构，而这套丛书呈现的基本上是“和”之一脉，甚至对国外同行的研究成果也有所忽略。然瑕不掩瑜，此不赘言。

临近尾声，笔者突然想起禅僧青原惟信的珠玑之语：参禅之初，看山是山；禅有悟时，看山不是山；禅中彻悟，看山仍是山。这说的是参禅的三重境界，化用到本文主题，中国人侧观、西方人横看、日本人仰视的“山”，属于第一境界；领悟到山有岭峰之姿、高低之相、远近之别，大抵迈入第二境界。何谓第三境界呢？或许等我们凝聚众人之眼，阅遍千姿万态，才能彻悟“山”之真容吧！

最后附言几句：大概因为笔者是“讲谈社·中国的历史”日文原版的作者之一，又曾强烈建议早日推出“讲谈社·日本的历史”中文版，这两套精品丛书的策划人杨晓燕女士嘱我写一篇序言。自忖国内日本史专家人才济济，还轮不到笔者这般资历尚浅、学养未丰之辈担纲作序。但念及“讲谈社·日本的历史”足可填补国内日本史学界的一块空白，身为行内一员有责任和义务为之推介，故不揣浅薄，勉草一文塞责。是为序。

浙江大学日本文化研究所

王勇

辛丑槐月吉日

写于武林桃花源

前言　亲眼看见大海的天皇

明治元年（1868）十月一日，在从京都乘肩舆前往东京的途中，明治天皇第一次亲眼看见了太平洋。长州藩同行的木户孝允在这一天的日记中写道："至尊睿览大洋……从此皇威光耀外海，感泣不已也。"长途跋涉后终于看见广阔的大海，一定有很多人会为此而感动。不过，多次往返于江户与藩地之间、看惯了太平洋的木户孝允却并非为此动容。

不仅是刚刚年满十六周岁的明治天皇，江户时代的历代天皇基本都没有离开过京都，更不曾见过外海。天皇看见太平洋这件事本身即昭示着新时代的到来，而且在那个时代，外海有着特殊的含义。在没有飞机的时代，海外的所有以书籍、以人为载体的信息，均由船只带入岛国日本。代表外国军事实力的军舰、军队也来自海上。外海是连接日本与海外各国的通道，也是各国军舰、船舶炫耀军事实力与先进技术的舞台。那些能在外海航行的轮船赋予了外海更加重要的意义，它们给陆地上没有国境线、鲜有机会直接与欧美文明接触的日本带来了极大的影响。

幕府末期的动乱始于十五年前。彼时佩里率领四艘蒸汽军舰出现在浦贺海面上，包括木户孝允在内的很多人痛感必须设法应对这样的局面。对于那时候的木户孝允等人而言，外海是最危险的领域，随时有可能出现外国军舰的身影。“海防”成为幕府与各藩亟待解决的一大难题，因而各地纷纷修建起用来架设大炮的炮台。长州藩在幕府开放港口后，仍采取攘夷方针。五年前在下关炮台，长州藩与四国联合舰队交战，最终以惨败收场。

然而，如今的木户孝允不再惧怕大海。他的后辈伊藤博文、井上馨等人漂洋过海前往英国考察后归来，组建起新的政府。在这一年的一月十五日，即天皇元服（加冠）之日，新政府宣布与外国和睦共处。在眼下的戊辰战争中，政府的官兵使用轮船进行海上运输，大海从危险领域变成可以获益的实用领域。回顾十五年来自己对大海感情的变化，回忆起自己的辛劳和在内战中流散朋友的音容笑貌，木户孝允难免会悄然落泪吧！

当然，自多年前起，以幕府为中心，日本也在不断发展对外贸易，普及轮船，建设近代化的海军。八天前，会津藩投降，戊辰战争的陆地战基本结束。但在这一阶段，日本实力最强大的舰队仍是由榎本武扬率领的、停泊在仙台藩领地内松岛湾的旧幕府海军。在充分利用大海这一点上，新政府只是更换了领导人，但仍旧延续着幕府的方针。天皇看见大海这件事便象征着这种更迭。

不过，维新的目的并不是让天皇看见大海，也不是要打破长期以来的传统，而是要构筑新体制的起点。面对渡海而来的近代技术与近代军事力量，新政府不再像幕府那样，一边维持旧体制的框架，一边接纳它们，而是要变革体制，举全社会之力加以应对，这是维新的开端。自此以后，这场不断进行的社会变革便以宣扬“皇威”为目的，天皇成为其象征。

此后，外海成为日本向海外直接宣扬皇威的舞台。木户孝允主张在这一年入侵朝鲜：“在其土大张神州之威。”数年内，日本向海外大展军事实力。明治十一年（1878），在江华岛事件主角井上良馨舰长的带领下，日本国产军舰“清辉”巡航欧洲各国，日之丸旗迎风招展，向世界宣告新的海军大国已经诞生。随后，日本与清朝在建造军舰方面展开竞争，把扩充海军作为在军事上、文明上发扬国威的最佳手段。此事在日本国内获得广泛支持，政府意欲以此为中心来应对议会上提出的问题。

大海的作用不仅限于此。继政府首脑为首的岩仓使节团环球考察后，许多人远赴海外，带回了新的知识。在日本国内，天皇乘坐轮船从鹿儿岛一路巡视至函馆，这宣告了新时代的到来。对外贸易的扩大，出口产业的发展，为人们的生活带来了进口商品。日本国内海运业的飞速发展也使人员往来、物资流通变得更为频繁。即便是偏远地区，也迅速在海上航线的重要之处建起了真正意义上的、西式风格的灯塔。综上所述，我们可以说明治时代始于大海。

在“明治”年号确定后的第二十二天，天皇眺望太平洋的这一瞬间，正是一个历史由“幕末”进入“明治”的巨大转折点。木户孝允正是看清了一点，才不禁热泪盈眶。

* 本书中出现的人名统一使用后世熟知的表述，年龄使用周岁。

目 录

第一章

明治的『藩』

第一节 ｜《五条御誓文》

从御誓文到宪法

广兴会议，万机决于公论；

上下一心，盛行经纶；

官武一体，以至庶民，各遂其志，毋使人心倦怠；

破除旧有之陋习，一本天地之公道；

求知识于世界，以大振皇基。

这是庆应四年（明治元年，公元 1868 年）三月十四日明治天皇向天地神明宣誓的“国是”——《五条御誓文》，我们将其称为“维新的构想”再恰当不过。

其宗旨是：否定独裁，扩大参政范围。建设人尽其才的社会，加入以发达国家为中心的国际社会，引入新知识，同时不被旧风俗习惯所束缚，遵照国际社会的标准行事。

御誓文发布七十八年后的昭和二十一年（1946），战败后的第一个元旦，明治天皇的孙子昭和天皇在化为焦土的东京发布了《关于建设新日本的诏书》，即众所周知的《天皇的人间宣言》。在诏书中，昭和天皇按照自己的意愿引用了《五条御誓文》，并写道：

此誓言公明正大，无可挑剔。朕也欲遵循此誓言努力新进，以开国运。

当然，为避免招致“复归明治”的误解，宣言做了如下说明：“遵循此宗旨，破旧来之陋习，畅达民意，官民一致贯彻和平主义，构筑富有修养之文化，并图民生向上，以建设新日本。”在战后社会重启的时刻，御誓文作为构想被再次提出。由此可见，御誓文是建设现代社会的构想，如今的社会也处于其向后发展的延长线上。

在御誓文公布两个月后，明治新政府在《政体书》中指出“制定国是，建立制度皆以《五条御誓文》之宗旨为目的”，宣布今后无论建设新国家的体制，还是统治府藩县都要“遵循御誓文的宗旨”。

另一方面，明治十年（1877）六月的《立志社建白书》及明治十一年五月十四日爆发的大久保利通暗杀事件中，均出现了引用或提及御誓文的“斩奸状”，这些“斩奸状”都批判政府违背了御誓文的精神。此后，批判政府独裁、要求开设议会的人也纷纷开始从御誓文中寻找依据。御誓文呈现的构想得到了官民的广泛认可。

明治二十二年（1889）《大日本帝国宪法》颁布后，人们逐渐不再引用御誓文批判政府，御誓文本身也鲜少被人提及。人们普遍认为《大日本帝国宪法》实现了御誓文的构想。《大

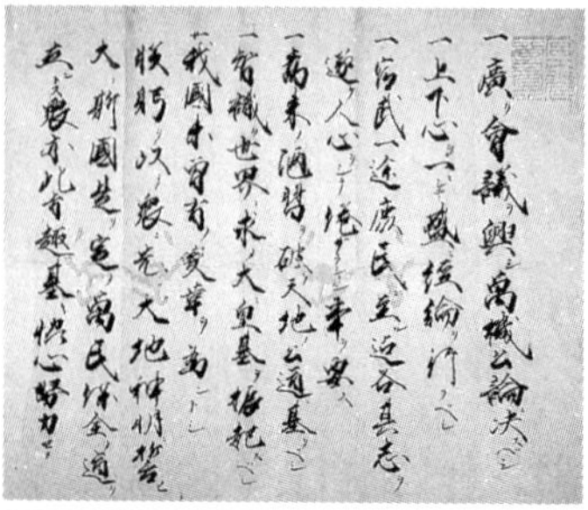

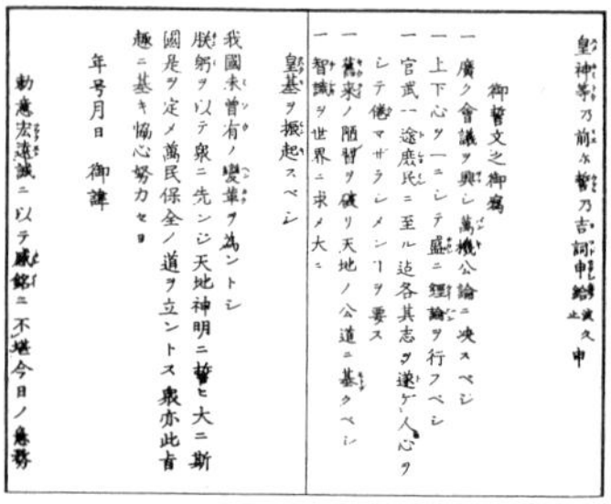

皇神等乃前尓誓乃吉詞申給止 中

御誓文之御寫

一 廣ク會議ヲ興シ萬機公論ニ決スベシ

一 上下心ヲ一ニシテ盛ニ經論ヲ行フベシ

一 官武一途庶民ニ至ル迄各其志ヲ遂ゲ人心ヲシテ倦マザラシメンコトヲ要ス

一 舊來ノ陋習ヲ破リ天地ノ公道ニ基クベシ

一 智識ヲ世界ニ求メ大ニ皇基ヲ振起スベシ

我國未曾有ノ變革ヲ為ントシ朕躬ヲ以テ衆ニ先ンジ天地神明ニ誓ヒ大ニ斯國是ヲ定メ萬民保全ノ道ヲ立ントス衆亦此旨趣ニ基キ協心努力セヨ

年号月日 御諱

勅意宏遠誠ニ以テ感銘ニ不堪今日ノ急務

《五条御誓文》 上图所示内容出自时任总裁[1]的有栖川宫炽仁亲王之手。下图是江户版的《太政官日志》。《太政官日志》不但把“经纶”误写为“经论”，还给它标注了假名（宫内厅书陵部藏，《太政官日志》第五卷芝三岛町和泉屋市兵卫版）

日本帝国宪法》颁布后，御誓文完成了其历史使命。本书将论述从御誓文颁布至《大日本帝国宪法》颁布期间，日本这一国家的发展历程。

明治维新的构想

“明治维新的构想”这种说法很容易让人联想到幕府末期维新志士们心中描绘的蓝图。不过在这里，笔者将幕末的故事交由本丛书中的《开国与幕末变革》来叙述，而本书将从庆应四年（1868）开始写起。在与幕府对峙并将其推翻的过程中，仁人志士们的构想成为激发人们变革欲望的理想，同时也被作为推进当下政治活动的手段，用以协调各派势力之间的意见。至于构想本身

1 总裁，王政复古后明治新政府的一种官职名，是为辅佐年轻的天皇而设的，可谓天皇的代理人，与“议定”“参与”并为中央政府的最高职务，于庆应四年（1868）闰四月被废除。

是否能够实现，人们不会对其深究，人们对它的解释自然存在很大的空间。

与此相对，新政府为了确立政治框架与行政制度，则必须明确地提出具体的构想。不仅要明确“建设怎样的社会”“基于何种理念执政”这样的问题，还要详细构思“使用什么手段”“按照什么顺序执行”等落实方案。在实施过程中，负责人为了应对抵抗、解决技术难题，或改变了原有的构想，或提出了新的构想。

“明治维新”这个词，从狭义上可以说是从幕府到明治政府的政权更迭。然而，在新政府刚刚诞生的阶段，社会并未发生多大的变化，就连藩与武士等政治的基本构成要素，在该时期也没什么重大的改变，只不过是德川幕府倒台，随后朝廷登台罢了。而本书所说的“维新”，则是指新政府改变武士的特权地位、制定各种全国性的新制度，建立新时代的军事力量，构建新政治、新经济活动框架的过程。

明治二十三年（1890）帝国议会设立，与此同时，明治二十二年颁布的《大日本帝国宪法》开始实施。由此，日本的官僚制度、地方制度、司法制度基本成形，并一直沿用至昭和二十一年（1946）《日本国宪法》制定前。明治十九年至明治二十二年是日本产业革命的起始时间，在此期间资本主义企业兴起，明治二十三年甚至爆发了第一次经济危机。资本主义的经济框架作为日本现代经济活动的基础，与立法、

宣读《五条御誓文》的天神地祇御誓祭（乾南阳绘，明治神宫圣德绘画馆藏）

行政、司法框架一同建立。

但是，以上框架并不是基于最初的构想建立起来的。维新以引进各种新技术、新制度为中心，在此过程中，日本的社会形态发生了急剧的变化，构想的前提也发生了变化，这就要求人们必须根据新的状况提出新的构想。这些构想及人们为实现这些构想所做出的努力，形成了明治时代的国家框架。本书将聚焦那些提出具体构想并以此推动明治维新向前发展之人，并以此来观察这一时代。

另一方面，同样打着御誓文旗号起步的战后社会，很快便否定了《大日本帝国宪法》并制定了全新的宪法。不过，即便《大日本帝国宪法》是在御誓文的影响下诞生，且后又遭到否定，但御誓文也依然没有失去其光芒，因为御誓文描绘了未来社会的美好蓝图。在上文中，笔者指出，幕府末期新社会的构想与明治之后推动维新所需之构想有所不同，如若依据此种划分方式，御誓文应属于幕府末期的构想。

接下来，让我们来看看御誓文作为这种构想被提出的背景。

天神地祇御誓祭

戊辰年[1]三月十四日，在名为“天神地祇御誓祭”的仪式中，《五条御誓文》公布。当天正午，只有朝臣、被称为诸侯的大名，以及各藩派驻朝廷的征士，才有资格坐在京都御所的紫宸殿中。神祇事务总督白川资训出身于世代负责朝廷祭神仪式的家族，在其主持完请神、献祭仪式后，天皇驾临，副总裁三条实美宣读了御祭文。三条实美作为长州派的朝臣，一度被朝廷流放，以至度过了一段被称为“七卿落难”的流浪岁月。王政复古后，三条实美东山再起，凭借家世与资历成为新政府的核心人物之一。直至明治十八年（1885）内阁制度建立前，三条实美一直都是新政府的首脑。这一年，三条实美三十一岁。

御祭文中写道“自神话时代起，奉天津神之命，掌管天下政事”，指出天皇的统治权来源于其祖先——天神。其中，“违背今日誓约者将即刻遭受天神地祇的刑罚”一句表明，以来自上天的惩罚（天谴）作为此誓约的担保。由此可见，这是一份以传统为依据的“誓文”。而后，天皇献上玉串[2]，参拜众神。最后，三条实美代替天皇宣读了《五条御誓文》：

---

1 戊辰年，即1868年。

2 玉串，一端缠着布条或纸条的杨桐树枝。拜神时献神用。

> 我国即将进行前所未有之变革，故朕躬身先众而行，向天地神明宣誓，定斯国是，立万民保全之道。盼众卿亦咸秉此念，同心协力。

在此过程中，天皇始终保持沉默，这是出于神道仪式的传统，也充分表明了当时天皇所处的被动立场。

随后，三条实美与一名公卿、一名诸侯分别上前，先参拜了神位，接着参拜了天皇宝座，随后在写有“谨奉戴睿旨，以死宣誓，黾勉从事，愿以安宸襟”的“奉答书”上签名。在御誓祭上，人们会向神灵宣誓，追随胸怀理想的天皇。

为什么要这样宣誓？以这年一月三日发生的鸟羽伏见之战为起点，戊辰战争拉开了序幕。以萨长[1]为中心的势力，成为奉朝廷之命的“官军”，德川庆喜在意识到自己必败无疑后，于六日夜里逃出大坂城[2]，经由海路败退回江户。战斗在这一天结束。而官军则继续朝江户进发，追赶德川庆喜。他们北上东海道、中山道，逼近品川、板桥。土佐藩、因幡藩藩兵从中山道穿过甲州街道，在胜沼附近打败近藤勇等人率领的新选组，并于御誓祭当天进入新宿的高远藩藩邸（今新宿御苑）。土佐藩藩兵的总督是兼任东山道先锋总督府参谋的板垣退助，大军监则是片冈健吉与谷干城。御誓祭翌日的三月十五日，是计划

1 萨长，指萨摩藩与长州藩。

2 1871 年前，“大阪”称“大坂”。

对江户城发动总攻的日子。三月六日的东征大总督府军事会议，决定了这一进攻时间。因此，身处京都的太政官首脑早已获知了这一消息。实际上，举行仪式的同时，幕府一方的胜海舟与官军一方的西乡隆盛正就移交江户城一事会谈。尽管在最后时刻，双方达成一致，江户城最终避免遭到武力入侵，但该消息尚未传到京都。

朝廷打算迎来讨伐德川过程中最大规模的战斗，而御誓祭正举行在战斗前夕。因此，御誓祭的举办有如下意义：朝廷的朝臣与官军方面的各大名，明确作战目的，彼此团结一心。御誓文是以“倡导与社会现状不同之美好理想，协调众多势力间之意见”为目的的文书，也正因如此，其内容缺乏具体性。

签署盟约的人们

根据当时公布仪式的过程，所有的参加者似乎都当着天皇的面签署了奉答书。然而实际上，待诸侯、公卿中挑出来的新政府首脑签完名之后，天皇便“入御”（退席）了，其他的人都在参拜完空空荡荡的天皇宝座之后，才签下了名字。“诸侯”指大名，即各藩藩主。不过，全国的诸侯并未全都聚集于此。

此时，中部以西的藩并未同官军发生冲突，他们对新政府采取了服从的态度。这些藩的藩主率领与本藩实力相当的兵力来到京都，在这种情况下，上述仪式才得以办成。但是，关东各国的藩主却并未前往京都。经金泽向北陆进发的官军，终于在御誓祭的第二天抵达越后的高田，而肩负追讨会津、镇抚东北诸藩重任的奥羽镇抚使，当时正由大坂经海路赶来，直至十八日才在仙台的领地寒风泽登陆。

让我们先来看看位于今千叶县的佐仓藩的情况。大政奉还后，朝廷要求诸藩主前往京都。佐仓藩与东北诸藩一样，派重臣作为代理人，前往京都观察形势。佐仓藩的重臣在支藩[1]佐野藩（今栃木县内）年寄[2]西村茂树的陪同下，乘轮船“顺动丸”抵达神户，于庆应三年（1867）十二月一日，进入京都。西村茂树这一年三十九岁。他本是佐仓藩藩士，在修习西式炮术与兰学后，成为佐野藩的年寄。他倡导奖励西式战术，实行以开国论为中心的改革。安政年间，佐仓藩藩主堀田正睦在担任负责外国事务的老中[3]时，西村茂树任其秘书，在藩内外小有名气。为此，在需要收集情报、对形势做出正确判断时，西村茂树被委以重任。

鸟羽伏见之战战败后，从大坂归来的德川庆喜遵循了服从政府的方针，佐仓藩也紧随其步调。尽管如此，三月二十九日抵达京都的藩主堀田正伦，还是因抵达时间过晚而受到了禁足的惩罚。西村茂树在四月向岩仓具视提议，不以复古之名义，

1 支藩，由本家分出者成为藩主的藩领。
2 年寄，指在武家中掌管政务的重臣。
3 老中，江户幕府的官职之一，辅佐将军、总理全部政务的最高官员。

而应以富国强兵为目的，建立新政体。他一面向新政府展示自身的存在价值，一面为解救佐仓藩藩主奔走。而直到五月九日，堀田正伦才被允许在御誓文上签名。佐仓藩藩兵应新政府的要求，出兵大多喜，飞地[1]柏仓的藩兵应萨摩、长州方面的请求，出兵天童，有藩士英勇战死，藩主堀田正伦才得以“完成公务，洗清嫌疑”。为了藩主之罪能获赦免，藩士英勇赴死，藩主才终被获准签下姓名。如此这般，其他诸侯也在明治四年（1871）废藩之前陆续签名。明治元年（1868）十一月十九日，德川本家的家主德川家达，也代替德川庆喜签了名。日后成为贵族院议长的德川家达，当时刚刚年满五岁。

五月，应旧幕府旗本之请，旗本被分为两类：直接侍奉天皇的朝臣与被削弱的德川家的家臣。成为朝臣、俸禄千石以上的旗本，也在御誓文上签了名。因为在明治二年（1869）十二月前，其身份尚未转变成士族[2]，亦无须交还领地，他们与诸侯一样，是拥有领地与领民的领主。御誓祭是天皇与他身边的朝臣，以及支持天皇的领主们的盟约。

作为征士、身处新政府中枢的维新旗手们——本书下半部分登场的伊藤博文（时年二十六岁）、萨摩藩的西乡隆盛和大久保利通、长州藩的木户孝允等人，自然没有在御誓文上签

---

1 飞地，指与主要领地不相连，必须通过他人领地才能到达的领地。

2 士族，明治二年奉还版籍（参考第039页注释）后，朝廷授予旧武士家系的身份称谓，与华族不同，士族不享有法律上的特别待遇，1947年被废。

名，这如实地反映了明治政府成立之初的状况。“藩”继续作为国家的基本单位存在，在公家与奉戴朝廷的藩主们的支持下，天皇建立起新的政府。《五条御誓文》正是为确认该体制而签署的文书。

在传统领主达成一致的基础上新政府成立，这使得该阶段在最大程度上避免了混乱。除部分幕臣外，也仅有部分特定的藩主及家臣成了戊辰战争中的抵抗势力，且随着战局的推移，这些人也为挽救藩主性命或保全本藩而投降了。没有一个藩主被处以死刑，也没有一个藩被完全消灭。因此，较之树立新政权表面上的动荡，实际的牺牲者其实少之又少。作为代价，新政府不得不承认多数领主原有的统治权，只有如此，新政府才可以起步向前发展。

《太政官日志》

那么，后世广为人知的《五条御誓文》，当时又有多少人知道呢？

宫内厅在日后编纂的《明治天皇纪》中写道：“御誓文与告谕书一同布告天下。”这里所说的“布告”是指通过新政府的机关报纸《太政官日志》公告天下。《太政官日志》于庆应四年（1868）二月创刊，当时采用的是木板（制版）印刷。御誓文刊登在第五号《太政官日志》上，同时刊载的还有天神地祇御誓祭的仪式过程，以及以天皇书信（御宸翰）形式发布的告谕书。

安场保和作为熊本藩藩兵的一员参加了东征军，并在半路上成为东海道镇抚总督府参谋，这个时候安场保和与总督一道，身在沼津。他在三月十九日的日记中写道：“分发太政官日志。”（《安场咬菜·追忆父母》）安场保和这里所说的“太政官日志”，正是报道御誓祭过程、刊登御誓文的那期《太政官日志》。此时，新政府已决定推迟进攻江户的计划，但尚未决定是否完全停止对江户的进攻。因此，通过《太政官日志》，让军中正在包围江户的诸藩士看见御誓文，看到新政府的集结及其正统性，这件事可谓意义重大。

到了四月，为了“不分上下贵贱，使人民敬承政治之道”，《太政官日志》被定位为“广而布告天下”的手段，所以新政府必须把《太政官日志》发给新政府派驻各地的机构与各藩。因而，新政府下令“即刻”将《太政官日志》传达至“遐邑边陲，不得遗漏”（《太政官日志》第九号）。不过，在发布第五号《太政官日志》的阶段，尚无须将其传达至各村的要求。

参加戊辰战争的各藩长篇大论的报告占据了该时期《太政官日志》的大半篇幅，因此该时期的《太政官日志》无须传达至各村，任何人在京都、江户的书店皆可买到《太政官日志》，所以倒也不算政府有意隐瞒，而是民众并非这些布告的对象。

这倒也符合御誓文作为公卿与领主盟约的特点，就好比在各藩内部，藩主虽然会告诉家臣缔结了怎样的盟约，但藩主却没有必要将其告知农民。

亲征的意义

大久保利谦等人指出，从布告的形式看，当时告谕书与御誓文同时公布，并被刊载于同一号的《太政官日志》，可见告谕书有着不逊于御誓文的意义。笔者赞同该观点。告谕书说明了进行维新的国际契机：在“各国竞相雄飞四方”之际，不变革则将受外国欺侮，蒙受损失，故天皇为与“万国对峙”而亲政。同时，告谕书告诫民众，由于是天皇亲政，所以天皇日后必当率军亲征，众人无须惊慌。

大久保利通与被视为告谕书起草者的木户孝允，都倡导大坂迁都论。天神地祇御誓祭结束七天后，天皇“御驾亲征”，向大坂“进发”。在大坂，大久保利通与木户孝允第一次有幸拜谒天皇。在京都时，因为受到宫中传统的制约，那些没有勋位和官职的维新旗手，根本无缘与天皇交谈。为了维新，他们必须解放天皇，让天皇挣脱以往宫中传统的束缚，告谕书正是他们的宣言。

天皇亲征大军与走陆路的官军逆向而行，朝大坂进发。就像奥羽镇抚使从大坂乘轮船出发那样，大坂是经由海路东征的根据地，最关键的是海军一直在此候命。

三月二十六日，明治天皇在大坂天保山亲自检阅了官军舰队。天皇第一次看见了大海，那片海上并排停泊着七艘蒸汽军舰。日本海军第一次发射了礼炮，瞬间礼炮声响彻海面。当时，军舰是现代技术与军事实力的最佳代表，它能让人们切身感受到文明的存在。对维新旗手们而言，让天皇亲眼看到蒸汽军舰，具有特殊的意义，它能让天皇从传统的拥护者，转变为变革的领袖。

此后，明治政府不仅会用文书阐述维新的目的，还会通过让民众亲眼看到文明的成果，使之动心，从而成为维新的支持者。在此之后，天皇开始巡幸各地，此时的天皇既是让民众感受到新时代来临讯息的主体，亦是见识到文明开化成果后不得不改变意识的客体。《五条御誓文》的意义是，使宣誓的天皇、公家、诸侯明确变革社会的方针。

“五榜揭示”

御誓文与告谕书是天皇、公卿、领主世界里的文书。与此相对的，新政府向民众展示的，则是在天神地祇御誓祭翌日颁布的“五榜揭示”。

“五榜揭示”是以太政官名义颁布的五张告示牌。值得注意的是，新政府要求撤去旧幕府时代的告示牌，然后在原地悬

“五榜揭示” 本来写的是“切支丹邪宗门”，但因英国外交团抗议：这会让人理解为“切支丹（基督教）是邪教”，故“五榜揭示”分成如上两条阐述（日本国文学研究资料馆藏）

挂这五张告示牌。在江户时代，各藩有权制定藩内法令，但正如幕府的告示牌所示，幕府也有权制定法令直接羁押各藩民众，例如基督教禁教令。

全国各町村都设有悬挂告示牌的场所，当地领主与幕府颁布的法令皆公布于此。该构造表示这一地区由领主管理，而领主又服从于幕府的统治。因此，町村必须保护悬挂告示牌的场所，这是町村对领主应尽的义务。撤销幕府的告示牌，悬挂太政官的告示牌，即是新政府在向辖区内的民众与世人宣告，领主已服从新政府的统治。“五榜揭示”与《五条御誓文》相同，其发布本身即具有重要的意义，因此“五榜揭示”被安排在御誓祭次日颁布。

“五榜揭示”本身并没有令人耳目一新的内容。

第一张告示牌明确了以下三项内容：

一、正儒教所倡之基础——五伦之道：君臣之义，父子之亲，夫妇有别，长幼有序，朋友有信。

二、怜恤丧偶、无依无靠的老人，孤儿，病人与身体残障之人。

三、禁止杀人、放火、盗窃。

第二张告示牌要求禁止结党、强诉、逃散，检举这些行为将获得奖励。第三张告示牌要求禁止基督教、邪宗门，检举这些行为同样可获奖励。另外两张告示牌称“觉札”，属“备忘录”性质，未必需要在全国范围内悬挂；第四张告示牌宣布与外国展开交往，严禁杀害外国人；第五张告示牌禁止民众逃离所属的藩、县，允许民众向太政官建言。

这些告示牌可见于各地的乡土资料馆与世家望族家中。上述内容除允许民众向太政官建言外，其实与幕府对民众的要求并无太大的区别。虽说国门打开了，但政府却并没有认可基督教；虽说新政府是在倡导攘夷的藩与浪人的支持下建立起来的政权，但新政府也并未推行攘夷政策，或允许人们脱离藩籍。显然新政府的意图在于恢复旧有秩序，防止民众对可能出现的变化产生误解。

一方面要求天皇、公卿、领主等领导阶层有所变革，一方面要求民众暂时先遵守旧有的秩序，等待政府指示，是该时期新政府的意图，它真实展现了明治维新“自上而下变革”的特点。看见告示牌的人至多不过觉得“幕府变成了太政官”。虽然有些地域的民众对新政寄予厚望，但政府却发布告示宣布一切暂且维持不变。

对“经纶”的误解

接下来，让我们再回到《五条御誓文》上。御誓文的第二条是“上下一心，盛行经纶”。那么，“经纶”到底指的是什么呢？“经纶”指治理国家或治国济民的方法，目前日本使用最广泛的高中教科书也将其解释为“治理国家的政策”。

但是，御誓文的起草者对“经纶”的理解却与此稍有不同。福井藩的由利公正于一月起草了御誓文的草案，后经土佐藩与其同职务的福冈孝弟润色，再由提议采取天神地祇御誓祭形式的木户孝允修正，最终草案成形。在最初的草案中，便已有“经纶”一词。正如尾佐竹猛所指出的那样，“经纶”一词源自横井小楠，后在其弟子由利公正手中被频繁使用，他们所说的“盛行经纶”是指“振兴经济”。也就是说，“盛行经纶”的意思是上下一心努力振兴经济，而非参与国家政治。

为了确定明治政府的官方用法，笔者翻阅了《太政官日志》，在第十号中，笔者找到了“经纶”二字。作为对于下述建议的回答，它出现在四月下达的命令中：为了富国，使用水车等机械以节约人力，则必须废除有碍于此的传统习惯与制度，且不仅限于此事，政府欲广泛采纳“可稳固皇基的经纶之策”，故请有志之士大胆建言。由此可见，“经纶”在此处还是含有“富国的经济政策”之意。

上述布告说明了两个问题：第一，明治政府打算在横井小楠和由利公正所界定的层面之上使用“经纶”一词，因为直到明治二年（1869）一月被暗杀之前，横井小楠一直都是新政府的中坚力量，他在新政府中担任参与一职，而由利公正则是明治初期负责制定经济政策的人；第二，“经纶之策”自明治初期起便已成为新政府的政策，其内容包括不受旧习惯的束缚，使用机械，以及废除阻碍上述进程发展的体制。

虽然尚未全面允许经济自由，但政府却提出了不阻碍人们引进新技术的政策。不难想象这大大激发了致力于促进产业发展的人们对新技术的兴趣。

目前，我们通过影印版便能很容易地看到《太政官日志》。其中，“经纶”在排版时被误作“经论”。《太政官日志》最初在京都刊行，随后移至江户刊行，出现错误排版的是在江户刊行的《太政官日志》。“经论”指经书，即对包括四书五经在内的儒学经典的议论，又作论道之意。

在经过认真校对的新政府的机关报纸上，御誓文出现错误，说明除了横井派之外，新政府的其他人员对“经纶”一词并不熟悉。对于大多数在御誓文上署名的大名而言，这恐怕也是一个陌生的词。随着横井小楠的离世，以及第三章即将提到的由利公正经济政策的失败，民权家开始将“经纶”解读为“应上下一心讨论政治”之意，并以此作为扩大参政范围的依据。此外，大多数的政府人士也认为“经纶”即为“关于一般政治的议论”之意。教科书中解释人们对御誓文理解的叙述是正确的。在这里，你可以看到这样的例子：在被接纳的过程中，构想有了新的含义，该含义已不同于其创造者的意图，“经纶”一词所发挥的作用也已不同。正因为围绕“经济政策是否应该被作为国是提出”的问题，人们尚未达成共识，所以才有了如此误解。

第二节 | 公议

至当之公议

拥戴天皇、作为公家与领主的联合政权，明治政府最初的理念是“公议”。

“公议”这一理念在幕府末期至明治前半期具有十分重要

的意义。根据三谷博的研究，在佩里来航前数年，前水户藩藩主德川齐昭提出了“公议”的概念。“公议”最初指的是，在对外危机日益严峻的背景下，有志大名参政一事。佩里来航不久后的嘉永六年（1853）七月，老中阿部正弘垂询诸侯该如何应对佩里提出的打开国门的要求。

当时，在幕府中，中小藩主与旗本把持着大老、老中以下的职务，外样大名的大藩与亲藩[1]皆被排除在幕政之外。幕府与其说是一个全国性的政权，倒不如说是一个由最有实力的大名组成的德川家政府。正因如此，“公议”才有其必要性。为了应对国难，公议主张“亲藩与身为外样大名的大藩的意见也应该体现在幕府的政治之中”，这种主张可谓极具说服力。

如若联系上述议论与朝廷的意见，包括德川家在内的各藩就能在朝廷的领导下建立政权，这就是“公议政体派”的主张。公议政体派的提案由土佐藩提出，在接受该提案的形势下，德川庆喜于《大政奉还上书》（庆应三年［1867］十月十四日）中写道：

> 朝权不出自一途则纲纪难立，若能改从来之旧习，奉还政权于朝廷，广尽天下公议，仰裁圣断，同心协力，共

1 亲藩，德川将军家族近亲中成为大名的人。

护皇国，必可与海外万国并立。

德川庆喜指出，今后要依据基于公议的“圣断”，推行能使日本同万国并立的政治。庆应三年十二月九日，《王政复古大号令》（十二月十四日向诸藩公布）也宣称要竭力推行公议：

> 诸事基于神武创业之始，无缙绅武士堂上地下之别，皆须尽力发表至当之公议，圣意欲与天下共休戚。

《王政复古大号令》在这里强调，缙绅、武士，堂上[1]、地下与公家、武家相通，这超越了朝廷一直以来划分的等级。为了强调朝廷的权威，此处并未就“神武创业之始”一句做具体说明，而是提出要消灭除天皇外所有的传统权威与习惯。无论是奉还大政的德川庆喜，还是朝廷周围的势力，都不希望公家单独执政，他们希望通过包括武家在内的公议，推动政治发展。这即是政权能够顺利交接，且“广兴会议，万机决于公论”能在《五条御誓文》中成为第一条的原因。

1 堂上，被允许升殿（进入清凉殿）的公卿，又称“殿上人”。

戊辰战争爆发

在《王政复古大号令》发布的十二月九日夜里，所谓的“小御所会议”召开了。参加会议的人有：当天选出的总裁（有栖川宫炽仁亲王）、议定（公卿及松平庆永、山内丰信等大名）、参与（岩仓具视等朝臣），以及此时戍守在御所周围的名古屋、福井、广岛、高知、鹿儿岛等藩的重臣——大久保利通、后藤象二郎等人。据此时的规定，每藩需选出三位重臣出任“参与”一职，三天后确定正式人选。

在会议上，土佐的山内丰信（容堂）、后藤象二郎，与岩仓具视、大久保利通产生了意见分歧：前者认为应该认可大政奉还的功劳，让德川庆喜加入新政权；后者则认为德川庆喜如果会反省自己的失政，就应该辞官，把土地和人民还给天皇。

如果基于“公议”的理念来思考上述分歧，我们可以发现，争论双方的焦点是德川家是否可以参与公议。最终，后者不惜动用暗杀手段并成功占据了上风，倒幕派掌握了新政府的主导权，最大的领主德川家被排除在公议之外。这实在令人怀疑，“公议”是否能被称为大号令中所说的“至当之公议”。

来到京都的幕府首脑，以及负责京都警备的会津藩、桑名藩均对此感到不满。德川庆喜在安抚完众人后，撤回大坂城。山内丰信与越前的松平庆永（春岳）等尊重公议的大名，在小御所会议后，也主张认可德川家所拥有的发言权。德川庆喜方面期待他们能够从中协调。

然而，强硬派从江户前往大坂救援，幕府方面于第二年即庆应四年（1868）伊始便出兵京都，给朝廷施压。因师出有名，萨摩、长州拥兵护卫朝廷，全力阻止幕府方面的进军。于是，鸟羽伏见之战爆发。四日，仁和寺宫嘉彰亲王（小松宫彰仁亲王）被任命为征讨大将军。五日，代表天皇军队的官军锦旗飘扬在前线。

一直在新政府内部从中协调的山内丰信，对这场战争十分不满，山内丰信禁止土佐藩藩兵参战，但部分武士因队长一意孤行，仍参与了战斗。此外，距战场最近的淀藩，趁藩主不在之际倒戈，投靠了新政府。那些感到时局向倒幕势力倾斜之人，也多采取了此类有利于新政府军的行动。而这种情况在很大程度上有赖于长州藩、萨摩藩武士的英勇战斗。两藩武士趁敌军不意率先开炮，即便在大山岩、西乡从道负伤后，他们仍然坚持战斗，最终致使幕府的法式陆军与新选组败北。

新政府早已预料到，将会有一场这样的武力冲突爆发，鉴于幕府方面亦有可能获胜，于是新政府方面一边向东面的大津进军，一边则派鹫尾隆聚带领岩村高俊等土佐藩出身的志士，前往南面的高野山，集合有效忠天皇传统的十津川乡士，做好起兵的准备。开战后不久，新政府又命十八岁的西园寺公望为山阴道镇抚总督，带领长州藩、萨摩藩武士前往山阴一带，以确保败战之际天皇有路可退。

不同于行动缺乏计划的幕府一方，萨摩藩的西乡隆盛、大久保利通、岩仓具视，以及长州藩的广泽真臣等人，赌上了自身的政治前途与本藩的存亡，制订了相应的计划，并坚决将其执行到底。开战前五天，长州藩、萨摩藩的武士与安艺藩、土佐藩的武士共同在建春门外操练，第一次接受了天皇的检阅，这样的荣誉使得他们士气大涨。这场战役获胜后，在“尊重公议”的口号下，新政府的合法性通过军事实力得到了保障。比起重视公议的藩主，手握兵权的强藩藩士在政府内部变得更有发言权。

德川家的公议所

德川家比新政府更早使用“公议所”一词来形容实行公议的场所，这种用法带有批判新政府所提倡的“公议”之意。德川庆喜逃回江户后，于庆应四年（1868）一月二十九日开设了公议所，该公议所由幕臣担任议员，允许藩士、町人和百姓建言，是一个在“奉还上奏”的基础上，“广采众人公议”处理德川家“家政”的机构。

这一时期，在幕府内负责统率法国人军事顾问团的查诺因[1]

1 查诺因（Charles Sulpice Jules Chanoine，1835—1915），法国人，1867 年应邀来到日本担任军事顾问，训练骑兵、步兵、炮兵三军，1868 年 11 月回到法国。

上尉，主张让他们训练过的部队在箱根迎击官军。自庆应元年（1865）以来，一直由法国人训练并升任“步兵头并”的沼间守一、开成所[1]的西洋学者加藤弘之等幕臣也纷纷主张为抵抗而战。不过，刚刚开设的公议所却并未在政策制定过程中发挥作用，它没能动摇德川庆喜和新晋陆军总裁胜海舟所制定的服从方针。从此时起，抗战派留下据守在上野山上的彰义队，先后离开江户，他们或在关东各地与官军交战，或消失无踪，或北上而去。有很多人指出，留存有海军势力又得到法国支持的德川一方极有可能在军事上获胜。然而，在已经大政奉还的前提下，即便德川家在二分天下的内战中胜出，再次掌权之事似乎也于理不合。因此，无意东山再起的德川庆喜与洞察世事的胜海舟没有做出抗战的决定。

奥羽越列藩同盟白石公议府

庆应四年（1868）五月，奥羽列藩同盟成立，在白石设立了公议府。由九条道孝率领的奥羽镇抚使于三月二十二日进入仙台，逼迫仙台藩征讨会津。但仙台、米泽两藩却希望新政府能够接受会津认罪，他们认为是长州藩的世良修藏、萨摩藩的大山纲良两位参谋的意图，迫使仙台藩征讨会津。最终，仙台

1 开成所，1862 年江户幕府设立的洋学教育机构。

藩与米泽藩暗杀了世良修藏，并于五月三日成立了由二十五个藩组成的奥羽列藩同盟。

在此前后，大鸟圭介领导的旧幕府军、会津军，同板垣退助指挥的土佐藩藩兵等新政府军在白河、今市一带多次爆发冲突。仙台藩等也加入了会津一方。另一方面，前一日长冈藩家老河井继之助与官军方面的岩村高俊在越后举行了会谈。长冈藩方面打算中立，却遭拒绝。因此，包括长冈藩在内的越后诸藩也加入列藩同盟。进而，奥羽列藩同盟发展成奥羽越列藩同盟。

该同盟旨在肯定王政复古、太政官、镇抚总督、副总督等公家的存在，并在此基础上批判长州藩、萨摩藩。正如这一天签署的给太政官的建议书所言，如若放任“篡改王命，恣一己私欲”的参谋，与其背后的萨摩藩、长州藩肆意妄为，则他们将“掠财贪色、残忍强暴无所不至”，陷万民于涂炭之苦，此二藩“丝毫不曾贯彻御镇抚、御三卿仁恤之诚意，实为王政复古之大害”(《仙台戊辰史二》)。为此，在该阶段，奥羽越列藩同盟“告镇抚总督府以结成盟约”，在镇抚总督的领导下，实行了公议。然而与此同时，新政府用轮船把佐贺藩、小仓藩的藩兵送到了仙台，以保护九条总督，隔离同盟的影响。如果来的是长州藩、萨摩藩的藩兵，仙台藩或许会阻止他们登陆，但登陆地附近仙台藩的藩兵优柔寡断，他们许可佐贺藩、小仓藩的藩兵登陆，最终致使新政府在列藩内部建立了据点。

奥羽越列藩虽达成一致拒绝世良修藏、大山纲良等人强硬的要求，但在彻底否定新政府的问题上，列藩却并未形成统一的意见，众人依据情况来选择应对方式，因此许多事情都要进行公议。这样的体制无论如何都不适合轮船时代瞬息万变的战争形式。

五月十五日，彰义队被官军打败，宽永寺被焚，住持轮王寺宫（之后的北白川宫能久亲王）依靠榎本舰队北逃。七月，奥羽越公议府拥戴轮王寺宫为首领。轮王寺宫下令称，因“萨贼”作恶多端，欺骗天皇，威胁朝廷中之人，故特此下旨讨伐，为天皇除忧。然而，西国的增援部队乘轮船抵达后，官军借助轮船在新潟、平潟展开登陆战，战局开始向官军一侧倾斜，许多藩都脱离了同盟。

公议制度化

同《王政复古大号令》一起发布的“御沙汰书[1]”出现了“打开言语之道”“任用人才”的说法。原本在大名之间实行的国政层面上的公议，现在在各藩内部，以及不拘泥于藩之立场的志士们的构想中，其适用范围进一步扩大，逐渐有“采纳天

1 御沙汰书，江户时代，根据各大名的留守居役的要求，幕府的僧侣所写的记录江户城中的政务，及将军、老中等的日常行动的报告。

下人所言”之意。具体而言，该公议指“创造机会去采纳非政策制定者的意见，同时提拔能给出优质建议之人，使其成为政策制定者”。新政府表现出了采纳上述要求的态度。

实际上，尽管新政府的如此态度仅针对那些在京都拥有武装力量的藩，但“任用各藩藩士担任参与一职”确实也可以被视为一种“任用人才”的表现。鸟羽伏见之战以官军获胜而告终，此后的庆应四年（1868）一月十七日，新政府出台了“征士贡士制度”。

“征士”即拔擢各藩藩士与有才之士负责“处理公议”，这些被提拔之人主要担任下级议事所的议事官或行政官，任期四年。“贡士”的人选则由藩主决定，且贡士所在藩的藩主不可担任议定、参与等职。此外，在人数上，大藩可有三名贡士，中藩两名、小藩一名。选出的贡士将被派往下级议事所。贡士负责参与议事、处理舆论公议，能力突出者将被选举为征士，这也是一种任用人才的方式。四月十一日，新政府接管江户城。四月二十五日，为了“经众议公论裁决”处分德川家的问题，新政府让各藩的贡士提交了意见书，亦垂询了亲王、三职（总裁、议定、参与）、公卿。在决定重要事务时，公议是必需的，各藩由贡士个别问询亲王、公卿等朝廷重要人物。参考公议的结果后，新政府赐给德川家达静冈七十万石俸禄。

庆应四年闰四月二十一日，《政体书》写道，为“处理舆论公议”，设立由上局、下局组成的议政官，上局由议定、参与构成，下局由贡士构成。此次，从已增加至一百零二名的参与中，严格挑选了十一人。由此，新政府建立了上局下局制度，其中上局为新政府的中枢会议，而藩主未能进入上局的各藩代表，则组成下局。

闰四月二十九日，政府询问贡士振兴陆海军之术、会计之道、平乱之策，要求贡士于五月二日提交问询事项的意见书。以此为开端，新政府又于六月、七月就租税、驿递（邮政的旧名）、货币、服饰、度量衡制度，向贡士征询了意见。其中，除服饰外，其余项目恰是《政体书》规定的十三个议政官下局议题中的前四个。除此之外，此后的问询项目还包括在同外国缔结条约及宣战、讲和等紧急事态爆发之时必须讨论的诸问题。由此可见，贡士此后的职责变成了提议，以及临时回答问询。

五月二十八日，贡士被赋予了新的名称——公务人，该称呼表明其“代理国民舆论者”的身份。当然，此处的“国民舆论”指“藩”的意见，若只称为“国”，则是藩治时代的延续了。八月二十日，公务人又被改称为“公议人”。九月二十一日，由于天皇欲行幸东京（七月江户改称为“东京”），公议人被通知前往东京集合。翌日，会津藩开城投降。十月十三日，第一次亲眼见到太平洋的天皇抵达东京。在此之前，政府军平定东北，榎本舰队为开拓虾夷地，向北进发。十月二十九日，政府就如何处置“奥羽北越诸降贼”的问题，向各藩公议人征询了意见。

公议人依田学海

怎样的人能够担任公议人呢？在公议人中，有一位名叫依田学海的人，天保四年（1833）出生于江户。此人以文采斐然著称。幕府统治末期，依田学海担任佐仓藩的江户留守居役[1]，负责同各藩展开交涉。在整个幕末维新时期，依田学海几乎每日坚持做记录，留下了许多详尽的日记。在“学海日录研究会”的努力下，我们有幸得见了这些日记。因而，下文将依据依田学海的日记展开叙述。

鸟羽伏见之战败北后，要求宽大处理德川庆喜的会谈在江户举行，依据该会谈之内容，依田学海带着由自己起草且有四十三位东北谱代大名共同签署的请愿书，前往京都。因前文所述的佐仓藩藩主受罚一事，依田学海与西村茂树一同奔走斡旋，希望能够使佐仓藩藩主得到赦免。在佐仓藩藩主获准在御誓文的奉答书上签名后，六月二十一日，依田学海被任命为公务人。新政府对依田学海提出了诸多实际要求，例如：上任翌日，依田学海即被要求提交上总国的地图与石高[2]记录；六月二十五日则是上报服饰制度对策的截止日期，六月二十三日依田学海拟定了草案，于翌日先将其上交藩主，之后再正式提交。

---

1 留守居役，日本江户时代大名在领地居住时被派往江户，代表藩国处理事务的官职。

2 石高，官定米谷收获量，日本近世根据丈量土地而制定出的稻谷标准产量。

提交书面文件后的第二天，各藩公务人在依田学海等人的提议下，在圆山举行了集会。这些公务人几乎都是此前的留守居役，他们皆有旧交，在商讨对策的同时，必然也交换了情报。正如山崎有恒所指出的那样，各藩通过利用江户时代以来的情报收集渠道来试探新政府的意向，并以此统一步调，采取应对措施。

改元为明治那一年的九月十六日，诸藩公议人齐聚议事院，讨论今后的议事形式。在此之前的议事形式是经非正式磋商后，提交书面文件，而众人希望日后可以采取此次集会这种会场讨论的形式。

依田学海在日记中留下了“诸士竞相论之”的记录，现场似乎展开了相当热烈的讨论。依田学海提出，如果由大藩三人、中藩两人、小藩一人担任公议人，则公议人人数太多，将难以充分展开讨论，是故应该选举议员。在公议人展开一番讨论后，两位萨摩藩出身、负责外国事务的征士，提出了引进西方议事制度的主张。对此主张表示不满的公议人，可依据议长秋月种树的命令，在三天之内提交意见书。尽管此次议事设有可供讨论的会场，但公议人却并未当场得出结论，而是被要求以书面文件的形式作答。如此说来，此次议事采用的还是一直以来询问（对策）的方式。两天后，依田学海提交了意见书。此时，主张采取西方议事体制的征士森金之丞，即森有礼，成了令各藩公议人印象深刻的人物。

森有礼，生于弘化四年（1847），萨摩藩士。庆应元年（1865），萨摩藩派其前往英国留学，之后途经俄罗斯，前往美国，并于庆应四年六月归国。顺便一提，高桥是清此时正作为书生寄宿在森有礼家中。

公议所与武士

此后，议事体裁调查所讨论了议事形式之问题，于十二月六日昭告天下设立公议所，并强调此举贯彻了御誓文之宗旨：

> 四方渐定，如上述条款所言，谨遵“广兴会议，万机决于公论”之上旨，此番暂定东京旧姬路邸为公议所，自来春起开议会。抛彼此私见，充分协商，确立光明正大之国典，贯彻御誓文之宗旨。

然而，“光明正大之国典”不过是听着好听罢了，实则却并未明确公议所的审议范围。例如，针对政体书上规定的由下局审议的内外通商章程、宣战讲和、征兵收粮等外交、军事上的大事，公议所是否拥有审议权这一点，并不明确。至于议员，每藩（包括藩主在新政府任职的藩）须从执政、参政等能够代表本藩意见的藩干部中选出一名议员，加之中央各学校各自选出的一名议员，公议人共计二百二十七名。翌年明治二年

（1869）的三月七日，议会召开。

公议所的特征是公开议事，允许每藩十人旁听，同时还将刊行《公议所日志》通报议事概要。公议所采取的议事形式是，先提出议案，紧接着在下一次会议上宣读书面报告。议案如若获得五分之三以上的公议人赞同，则该议案通过。

当时一共提交了六十六项议案，但成为审议对象的，仅有第 035—036 页表中所示的项目。由于藩之存续已被视为理所当然之事，因此经过认真审议，涉及分家与继承的第一项议案，以及通过整理飞地，使藩之统治更为合理的第十六项议案，最终得以通过。

大久保利通曾在六月四日寄信回乡。他在信中提到："公议府等多为无用之议论，不适应今日之国体，据传将暂且闭会。"因此，在人们的印象中，公议所似乎多为保守派议员。然而，在涉及专利、里程、西式船、废除御用金[1]、禁止刺青等方面的问题时，多数议员仍会选择支持那些重视合理性且会改变一直以来习惯的意见。而废除大赦、科举等虽具有合理性但当前难以实现的议案也获得了广泛的支持。此外，公议所并未通过处以基督教教徒死刑的议案。因此，我们不可认为公议人在各方面都十分保守。

相对而言，问题主要集中在武士今后的发展方向上。针

1 御用金，江户时代，江户幕府、藩、旗本等为弥补财政不足，临时向农民、商人征收的税金。

公议所议事概要

	提案日	提案人、议题	表决日	通过	否决	其他
1	3月7日	垂询 自诸侯至上士处置规则案 22 日修正案	4月2日	198	1	2
2	3月12日	公议所书记 小野清五郎 废除御用金之议（国债）	3月22日	123	30	34
		复议	4月12日	90	36	34
3	3月27日	福知山议员 中野斋 改订里数之议	4月7日	172	7	19
4		军务官判事 森金之丞 废通称，只可用本名 修正	4月22日	163	11	20
5		会计官权判事 神田孝平 汉土及第法建议书	4月22日	146	9	33
—		外国官问题十七条	4月23日	宣读评论		
—		外国官问题四条	4月23日	宣读评论		
6	4月22日	外国交际科 外国商业规则案二条	5月7日	39	142	11
—		制度寮撰修 森金之丞 御国体之仪问题四条	5月4日	联名提交议案		
7		外国交际科 民间所持船规则案二条	5月12日	191	5	1
8		外国交际科 外国人被雇用者规则案				
		一条 私人雇用	5月17日	191	19	
		二条 就任官职		100	110	
9		举母议员 川西六三 谴责天主教之议	5月22日			
		谴责		208	1	3
		处以严刑		22	166	24
10		议政官史官 小野清五郎 应禁止切腹之议	5月27日	3	200	6
11		下总国香取郡百姓 权之丞 废止火葬之议	5月22日	190	13	6
12		制度寮撰修 森金之丞 允许废刀	6月2日	全票否决（213）		
13		丰后冈议员中川潜叟、磐城中村议员锦织四郎太夫				
		应设镇守府将军之议	5月27日	163	53	4
14		无名 允许设立新株式会社之议	5月27日	169	51	2
15		制度寮准撰修 神田孝平 应废止赦令	6月7日	160	43	18

续表

	提案日	提案人、议题	表决日	通过	否决	其他
16		上总国 真行寺和泉 废除大名领地飞地准备之议	6月2日	191	24	13
19		备中浅尾议员 坍和鍗藏 禁止文身之议	6月7日	226	9	1
20		刑法官判事试补 铃木唯一 可废除利息上限之议	6月7日	58	177	2

集议院议事概要

垂询日	回答日	
明治二年九月二日	九月七日、十日	假币
明治二年九月十二日	九月十七日	大学规则
明治二年九月十九日	九月二十七日	海陆二军兴张策
明治二年九月三十日	十月七日	传教士
明治二年十一月二日	十月八日	冠服制度
明治二年十一月二十三日	十二月二日	海军教场
明治三年五月二十八日	七月十二日	藩制
明治二年九月二日	闰十月十五日	（书面）改订度量衡

对“使用本名”的第四项议案，森有礼提出的草案要求各阶层共同享有这一权益，但最终通过的修正案上写的却是“武士以上阶层适用，武士以下阶层维持现状”。直至明治三年（1870）九月，平民百姓才被获准拥有姓氏。而森有礼提出的第十二项议案“允许废刀”与第十项议案“禁止切腹”也都受到了猛烈的抨击。尽管尚有部分公议人赞成“禁止切腹”，但“允许废刀”的提案则几乎遭到了一致的反对。据依田学海的日记记载，当时甚至有人提出要追究提案人森有礼及采纳议题的议长的责任。

森有礼因提议废刀遭到批判，于六月二十日辞去官职。翌年闰十月，森有礼受任“美国在勤少弁务使”，于十二月启程前往美国。

仅仅两年后的明治四年（1871）年八月，如同森有礼在议案中建言的那样，政府允许废刀断发，七年后的明治九年三月，政府下令禁止带刀。但是在此时，公议人却是坚决反对废刀的，因为作为武士，刀承载着公议人的价值观。尽管以人们常说的维新时期“四民平等”的观念看，该现象十分奇怪，但这也说明在这一时期武士还没有意识到，维新将迫使他们转变武士的价值观。

公议所的局限性

公议所的议事范围与内容有其局限性，公议所最初遇到障碍是在审议外交问题时。

四月二十二日至四月二十三日，针对包括开国还是锁国在内的外国官[1]问题十七条，公议人在会场宣读了看法，但并未做出决议。公议人之所以未做出决议，问题在于，如果决定锁国，那么应该驱逐外国人出境，还是应该直接斩杀侨居日本的外国人？如果外国因此攻打日本，日本应该怎么做？

1 外国官，后来的外务省。

与皇室共同进退吗？此外，应当如何应对日本国内持反对意见的人呢？紧要关头需要把皇室安排在哪国，调用哪些兵力来保护他们呢？从某种程度上说，这场议论存在的意义便是为了让人们意识到锁国的难度巨大。御誓文的宗旨主张开国，而此前主张攘夷论的势力掌握了政权，因此掌权的势力必须向国内外说明，此后为何不攘夷，而要提倡开国。

不过，这一时期在官方场合展开这样的讨论相当困难。在关于第六项议案的讨论中，出现了“外夷（foreign barbarians）”一词，英国外交团得知此事后，提出了抗议。既然已对外展示出开国友好的方针，那么若是再去讨论攘夷论的可能，必会招来外国的干涉。因此，自由讨论是不可能的。

此外，公议所的定位与新政府是否尊重公议有关。明治二年（1869）六月六日，政府下令把价格降低后的太政官币发放给府藩县，基准为每一万石石高发放两千五百两太政官币。相应地，府藩县则需上缴同等面值的金银。府藩县被迫用票面价格购买实际价格低于票面价格的货币，对此各藩的公议人并未保持沉默。据依田学海的日记记载，六月九日，公议人聚集在公议所，发表“下发纸币，收缴金银，恐将动摇人心，酿成国害”的看法，他们强烈要求议长大原重实将此事上奏天皇。

从大原议长处得知此事的辅相岩仓具视“勃然大怒”，他表示各藩既已同意，身为各藩执事、参事的议员便不该再有异议，况且公告已经下达，切莫因持有异论而引发骚乱。得知该消息的公议人对此表示不服，他们决议将奏章上呈给天皇。依田学海在日记中写道：“策马奔驰至公议所。”由此可见当时的情况之紧急。大原议长请求岩仓具视重新考虑此事，公议所之人就此事也与担任会计官的副知事大隈重信见面进行了磋商。此后，事态有所缓和，府藩县缴纳金银的期限从八月、九月推迟至年底。此外，府藩县亦可使用太政官币代替金银，缴纳部分费用。

对于尚未成为正式议题的政策，公议所发挥了提出异议、自主公议的作用，并取得了一定的成果。然而，从岩仓具视的反应也可窥见，这并不是新政府希望看到的局面。在此次事件中，太政官于六月七日召集诸侯以说明政府的政策，并当场令其表示同意。新政府通过让藩主率先表示支持的形式，堵住了公议人代表“藩论”之口。这表明尊重公议并未明确成为规则，它十分容易就这样沦为表面文章。

奉还版籍[1]论登场

自江户时代起，人们便认识到了由大名统治领地的“封建制”与由地方官治理地方的“郡县制”的不同。“封建”与

1 版籍，版图与户籍，转指领土与人民。

“郡县”这两个词均来自中国，模仿的是周朝与秦朝的制度。在武家的领国统治确立前，日本实行的是郡县制。在幕府末期的争论中，郡县制并未与王政复古产生直接的联系，人们提倡王政复古，但却没有以废除封建制为前提。在新政府的统治下，人们展开了关于采取封建制还是郡县制的讨论。

废除封建制、采取郡县制的前提是，各领主把土地和人民归还给天皇。早在庆应三年（1867）十一月二日，萨摩藩的寺岛宗则在给藩主的建议中就提出了上述观点。寺岛宗则强调自己曾两次前往欧洲，在当地见闻的基础上，他倡导大名效忠天皇：“为尽忠，应将其封地与国人奉还朝廷”。“奉还”不是对中国模式的学习，也不是“复古”，而是“开化”，它是学习西方政体的一种手段。

寺岛宗则的设想以奉还为目标，他提出当前的朝廷为了培养全国性的陆海军势力，应该由萨摩打头阵，让大名与幕府逐渐把领地上交给朝廷。基于上述宗旨，翌年庆应四年（1868）的二月，萨摩藩藩主岛津忠义呈递奏疏，表示愿意献上十万石俸禄。在奏疏中，岛津忠义提出：“西洋各国凡成开国之功者，皆先强盛兵势，具平乱之国力，后雄飞万里之外，威震四方，掌握攻守之权。”岛津忠义以开国、维新作为描述西洋各国现状的前提，他认为目前最重要的是掌握军事实力。与此同时，岛津忠义还提出尽管“封建之制下，国力分散，难以与各国匹敌，故遵从复古之义，奉还如镰仓以前”乃理所应当之事，但眼下时机尚未成熟，是故暂先奉还十万石俸禄。至此，以掌握军事实力为中心，恢复镰仓时代以前制度的“复古理论”与仿效西洋诸国制度的“开化理论”完美地结合在了一起。

由于新政府没有稳定的财政来源，若想拥有直辖的军队，就必须分享各藩的财源。一个月后，土佐藩前藩主山内丰信也提出了由各藩分担经费的设想。闰四月十九日，新政府下令，各藩每一万石俸禄须上缴三百两军事资金。

四藩主上奏

岛津侯上奏前数日，木户孝允向三条实美与岩仓具视提出了命令诸侯奉还版籍的建议。木户孝允指出如果不这样做，便无法任用人才，安抚人民，实现无偏无私、公平公正的“一新之名义”。木户孝允重视公平，他认为藩阻碍了公平的实现。一个月后，天皇“安抚”人民的信息，通过御宸翰中“不问一身之艰难辛苦，亲自经营四方，安抚汝等万民”之文句得以广而告之。御宸翰与御誓文同时发布，它包含着奉还版籍的理念，由木户孝允起草。据松尾正人的研究，这一时期，曾留学英国的伊藤博文以德国为例，主张郡县制，长州派的讨论中也包括向西方学习的观点。

根据诸藩公议，尽管德川家的俸禄减少至七十万石，其领地只有昔日的十分之一，但他们仍然获得了新的领地。从中我们可以清楚地看到，在以藩为单位动员军事力量、发动战争的情形下，强制各藩奉还版籍是不可能的。

除北海道外，戊辰战争基本已经结束。在此之后的十一月，姬路藩藩主主动要求奉还版籍。兵库县知事伊藤博文向朝廷建议接受上述请求，关于奉还版籍的讨论再次兴起。该时期争论的焦点主要是统一军事力量，以及统一“使人民免于偏颇之政令，服于相同之德化”的制度。同月，萨摩藩的伊地知贞馨也提出了奉还版籍的建议。明治二年（1869）一月，大久保利通、广泽真臣、板垣退助在京都会谈，会议制定了奉还版籍的方针，最终他们同佐贺的大隈重信一起，提交了《四藩主奉还版籍奏本》：

> 今谨收集版籍奉上，愿朝廷处置。其应予者予之，其应夺者夺之。凡列藩之封土，更宜下诏改定。而后，自制度典刑军旅之政，乃至戎服器械之制，皆应出自朝廷。天下之事不分大小，皆应使其归于一途，而后名实相得，始可与海外各国并立。

奏本指出，各藩奉还版籍后，制度统一将向前迈进一大步，各藩也将被重新授予领地。早在庆应三年（1867）十二月前，尾张藩藩主德川庆胜就曾提议，先奉还土地，再由朝廷重新划分新的领地。《四藩主奉还版籍奏本》包含了奉还版籍论，以划分新领地为原则。因此，关于具体如何奉还版籍，其实尚有较大的商议空间。

针对奉还版籍的公议

森有礼提交了名为“御国体之仪问题四条”的议案，公议所通过审议该议案，讨论了奉还版籍的问题。森有礼指出，当前日本的现状是封建制与郡县制参半，针对该情况，森有礼就日后应采取何种方针向大家征求了意见。各藩公议人对这一问题的看法各有不同，汇总、归纳起来共有七种意见。在这七种意见中，共有一百五十名公议人、总计五种意见赞同封建制；有四十一名公议人赞成“御国制改正之议”，采取郡县制；剩余六十一名公议人赞成“郡县议”。

郡县议由依田学海于五月二日在公议所起草，依田学海认为大藩应改称“府”，中小藩改称“县”。在这一点上，“郡县议”可谓名副其实。除此之外，依田学海还提出应任命藩主为知事，“若无大罪则世袭”。该制度之所以能得到各藩的支持，是因为在形式上，郡县能够自由选派藩士在新政府中任职，而实质上，该制度又保留了藩主世袭这一旧制度的框架。不过，郡县论获得的支持仍不及封建论，可以说公议所实际上并不赞成奉还版籍。

新政府在开设公议所的同时，也在筹划设置其他的公议场所。明治二年（1869）二月二十五日，有关天皇由京都巡幸东京的诏书中有“一统公卿群牧[1]，广征众议，筑国家治安之根基”之文句，预告天皇将在东京与公卿、诸侯召开会议。五月七日，新政府决定召开上局会议，上局会议以山内丰信为议长，由不担任职务的皇族、堂上、藩主，以及成为朝臣的旧幕臣组成。作为公家与领主联合执政的新政府的公议场所，上局会议无疑是最适合公议的地方，因为它一方面实现了山内丰信等公议制度派想要把这种联合政体制度化的主张，另一方面也削弱了公议所作为公议场所的重要性。

同一时期，新政府举行了行政官的“公选”。五十名高级官员投票，选出三条实美担任辅相，即行政官长。岩仓具视等从公卿、诸侯中脱颖而出，担任议定。除旧议定东久世通禧之外，其余参与则由大久保利通（萨摩藩）、木户孝允（长州藩）、副岛种臣（肥前藩）、后藤象二郎（土佐藩）、板垣退助（土佐藩），以及从旧参与中筛选出的大藩实权人物担任。尽管这一阶层的人事变动不大，但构成行政官中坚力量的参与，以及各官（后来的省）的次官，均由长州藩、萨摩藩、土佐藩、肥前藩的实力派藩士担任。松尾正人的研究显示，这种情况表明宫廷、诸侯势力已经衰败。值得注意的是，尽管公选只在小范围内展开，但通过公选这种形式，行政官本身即获得了负责公议舆论的正当性。

1 群牧，众多地方长官。

官吏公选前后的政府首脑

明治二年五月以前（姓名加粗的为公家、诸侯） 明治二年五月公选后的官员

姓名		公选后的职务名称		姓名
三条实美	辅　相		辅　相	**三条实美**
池田庆德、山内丰信、蜂须贺茂韶、中山忠能、正亲町三条实爱、浅野长勋、中御门经之、毛利元德、三条实美、德川庆胜、松平庆永、德大寺实则、岩仓具视、大原重德、锅岛直正、伊达宗城、鹰司辅熙、东久世通禧	议　定	（议政官）	议　定	**岩仓具视** **德大寺实则** **锅岛直正**
小松带刀、由利公正、广泽真臣、岩下方平、大木乔任、阿野公诚、**锅岛直大**、大隈重信、**泽宣嘉**、神山郡廉、**细川护久**、副岛种臣、板垣退助、大久保利通、木户孝允、后藤象二郎	参　与	（行政官）	参　与	**东久世通禧** 大久保利通 木户孝允 副岛种臣 后藤象二郎 板垣退助
近卫忠房	知　事	神祇官	知　事	**中山忠能**
龟井兹监	副知事		副知事	福羽美静
中御门经之	知　事	会计官	知　事	**万里小路博房**
大隈重信	副知事		副知事	大隈重信
仁和寺宫嘉彰亲王	知　事	军务官	知　事	**仁和寺宫嘉彰亲王**
有马赖咸、大村益次郎	副知事		副知事	大村益次郎
伊达宗城	知　事	外国官	知　事	**泽宣嘉**
寺岛宗则	副知事		副知事	寺岛宗则
池田章政	知　事	刑法官	知　事	**正亲町三条实爱**
神山郡廉	副知事		副知事	佐佐木高行
蜂须贺茂韶	知　事	民部官	知　事	**松平庆永**
广泽真臣	副知事		副知事	广泽真臣
		学　校	知　事	**山内丰信**
		上　局	议　长	**大原重德**

选举在五月十三日、五月十四日两天进行。五月十八日，在箱馆（今函馆市）五稜郭抵抗至最后的榎本武扬、大鸟圭介等人开城投降，戊辰战争结束。五月二十一日、五月二十二日两天，五等官以上的亲王、公卿、诸侯、朝臣官员代表，召开了上局会议，天皇就皇道兴隆、开拓虾夷地、外交、财政、是否采纳奉还版籍论等问题，向与会者广泛征集了意见，并任命诸侯为知藩事[1]，要求众人直言不讳、畅所欲言，在二十五日前给予答复。诸藩主均表示谨遵皇命。

商议国是乃议员之任

六月十日，九十七位公议人联名反对废除诸侯、命诸侯担任知藩事之建议。因为这些公议人的意见与其藩主意见相左，故议长大原重实认为该意见无法代表藩的意见。对此，公议人指出：

> 奉承朝廷之命乃藩主之职，商议国是乃议员之任。（《肥后藩国事史料卷九》）

诚然，公议人本应是“代理藩论”之人（明治元年十二月十日之命），但就像此前反对强制兑换太政官币一样，他们又

1 知藩事，明治初期的地方长官，各地藩主向朝廷“奉还版籍”后，重新得到任命，在政府领导下主管各藩行政。

一次站在了政府的对立面上。

一方面，公议人是藩主的家臣。总体而言，他们赞成天皇治国，赞成国家统一。但是，因为他们代代效忠藩主之家，并因此得食俸禄，所以即便藩主效忠的对象由将军变成天皇，此事也与他们并无直接的瓜葛。对公议人而言，最重要的还是效忠藩主。

然而，新政府一旦采用郡县制，藩主与藩士之间的情谊将不复存在。藩士将离开藩主家，与藩主并肩效忠天皇。出于“君臣之情”，这种情况令他们难以接受。让代表“藩论”的藩士讨论是否剥夺藩主地位的议题，的确有些强人所难。因此，政府需要一个可以无视公议所之议论的制度框架。公议所是以藩之延续为前提设置的公议体制，因此如果决定改组公议所，则必须改变它的性质。

公议的变化

全体公议人的议事于明治二年（1869）六月七日告终。此后，公议所通过互相选举的方式，推选出十名议员，接受关于改变政体的垂询。此次改制根据《大宝律令》的《官员令》选定职务名称。依田学海看过名为“外国省”的草案后，批判其“不雅”，提出应将其命名为“太宰府”“外务省”或“治部省”。在七月公布的《职员令》中，只有“外务省”之名延续至今。由此可见，此次垂询起到了一定作用。此次改制之后，公议所改称为集议院，成为没有太政官的指示不能议事的咨询机构。

八月十日，右大臣三条实美、大纳言岩仓具视、参议大久保利通等人制定了“三职约定”。第一，针对自古以来“以公平为旨，万机内外无别，一视同仁，却反轻易于庙议未发前泄露于世，引发物议”的问题，约定今后三职必须宣誓，机密事项自不必言，纵使是已决议事项，在其未正式公布之前，亦不可有半点泄露。按理说，若想要听取政府以外的意见，应该在正式决定前公开相关信息，但“三职约定”却并未认可这一点。

第二，该约定对御誓文第一条做了新的阐释：“万机自应经由宸断方可施行，然据万机决于公论之御誓文，大事件由三职熟议，依据事态，诸省卿辅、弁官、待诏院、集议院垂询后上奏，仰承宸断。”在此，公论是指基本上由三职“熟议”，集议院和受理相关省厅与民间建议的待诏院（八月十四日与集议院合并）相同，都被定位成了接受垂询的机构。明治政府最初由公家与藩主双方协商，联合执政的形式，此时终是土崩瓦解了。

集议院负责审议藩制，在审议过程中，集议院大幅修改政府草案，把原本占据藩收入 18% 的军事费用削减至 9%，获得了政府的许可。尽管在与藩的利益直接挂钩的藩制问题上，集议院发挥了相应的作用，但集议院的作用也仅限于处理上述这类问题。明治四年（1870）九月十日，随着藩制的颁布，议员领命回到各藩，致力于在各藩进行藩制改革。

废藩置县后的政府首脑

太政大臣	三条实美○	○公卿 ◎鹿儿岛 △山口 ●高知 □佐贺 ◆岛根
右大臣	岩仓具视○	
参议	木户孝允△、西乡隆盛◎、板垣退助●、大隈重信□	
神祇省	大辅：福羽美静◆	
外务省	卿：岩仓具视○、副岛种臣□，大辅：寺岛宗则◎	
大藏省	卿：大久保利通◎，大辅：井上馨△	
兵部省	大辅：山县有朋△	
文部省	卿：大木乔任□	
工部省	大辅：后藤象二郎●、伊藤博文△	
司法省	大辅：佐佐木高行●	
宫内省	卿：德大寺实则○，大辅：万里小路博房○	
开拓使	长官：东久世通禧○，次官：黑田清隆◎	
左院（立法）	左院议长：后藤象二郎●，副议长：江藤新平□	

明治四年（1871）七月十四日，废藩置县的措施颁布。在此之前，新政府并未向各藩征询过意见，亦无召开过任何正式会议以博采众议。废藩置县令是在萨摩藩、长州藩出身的参议等协商一致的情况下，通过三条实美与岩仓具视上奏，最终由天皇批准实施的。

废藩置县后，左院被设为议事机关，由政府任命议官。左院的事务章程规定：

> 左院为议员议论诸立法事之所……一切议事皆涉机密，故议论中事及送达上院未裁决之事，虽为个人意见，亦严禁向外泄露。

左院严守保密机制，是一个太政官内部不为外部所知的咨询机构。第二年，左院为了“据御誓文之义”、建立“上下同治之制”，呈请设立“集全国代议士，代人民议事”的下议院(《设立下议院之议》)。由此我们可以看出，左院并非御誓文中构想的公议场所。

此后，政府外部要求设立公议场所的趋势越发显著。御誓文中的“广兴会议，万机决于公论”“上下一心，盛行经纶”成为人们批判政府的依据。那时，只依据诸侯的意见与藩论施行公议的做法已经行不通了。由此，明治七年（1874）一月颁布的《设立民选议院建议书》提出，“唯设立民选议院方可张天下之公议”，这一主张成为当时最普遍的观点。

第三节 | 藩制改革

藩治职制

明治四年（1871）七月，迎来废藩置县的依田学海在日记中写道：

> 上旨废藩置县，本藩知事公亦被免官。余早思将如此，而未料竟迅速若此。

就连已经察觉到废藩置县动向的依田学海也认为，其实施之日较之预想甚早。在公家与诸藩联合执政的明治政府内部，藩究竟经历了怎样的变化，又留下了什么呢？让我们先来看看依田学海所属的佐仓藩的发展历程。

明治二年（1869）三月三日，佐仓藩藩主堀田正伦将家臣召集至城内，向他们传达了藩制改革的宗旨。明治元年十月二十八日，第一次踏上关东土地的明治天皇，参拜了武藏国第一的冰川神社，正是在这一天，新政府向各藩公布了藩治职制。佐仓藩的改革正基于此展开。

藩治职制提出：“天下地方，归于府藩县三治，三治一致，国体方可立。”它将藩定位为设立在旧幕府领地等新政府直辖地上等同于府县的地方统治机构。由于各藩的职制各有不同，所以有必要制定一定的标准。

“藩”一词在江户时代并非官方用语，从此时起，它才开始被正式使用。幕府在很大程度上认可大名作为领主的权力，比如幕府时代只有将军才有权做出死刑判决，奉行与代官等必须遵循将军的裁决，而大名则有权判处领地内的属民死刑。幕府基本上不会干涉作为各大名家组织的藩的职制。明治政府在平定东北地区后，迅速开始限制藩的自治权。藩治职制公布两天后，明治政府宣布，各藩在做出死刑判决时，也必须仰承圣裁。可以说，藩治职制的一个重要意义在于，它宣告了如今的“藩”不同于以往的藩，它是新政府的一个机构。

藩治职制首先将藩的干部统一规定为执政、参政、公议人。公议人从执政、参政中选任，因此人员构成实际上只有两类。执政参与朝政，辅佐藩主处理政事；参政参与政事，处理庶务。执政与参政由藩主任命，但“不拘泥于沿袭之门阀，任用人才，竭力以公举为旨”，即任用人才不看家世，只看实力。明治政府要求各藩须把任用结果报告给太政官。尽管新政府没有规定执政与参政的具体人数，各藩可根据情况灵活处理，但是其结果必须上报太政官。因此，各藩在多大程度上遵守这一要求，将直接与新政府对各藩的评价挂钩。

第二，藩主身边不再安排以往的“用人[1]”，而改设“家知事”一职。家知事不参与藩政，只处理藩主家事。长期以来，各藩政务由世袭的门阀家老掌管，只要获得藩主的信任，身份低微之人也可作为用人掌权，权力的分配呈现出一种多元化的趋势。若以实力为本位任用藩干部，则无须设置用人，这种做法能明确区分藩这一职能机构和藩主家，防止混乱产生。

第三，以“需大力建立议事之制，故各藩亦应定其制”，

---

1 用人，江户时代武家的编制之一，指在主人身边管理日常生活、掌管家政的人。

明治政府命令各藩模仿公议所等，制定议会制度。通过这些举措，新政府希望作为下属机构的藩以政府为模板，能够贯彻任用人才、重视公议的理念。政府希望根据维新理念改变藩，将维新理念渗透到藩的层面，以改革武士社会。

佐仓藩的藩制改革

佐仓藩负责拟定改革方案之人，是明治元年（1868）十一月改任年寄一职的西村茂树。佐仓藩藩主于十二月十三日回城后，即开始实行改革措施。西村茂树等八人被任命为执政，另外两人被任命为参政。在东京兼任公议人的依田学海即是两位参政之一。而执政之所以有八名，正是因为要保持门阀世家的地位。

西村茂树后来回忆起当时的情况指出，门阀世家已经意识到随着时代的变化，他们的特权终有一天会消失，但尽管如此，门阀世家还是不希望发生剧烈的变革，所以他们才会认可“作为日后大改革之开端，先废无用之职，有用之职改其名，不拘旧格，任用人才”。尽管门阀世家已经意识到，在激烈动荡的局势下，他们将丧失地位，但西村茂树也担心社会秩序迅速崩坏将会导致道德混乱。因此，西村茂树在任用人才的同时，也保留了门阀世家的地位。西村茂树拥有西学素养，又十分注重维护道德秩序，他极力避免进行激进的改革。西村茂树的这种态度一直延续，成了明治思想界的一种传统。

佐仓藩执政的任期为三年，想必是打算三年后再根据情况深化改革，可三年后，藩已经被撤销了。此外，佐仓藩还制定了议事所制度，由参政、公议人担任议长，依据不同部署、身份公选出的人将担任议员。那时各地采取的议事制度各有不同，例如：佐仓藩仅在藩士内部实施公选，而松本藩设立的议事所则包括农民代表在内。

在佐仓藩，宽文七年（1667）堀田正俊曾制定《御家三条》，它一直被视作藩士们必须严格遵守的事项（《佐仓市史》卷一）：

> 一、公仪法度之趣，虽为小事，也应坚守。
>
> 二、热心孝养、留意文道武艺为武士之第一要义。
>
> 三、不论何事，皆不应违背上告年寄之仪。

三月四日，即佐仓藩宣布改革藩制的第二天，藩主堀田正伦下令把上述条文中的“公仪”改为“朝廷”，“年寄”改为“执政”。堀田正伦认为，就算从效忠德川家变成效忠天皇，实施了藩制改革，也无须改变武士的基本态度。

明治二年（1869）六月十七日，政府同意各藩奉还版籍，并命佐仓藩藩主堀田正伦担任佐仓藩知事，同时下令各藩应就各项事务，进一步实施改革。

为此，佐仓藩废除执政、参政，新设大参事、少参事之职。八月十二日，由士族（下士以上）实施选举，选出两名大参事、两名少参事。这是仿照太政官选举行政官时采取的方法。西村茂树被任命为大参事，依田学海被任命为少参事，原本共计十名的执政、参政，最终被缩减为四名大参事、少参事。不到半年，门阀世家便不再享受“照顾”了。

禄制的转换

武士本有从领地收取年贡（石代纳）的权利，表明领地大小的石高就是其身份地位的代表。从幕府获得一万石以上领地的武士为大名。大名的家臣可以从大名的领地中领受或千石或三十石的领地，并能得到自己领地上四至五成的石高以作年贡，这就是“地方知行制”。实际上，每年从藩主统一收取的年贡中领取一部分以充俸禄，即领取禄米[1]的家臣呈逐渐增多的趋势。奉还版籍后，领取禄米成为全国性行为。

在最初的改革中，佐仓藩把士族分为六等、卒族分为三等，一共九个等级。此外，佐仓藩还调整了藩士的持高（常禄），规定藩士的常禄与职禄加起来即为俸禄，也就是说，从所任职务的俸禄中减去常禄，所得差额即为职禄，这有

1 禄米，日本江户时代作为租米收纳储藏在幕府和各藩的粮库内，并作为俸禄发给家臣的米。日语写作“藏米”。

点类似于江户时代的“俸禄补贴制[1]”。执政的俸禄最高，有三百五十石。

奉还版籍后，佐仓藩以税收的一成作为知事家禄，全面改革了禄制。大参事由常禄七十五石以上的人担任，加上职禄，大参事的俸禄共计五百石。大参事西村茂树的收入，较之担任执政时，有所增加。为了筹出这笔职禄，常禄被全面削减，因此不担任官职之人的收入有所减少。旧门阀世家的家老减俸约五成，石高越低的人，其收入被削减的比例也越低。

明治三年（1870）九月，政府公布“藩制”，各藩必须据此实行改革。藩制规定，各藩年收入的一成将被当作知事家禄，剩余部分的一成，即9%作为军事费用[2]，剩余部分的一半作为海军费上缴新政府。剩下的收入用来支出藩的行政费用、士族的俸禄，还可以用来偿还藩的债务。各藩据此实行了第三次禄制改革。按照改革规定，对于据职务所得官禄比常禄多的人，不再支付常禄，并将大参事的官禄减少至一百五十石。藩士的常禄则被削减至明治二年十月的三分之一至二分之一。江户时代石高千石（实际收入三百八十六石）的人将缩减为只有石高七十四石。在这次改革中，石高越多的人，

1 俸禄补贴制，江户幕府的薪俸制。八代将军德川吉宗进行的享保改革中的一项，即废除根据俸禄高低定职务的惯例。为录用人才，将俸禄低的人任用到高职位时，在其任职期间补发不足部分。

2 即先用“一成”作为知事家禄，剩余“九成”的“一成”，即9%作为军事费用。

其收入也被削减得越多。经过此次改革，各藩的家禄均遭到了大幅度的削减。

从明治元年（1868）开始的三年间，各藩应政府要求进行了三次藩制改革。在此过程中，诸藩发生了诸多的变化，如：藩士中出身优越但表现平庸的人，政治地位有所下降；参政人数增加；支出全面减少；以分离职禄、家禄为中心的禄制改革实施，等等。

各藩之所以能够产生上述变化，一方面是因为各藩执行了政府的指令，另一方面在幕末动荡的局势中，藩士对藩的贡献也能由此用很明确的评价方式体现出来，例如：是否在政治上站在官军一方，为此开展了怎样的“外交活动”，在戊辰战争中是否立下战功，等等。在该阶段，纵使是门阀世家，只要是对本藩毫无贡献之人，即会被排除在藩政之外。与此相对的是，对本藩贡献越大的人，就会越有发言权。凭借与藩主家的姻亲关系，以及江户时代初期以前的战功建立起的藩内秩序，已经随着新政治形势与新战功的叠加产生了变化。正是因为政府此时命令各藩改革藩制，所以各藩才有了产生实质性改变的可能。

各藩进行的藩制改革向人们宣告了实力主义、成果主义时代的到来。把俸禄分为职禄与常禄、削减代代相传的常禄，也是这种时代倾向的体现。武士不能再凭借家世享受俸禄，他们只能依靠实力、成果获得相应的职务，职禄决定了他们的生活条件。不难想象，这一情况大大激发了年轻武士的求知欲与上进心。

山口藩的流血事件

主导维新的各藩也改革了藩制。尽管这些藩没有必要为表忠心而根据太政官的要求实施改革，但它们进行了相当程度的实践。

最早着手改革的山口（长州）藩，于明治元年（1868）十月十九日任命官员，制定了藩治职制。尽管《防长藩治职制》在新政府颁布藩治职制数日后才公之于众，但实际上山口藩的藩制改革一边以藩治职制为依据，一边已经先于藩治职制开始实施。木户孝允在庆应四年（1868）二月的上书中指出："朝廷倾向于萨长，萨长倾向其军队，诸藩亦概如是，诚不能免尾大之弊。"木户孝允认为，在军事实力强大的藩内，手握军事大权之人，势力不断扩张，因此各藩必须在从战场归来的军队肆意操控政治前，果断奉还版籍。因为经历过战乱，木户孝允对立下战功之人掌握政治主导权，仍抱有很大的戒心。尽管奉还版籍未能付诸实现，但木户孝允仍在东北地区已结束战斗的九月，要求新政府加快公布藩治职制。他希望在立下战功之人回到各藩前，推进藩制改革。山口藩初期的应对方式，反映了木户孝允的意愿。主导山口藩改革的是广泽真臣。这一年十月，身为新政府参与的广泽真臣，以照顾患病的母亲为由，返回山口藩，就任参政。

山口藩本来实行的是地方知行制，明治二年（1869）奉还版籍后，藩主把土地、人民奉还给了天皇。家臣自然也得照办。为此，山口藩废除了地方知行制。十月十五日，山口藩规定：俸禄千石以上者，收入变为原有实际收入（四成）的十分之一，百石以上不到千石者，收入变为二十五石。原本因为藩之财政匮乏，所谓的“实际收入”就已被收走了部分，明治二年藩士的俸禄每百石能拿到手的仅有二十三石。经过改革后，俸禄在百石以下的藩士，收入稍有增加。

然而如此一来，山口藩将很难维持包括奇兵队[1]在内的各队伍的开支。奇兵队的成员不拘泥于身份制度，他们由来自各阶层的志愿兵组成，自幕府统治末期以来，奇兵队发挥着极大的作用。政府曾先后两次规定各藩常备军的规模，随着战争的结束，政府开始要求各藩缩减常备军人数。此时，为保卫本藩建立起大规模军队的长州藩最是为难。于是，利用与政府的关系，长州藩于明治二年（1869）十月，将两千名藩兵“捐献”给政府，因此政府将负担这两千名藩兵的开支。但即便如此，长州藩也只能从每支队伍中挑出一部分藩兵交给政府，其余人员不得不全部解散。于是，从十一月起，对此举措感到不满的

1 奇兵队，奇兵队不拘泥于身份制度，是由藩士以外的武士和庶民组成的混成部队，非正规军。最有名的是长州藩的奇兵队。

藩兵开始逃跑，约有两千人或在各地安营扎寨，或包围藩厅抵抗。在木户孝允的指挥下，以士族为中心的山口藩常备军于明治三年二月讨伐了这些出逃藩兵。据古川熏的研究显示，这次讨伐导致六十名出逃藩兵战死，讨伐军也有二十人阵亡。叛乱被平定后，共有一百三十三名出逃藩兵被处以死刑。这是藩制改革阶段规模最大的流血事件。

鹿儿岛藩的改革

鹿儿岛藩制定藩治职制是在明治二年（1869）二月二十日。明治二年正月，藩主上书天皇提出奉还版籍。与此同时，拥有领地的门阀世家也开始向藩主奉还版籍。在藩主奉还版籍的请求获得同意后，门阀世家的要求也获得接纳，九个主要世家的持高被削减至一千五百石以下，其他世家则被削减到五百石以下。通过此举，门阀世家的持高从二十余万石减少至两万六千石，其家臣转变为直接从藩领取俸禄。俸禄两百石以下的藩士，俸禄基本不变，改革后其中有部分人的收入甚至有所增加，能够剩余十万多石。

与山口藩不同，主导鹿儿岛藩改革的是从戊辰战争中凯旋的立功者。这些建立起新政权、意气风发、荣归故里之人，对下述两点深感不满：其一，未对维新做出贡献的门阀世家，竟然拥有广阔的领地；其二，守旧派在身份特权的保护下，身居要职。因此，川村纯义（日后的海军卿）、野津镇雄、伊集院兼宽等曾以小队长身份参与过戊辰战争之人，向岛津久光提议，要求打破门阀、任用人才。因藩内混乱，二月，大久保利通应岛津久光与其子——时任藩主岛津忠义的要求，回到藩内从中协调。最终，藩主同意了凯旋队长们的意见，在没有执政的情况下，伊集院兼宽与西乡隆盛一道被任命为参政。

加治木是门阀世家头领的领地，由于特定的阶层垄断了重要的职位，于是对此感到不满的士兵于明治二年（1869）正月蜂拥至领主宅邸，前往鹿儿岛城下町开展运动。二月，他们获得胜利，废除了上述特权。据说加治木士兵的行动得到了西乡隆盛的支持。下级藩士因在戊辰战争中大显身手，其意向得以充分反映在藩制改革中。

另一方面，根本性的改革则遭到了反对。如同废藩置县后，各藩藩主被召集至东京一样，门阀世家的领主们也被召集至城下町，在倒幕运动中表现出色的高崎五六与战功卓著的桦山资纪等人，被派往这些领主的领地，担任相当于县令一职的“地头”。都城岛津家拥有最大的领地，其家臣恋慕旧主，请求允许他们继续留任地头，但这一请求被驳回。同年九月，新地头上任后，出现了下属们的门牌被丢弃之类的事件。

受到“粗暴”欢迎的新任都城地头，是寺田屋事件以来拥有志士[1]经历的三岛通庸。感到危险的他曾两度撤回鹿儿岛，但他并未就此屈服。三岛通庸不仅重新划分了行政区，分配了农民的耕地和当地武家乡士的耕地，与此同时，他还有计划地建立了新的繁华街区。他动员居民修建四间[2]宽的道路，当地景观因此焕然一新。此外，三岛通庸还要求乡士穿上崭新的西式军服，携带来福枪，并在各处设置练兵场，采用英式训练方式操练士兵。住所、工作场所、军事表现形式的更新，宣告了新时代的到来。三岛通庸的才干引起大久保利通的关注，此后，大久保利通为其提供了一展身手的舞台。

高知藩面临的问题

明治二年（1869）三月二十日，高知藩藩主下令开始改革藩制。高知藩与鹿儿岛藩情况相同，在战场上立下战功的人拥有极大的发言权。他们要求改革禄制，削减高俸禄之人的收入，提高出征的下级藩士的俸禄。在高知藩，军制改革推进得最快。尽管高知藩也曾在戊辰战争中英勇奋战，但较之鹿儿岛、山口、佐贺各藩，高知藩引进西式战术的时间仍然较迟，要与这些藩并肩而立，高知藩必须解决这一问题。负责推进军制改革的谷

---

1 志士，牺牲自己，为国家大事奔走的人。尤指江户末期上京都、去江户，主张尊王攘夷、唤起舆论的人们。

2 间，长度单位，一间约为 1.818 米。1958 年后废除，不再作为法定单位。

干城，请来了旧幕臣沼间守一，沼间守一与其旧部下按照法国式的方法操练高知藩的士兵。一年以前，谷干城在板垣退助的指挥下参加了今市的攻防战，那时他曾与沼间守一交手。

然而，谷干城与片冈健吉共同推进改革的方针遭到了板垣退助的反对。三年前回国担任大参事的板垣退助，与参与起草御誓文的权大参事福冈孝弟进行了一系列废除武士身份特权的制度变革，例如：进一步削减俸禄；发放禄券，允许买卖禄券；允许平民骑马、拥有姓氏；禁止武士佩刀；兵士不论出身，皆可获得提拔。

尽管“士族”这一族类获得了保留，但“人民平均之理”所表现出的四民平等的理念，以及基于这一理念实施的各项政策，仍是废藩后新政府实行变革的先声。高知藩向政府上书，提出这些改革“可布行于天下百姓”，一旦政府批准，即刻于藩内实施。政府同意了上述请求，并将高知藩的上书刊登在《太政官日志》（明治三年第五十三号）中通报全国。

高知藩此前曾因执着于公议政体论，未能在新政府内站稳脚跟，为确保本藩地位，高知藩必须增强军事实力，进行大刀阔斧的改革。高知藩的改革得到了木户孝允等人的高度评价。山口、鹿儿岛两藩已经决定向东京派遣御亲兵，明治四年（1871）一月，西乡隆盛、大久保利通、木户孝允等人乘坐军舰云扬号到访高知，他们此行的目的是想要劝说板垣退助、福冈孝弟，让高知藩也加入其中。政府依靠御亲兵的军事力量，果断推行了废藩置县的政策。此后，高知藩在明治政府内部站稳了脚跟，从这一点上说，高知藩的藩制改革大获成功。

如前文所述，在各藩，于倒幕过程中承担军事重任、立下战功之人要求获得相应的回报。由此，藩内产生了激烈的动荡。西乡隆盛、大久保利通、木户孝允、板垣退助等活跃于中央政府的人，纷纷归乡，致力于改革，他们积累了丰富的经验。

藩制改革的意义

藩制改革是明治时期的各藩在政治上的一种革新。不过从结果来看，此举对废藩置县而言，似乎并无太大的意义。那么，藩制改革的意义究竟何在呢?

藩制改革的首要意义是培养人才。明治三年（1870），长冈藩把下属的三根山藩藩士送来的百袋大米划拨为了学校经费。由此可见，各藩在改革藩制的同时，都十分热衷于学校教育。正如御誓文中所言之“求知识于世界”的方针，各藩强化西学教育，通过改革提拔人才，激发了人们的求知欲。明治三年七月，新政府接手幕府的开成所（旧蕃书调所），设立大学南校，命各藩派遣贡进生，接受为期五年的教育。在政府的要求下，各藩派出经过严格挑选的学生，前往大学南校接受以语言学习为中心的教育，成绩优秀者日后可官费留学海外。

不过，各藩只派出了这一批贡进生，因为随后不久藩便被废除了。奉还版籍后，士族担任各藩的主要官员，因此各藩可以用藩的经费维持以士族为主要对象的官员培养学校。以此为前提，通过国立大学培养国家所需的官僚、技术人员与研究者的体制，在日本迅速建立起来。

许多人由此迈上成功之路，如后来的外务大臣小村寿太郎（饫肥藩）、世代担任议会政治家的鸠山家鼻祖鸠山和夫（胜山藩）、法学家穗积陈重（宇和岛藩）等。此外，还有很多藩为了能把优秀的藩士派往海外，仍从贫困的财政中拨出了一笔经费。明治三年（1870）、明治四年，日本各有约两百人留学海外，在其中，受藩资助者占有相当大的比例。

各藩不仅通过学校教育培养人才，各藩负责藩政的官员也通过藩制改革，如试验各种新的政策、制定并实施新的制度，积累了丰富的行政经验。根据官员的政绩，明治政府得以从中挑选出适应力超强的优秀人才。这种选拔不仅限于政治、行政领域，涩泽荣一从法国回到日本后，寄身静冈藩，他灵活运用新政府分配的太政官札，设立了物产会所。正因如此，日后涩泽荣一才被素未谋面的大隈重信邀请至中央任职。

另一方面，藩制改革也使武士深刻地意识到，依赖藩是有局限性的。藩被统一为政府的地方机构，只拥有很小的政策选择权。因经济状况，很多人的俸禄都遭到了削减，在这样的现实中，政策只能在作为行政单位的藩的内部实施，很多人开始感到，藩变成了一种桎梏。正因如此，废藩政策才能得以顺利实施。

明治初年，藩的意义在于，它既是动员军事力量的单位，又是组成政权的要素。在戊辰战争阶段，上述两点非常重要。但随着戊辰战争的战局逐渐明朗，新政府在短时间内已无须再动员大规模的军事力量，且其框架也已建立起来，于是这些意义便不再重要了。此后，新政府面临的新问题是，如何建立一个能与外国抗衡的国家。由于集议院做出决议，新政府仅能征收各藩税收的 4.5%（此前的一半）来充当海军军费。因此，无论在财政上，还是在改革制度上，藩的延续都成了一种障碍。加之藩制改革导致藩士的意识产生变化，以上诸多原因才使得政府能够比预想的更早实施废藩政策。

第二章

户长们的维新

第一节 | 从藩到县

应称为“金札”

箱馆五稜郭开城，戊辰战争结束。明治二年（1869）五月末，新政府的布告传达至各村。

> 据闻妄称金札为太政官，实乃荒谬。
>
> ……应知此乃出于“天下万民买卖之道无不便”之仁恤之意而施行之事，今后一律称为金札。(《货政考要》)

“金札”指当时太政官政府发行的纸币——太政官币。上述布告禁止人们称“金札”为“太政官”。看见此布告之人恐怕不禁苦笑，我们也很难理解这一通告的逻辑。出于方便人们买卖的“仁恤之意”发行的纸币，为什么就不能将其称为“太政官”，而必须称其为“金札”呢?

如前文所述，在“五榜揭示”中，太政官宣布“旧来秩序不变”，“五榜揭示”的措施第一次直接影响全国民众，即是发行太政官币。

福井藩的由利公正提出了发行太政官币的措施。由利公正希望把自己在福井藩实施的殖产兴业政策[1]推广至全国，该政策结合了特产专卖机构——物产总会所与藩币。政府的商法司相当于物产总会所，商法司把太政官币作为生产资金借贷给生产者，生产者用产品来偿还资金。借此，政府垄断了这些产品，并使之流通。由于能够垄断产品，政府亦可操控物价。与此同时，通过调节资金供给情况，政府还能控制各种作物的产量。用由利公正的话来说，这正可谓一种“经纶之策”。

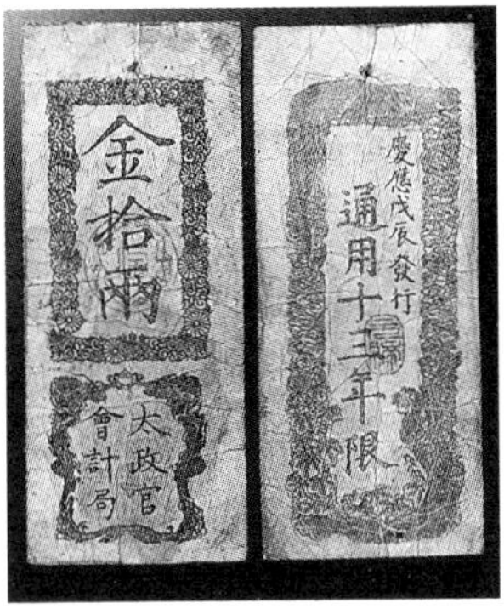

太政官币（明治元年） 大部分太政官币在明治十二年（1879）十月前，通过与新纸币兑换被回收（日本银行金融研究所货币博物馆藏）

然而，由于日本国内局势混乱，政府不可能立刻实现全国范围内的流通管制。明治二年（1869）二月，随着由利公正的下台，商法司也被尝试主管外国贸易的通商司取代。但因遭到寻求贸易自由的外国方面的抗议，通商司最终也没能实现上述目标。幕府统治末期，政府实行专卖制度。尽管很多藩在专卖制度方面拥有经验丰富的人才，但能够制定全国性经济政策的人才却仍然十分匮乏。正如人们对“经纶”的误

1 殖产兴业政策，明治政府推行的扶植资本主义的政策。以富国强兵为目标，以军事工业和官营工业为核心，引进欧美的生产技术和制度，推动工业迅速发展。

解那样，大众并不怎么关心经济。在这种情况下，政府面对外国方面提出的自由贸易的要求，只能束手无策，放任国内经济自由发展。

民众眼中的“太政官”

由利公正下台后，太政官币继续发行，到明治二年（1869）七月为止，太政官币总发行数已达四千八百万两。其中，按照由利公正的设想，作为生产资金借贷出去的太政官币，只有约一千万两，太政官币过半的金额都用于填补政府的财政赤字了。

由于随意发行大量纸币，如何维持其流通与价值成了新政府面临的一大难题。起初，新政府强制民众按照票面价格流通太政官币，要求用太政官币缴纳租税。然而，因流通不畅，明治元年（1868）十二月，政府要求太政官币照时价流通，缴纳租税时每一百两需缴纳一百二十两太政官币，这表明政府主动承认太政官币贬值。与此同时，为了能在地方流通太政官币并缓解各藩的财政困难，政府把太政官币借给各藩，并规定每一万石换一万两太政官币。

佐贺藩的大隈重信取代由利公正主管财政后，再次下令按照票面价格流通太政官币。为促进流通，政府把太政官币按每一万石两千五百两太政官币的基准，发放给府藩县，同时向府藩县征收等额的“正金”（幕府发行的金银币）。大隈重信采取强硬措施回收金银币，这迫使各藩不得不去使用太政官币。据山本有造的研究显示，通过此举，太政官币开始在全国范围内流通，其价格也有所提升。

大隈重信与大藏省的干部（明治二年） 前排左起为井上馨、大隈重信，后排最右为伊藤博文（出自《日本百年的记录》）

自庆应四年（1868）闰四月新政府宣告发行太政官币以来，与太政官币相关的法令，不断被下发至明治初年的农村。明治元年（1868）到明治二年，民众的生活与以往相比，并未发生太大的变化，他们能够感受到的新政府的政策大都与太政官币有关。太政官币的价值低于幕府发行的金银币，且针对如何对待太政官币的问题，政府接连发出的布告前后矛盾。这表明政府的新政策不稳定、法令亦无约束力。因此，民众才戏称太政官币为“太政官”。

政府不惜冒着太政官币被戏称为“太政官”的风险，特意发布这样的告示，可见官僚们实在无法忍受如此称呼。顺便一提，明治十八年（1885）大藏省刊行的《货政考要·法令篇》的“太政官布告”，收录了上述告示。在下文将要提及的吉野家文书中，我们亦可找到其身影。不过，这篇告示却并未被收录在《太政官日志》中。由此可知，该告示并未通行全国，它只张贴在了戏称太政官币为“太政官”的区域中。明治十八年（1885）太政官开始编纂延续至今的《法令全书》，但《法令全书》也未收录这一告示，由此可见明治政府希望忘记它的存在。

该布告通令各村后不到一个月，府藩县把太政官币分派给了使用旧幕府货币的村庄，每一万石分派两千五百两太政官币。各村被迫支付票面价格的金银币，换取改称金札的“太政官”。太政官的权力由此辐射至乡村。不过，若想通过太政官币真正改变乡村的形态，目前需要的还是先建立起相应的体制。

县的诞生

明治四年（1871）七月，新政府废藩置县后，藩改为县，日本设三府三百零二县。十一月，变成三府七十二县。到明治九年八月，三府七十二县被整合为三府三十五县。

最初新政府在接管的幕府领地上设县，取代原有的代官所。在大藩改称县及一连串改组后，县的规模扩大。“郡县制”一词诞生于中国的秦代，“县”小于“郡”，而在日本，“县”比“郡”大。

明治四年（1871）十一月的《县治条例》规定，县的长官改称“县令”。县令大多由出身大藩的人与讨幕运动的功臣担

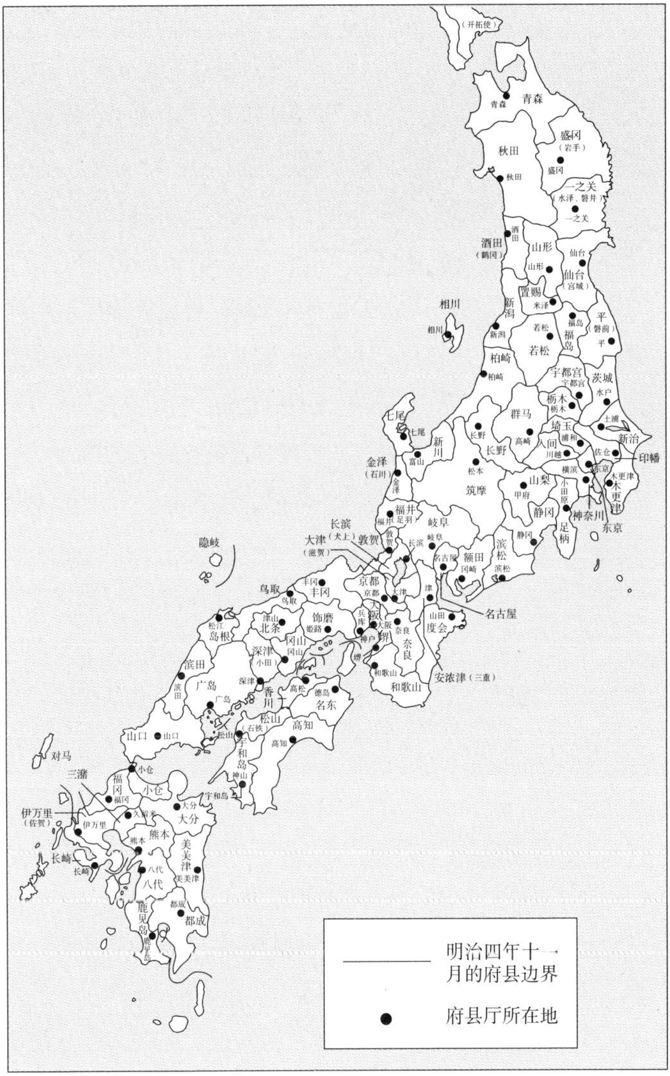

废藩置县（明治四年十一月）

任，这其中很重要的原因是为了论功行赏。佐仓藩被归入印幡县，而在宫津藩归顺一事上有功的京都宫津藩藩士河濑秀治，则由原来的小菅县知事改任印幡县县令。

河濑秀治挽留西村茂树担任印幡县参事，西村茂树却主动请辞并向河濑秀治推荐了依田学海。但依田学海同样请辞，他只同意负责善后工作。无奈，西村茂树只得出任印幡县参事，并于明治五年（1872）二月辞职。依田学海指出："西村亦敬畏县令之勤勉，然其好苛察，无宽恤之意，属吏亦多择类于己者。"他称赞河濑秀治热心工作，批评他施政过于严苛。

对于旧藩官僚而言，他们身在同一片土地上，面对同样的人民，所以很难适应新的统治者。昔日的藩，虽说财政困难，但却可以独立收取租税并决定其用途。与此相对，县则要把大半租税上缴国家。因此，在旧藩的施政者看来，县令不过是替政府征税之人。同时代的士族都知道，"县令"是"代官"的另一种说法，该称呼无疑强调了"县令"作为政府代理人的职能。

与鹿儿岛县相同，酒田县——今山形县的一部分，破例留用旧鹤冈藩的官员在县厅任职。明治五年（1872）起，全国允许用现金缴纳年贡（石代纳），酒田县却对居民隐瞒了这一消息。在米价高涨的背景下，酒田县通过贩卖居民缴纳的年贡米，增加了本县的收入，这笔收入被用于"士族授产"。该事件曝光后，酒田县从明治七年开始，同意居民使用现金缴纳年贡。从那以后，批判县政的部分士族与商人设立了石代会社，石代会社会把从各村收来的年贡米换成现金。据佐藤诚朗的研究显示，一部分农民把石代会社当作新的县，向其缴纳年贡，不再听从酒田县的指示。从中我们不难看出，民众实际上不过把县当作了代缴年贡的机构。

司法独立

《县治条例》规定县令的职责为：

> 教督保护县内人民，遵奉施行条例布告，纳租税，督赋役，判赏刑，紧急事态发生时向镇台分营禀议，进行适当处置。
>
> 但，县内若有市场则兼掌贸易事务。

然而，如何进行“教督保护”，应该建设怎样的社会才是政府接下来需要解决的问题。为此，明治五年（1872）政府开始制定全国性的制度。与此同时，县令的“判刑”权遭到剥夺。

庆应四年（1868）闰四月《政体书》中“三权分立”的规定，使得司法权独立于行政权之外。从明治四年（1871）十二月司法省东京裁判所[1]设立起，各地在翌年四月就任的江藤新平司法卿的领导下，设立了由司法省管辖的裁判所。明治五年十月，京都府参事槙村正直对此表示了不满。他表示："身为地方官未能听人民诉，未能断人民狱，何以教育人民，治理地方？"(《法规分类大全 官职门 司法省》)

"听诉"指民事裁判，"断狱"指刑事裁判。习惯了江户时代以来行政、司法一体的地方官，把"听诉""断狱"作为教化人民的重要手段。但是，由于司法省不断设立裁判所，到了明治九年（1876），地方官即包括县令在内的县级官吏的裁判权被彻底地废除了。

另一方面，直到这一年，司法省法学校的首届十位毕业生才开始进入司法省工作。换言之，在此之前，司法省并无接受过正规法学教育的司法官。

因废藩的缘故，旧幕臣沼间守一失去了其在高知藩的职务。此后，沼间守一曾尝试在横滨从事生丝与货币兑换业，但结果并不顺利。于是，沼间守一应井上馨的邀请进入大藏省，在横滨海关任职。明治五年（1872）七月，司法省派出欧洲考察团，沼间守一与川路利良、井上毅随团前往英国学习法律，翌年归国。归国五个月后，沼间守一被任命为法官，但他却对日本法律一无所知。因此，沼间守一只得一面在裁判所对同僚

1 裁判所，即法院，对各种诉讼行使司法权的国家机关。

吹嘘自己在英国裁判所的见闻，一面在市内的书店搜罗《新律纲要》《改定律例》等当时的刑法书籍。上任第一天，沼间守一只记住了“杀人者皆斩首”的条例，所以他只寻找适用此条例的案件做出判决；第二天，他记住了其他的条款，于是他再找出适用该条款的案例予以处理。如此反复，一个月之后，沼间守一方才通晓日本法律。

像沼间守一这样的人，虽然在当时被称为“司法官”，但他们并非法律专家，而多是原来的行政官。因此，在处理实际事务时，审判交由行政官处理并无什么不妥之处。将司法独立于县的行政之外，与其说是为了处理实际事务，倒不如说是为了模仿欧美建立司法组织的理念。司法独立使地方的行政负责人意识到，他们的职责与江户时代完全不同，县令也因此增加了许多新的行政工作。

理想的新国家

曾让西村茂树等人头疼的原印幡县县令河濑秀治，在明治六年（1873）二月调任群马县兼入间县县令后，开始提倡整修道路。江户时代，人们只能在极其有限的区域内行车，如京都到大津之间、三大城市[1]的闹市区内等，直到幕府统治末期，

1 三大城市，指江户时代的三大商业都市京都、江户、大坂。

人们才被允许在主干道上行车。在这一时期，人力车、货车等开始进入各地区。为此，整修过去仅供人马通行道路的需求应运而生，例如：要在小河上架桥消除高低差等。河濑秀治在十月三十日发布的命令中说明了整修道路的必要性：

> 道路，人民依赖其交通，物产随其发展，乃经国之要务，时至今日更不待言。然维新以前，各藩各区对峙，相互守护其边境，甚而闭锁关卡，在艰险之地修路亦兵马之余习，此乃时势所造就。话虽如是，因此遮挡全国经脉，妨碍人民交往，有碍物产进出，以致物价不均，民众安于孤独，惯于管见，误人生本分，失国家富饶之基。今会四海一家之世运，岂可不锐意勉励之？（县教育会《群马县史》第四卷）

江户时代的道路政策是诸藩割据的象征，它不仅阻碍物产顺利流通，还使经济活动停滞，让人们的人生观、世界观变得狭隘。要建设与统一国家要求相符的社会，就必须整修道路。但县令能够动用的预算极为有限，因此河濑秀治呼吁度过秋季农忙期后，“根据各地情况，制定适宜办法”，修缮道路，修整险要之处，去除弯道，使道路能够供人马、车辆通行。

河濑秀治以新国家、新社会的要求为切入点，指出当前道路存在的问题，要求百姓提供劳动力。维新所需解决的问题变得十分明确，即县令有责任通过各种可能的手段，向民众阐释理念并寻求配合，以调动民众的积极性。

不可使知之

尽管新政府不再需要攘夷，内战也已结束，这可以令新政府节省部分军费开支。但是，为了应对外国的要求，阻止外国商人获取特权，新政府又不得不开展造船厂、铁路、电信、矿山、灯塔等大型事业的建设。通过这些举措，政府提高了威望，同时也对外展示了开化的成果，提高了自身作为维新政权的合法性。明治三年（1870）闰十月，政府设立工部省，作为统管这些大型事业的机构。在《设立工部省之旨》中有以下一节：

> 今日，关于铁道、电报机等，众论纷纷。归根结底，因不知其不可或缺之缘由，故将其归入奇技淫巧之类。苟知其为国家富强之要务，人民利益之本源，则天下之人必趋而赴之，不待督责褒劝。然不应使之家喻而户晓。所谓民可使由之，不可使知之也。(《大隈文书》)

要使国家富强，必须发展铁路、电信事业，民众也能因此

当时的工部省（出自《日本百年的记录》）

获利。世人一旦理解这一点，一定会大力支持政府在这些方面投资，民间企业集资后，亦可从事这些业务。但是，几乎无人见过这些大型事业，政府也不可能向每个人说明其意义。因此，在这样的领域，政府没有必要寻求民众的理解，只能是在果断推进改革后，再向民众展示改革的成果。

这篇文章被认为出自大隈重信或伊藤博文等长州藩开明派之手，因为它如实地反映了明治政府面临的一大难题，即如何展示开化的成果。对于这些不可能求得民众理解的事业，只能通过政府首脑同意，投入可动用的官费（即国费）以获取经费支持。但官费有限，因此在那些可以获得民众支持的新事业上，政府就应尽量减少官费开支，转而让民众负担费用。所以，县令作为政府派驻各地的长官，就必须设法实现这一目标。

明治五年的变革

政府不断施行辐射全国各村的新制度。明治五年（1872）二月，政府开始编制户籍，同时解除禁止土地买卖的禁令，并向交易过的土地发放地券。七月，全国统一发行地券，未曾实施交易的土地也被囊括其中。明治六年七月，政府颁布《地租改正条例》，而大多数的县在明治八年以后才开始真正推进此项改革事业。明治五年八月，政府颁布学制，全国设立小学，到明治六年年末，全国共建立一万两千五百九十七所小学，28% 的学龄儿童成功入学。明治五年十一月，政府颁布《征兵告谕》，东京镇台辖下自明治六年起、全国自明治七年起，开展征兵工作。以上三项改革，被称为"维新的三大变革"。明治五年七月，全国开始实行邮政制度。翌年四月，政府规定全国收取统一的邮费。

这些改革都需要民众的配合，因此，与河濑秀治发布整修道路的布告相同，政府也颁布公告说明了改革的意义。在明治四年（1871）四月颁布的《户籍法》前言中，政府这样阐述建立户籍的意义：

> 保护全国人民乃大政之本务，此自不待言。然不理清应保护人民之数量，何以施行保护人民之政策？……逃其籍，漏其数为其不受保护之理，亦乃自外于国民之举。

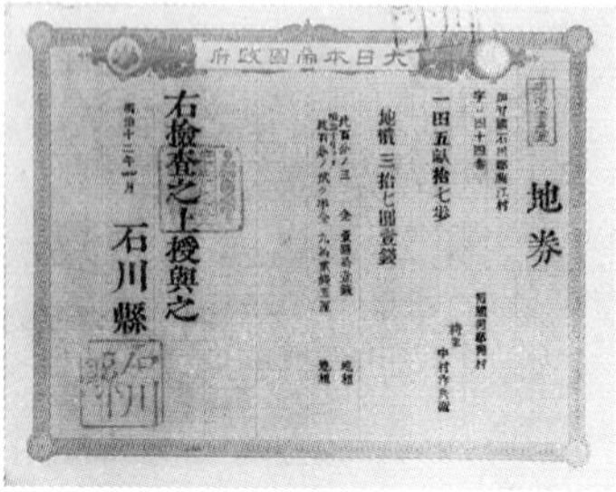
大日本帝國政府
地券
一田五畝拾七歩
地價三拾七圓壹錢
右検査之上授與之
石川縣

地券（明治十二年发行）（石川县立历史博物馆藏）

保护国民是国家应尽的义务，“国民”就是国家通过掌控户籍确认的应给予保护的民众。如前所述，至少在奉还版籍之前，所谓的“国家”指的是“藩”。刚刚登上历史舞台的统一国家，向人民展示了其存在的首要目的——保护人民，即御宸翰中所言的“安抚万民”。正是为了保护人民，国家才要求民众建立户籍。

政府发行地券之际，太政官的布告上没有贴出相应的说明。木更津县权令柴原和在明治五年（1872）九月强调，在所有权确立后，作为私有财产，所有者可自由处置土地。地券是“民众拥有土地之确证”，故“拜领右之地券后，无论买卖土地，抑或典当质押土地，皆所有人之自由”（《君津市史 资料篇Ⅲ 近代Ⅰ》）。府知事、县令有责任向府县人民通报法令，因此即便是通行全国的政策，如若太政官没有说明，则府知事、县令有必要给予补充说明。

后文将言及学制、邮政制度、征兵制，但包括强调国家有义务保护人民的《户籍法》在内，为了能在施行政策的过程中得到民众的协助，这些制度都对国家、社会应有的状态做了说明。至于“国家”究竟是什么，这些制度却没有做进一步的阐释。如前所述，明治政府也并未对地方的普通民众公布《五条御誓文》。可以说，明治政府建立的国家通过解释个别政策，第一次向民众阐述了自己的形象，即要求民众肩负重任的同时，国家也会为民众推动变革。

第二节　户长的工作

户长的登场

县令希望在获得居民支持的前提下推行新政策，因此就需要能在县与居民之间牵线搭桥的机构。

自古以来，日本就有将领主意向传达至各村的机构。各村通常都有一位能代表村子、名为“庄屋”“名主”“年寄”的人与领主沟通。当一个村子的土地分属几位领主所有时，每位领主都拥有一名能与其沟通的村代表。当某位领主拥有广阔的领地时，其领地上几个村乃至一个郡的范围内，便设有一个大庄屋，大庄屋负责收缴年贡、传达领主命令、处理农民的诉求，以及其他与其身份相关的事宜。除极少数区域外，这些职务均由农民出任。

除城下町的官厅外，领主还在飞地设立了阵屋。幕府与大藩划分领地，并会在领地上设置数个代官所，由身为武士的代官负责管理。全国由武士负责管辖的区域达数百个。因此，在重组后的“县”内，会存在多个昔日的阵屋与代官所。最初，各县大多保留了这些机构，把它们当作县内官员的办事处。但与藩不同的是，府、县把大半租税交给了中央，它们并无足够的财政收入养活大量的官员。因此，不久之后，这些机构便被废除了。

取而代之的便是区长、户长。户长最初依据《户籍法》设立。《户籍法》以“臣民根据居住地编入户籍，以详细无遗为旨”。由于长期以来根据身份实施统计的方法无法确切掌握居民的数量，所以全国依照地理划分，设立户籍区。每个户籍区由专人，即户长、副户长负责编制户籍，管理居民的变动情况。区域划分的标准是市区四五町、农村七八村。各地可因地制宜，有所调整。由于各地方官的判断不同，该制度在日本各地实施的情况存在很大的差异。不过，“每位国民都接受某位户长的管辖”，这一点是全国相同的。

区、村的户长

山形县在任命户长的同时，还命令户长要负责发布公告、处理人民的各类请求，并规定户长只需向各名主发布公告，但人民的请求、询问、申请等，必须接受户长的“审查”。此外，山形县还要求户长“不只请求、询问，可明辨说谕一切事务之赞否善恶”（壬申七月《户长事务章程》），规定户长有责任判断民众的主张是否合理，各类事项是否恰当，并应向民众说明情况。明治五年（1872），山形县废除了派遣官员的办事处，取而代之的是户长承担了新政府基层的职能。

在山形县让户长承担各项工作的同时，太政官在明治五年（1872）四月九日的布告中宣布，将庄屋、名主、年寄等村庄的负责人改称为“户长”“副户长”，“迄今承担之事务自不必言，一切关于土地、人民之事”也由其处理，这项规定赋予了“户长”一词新的含义。此前户长、副户长负责包括几个村庄在内的一个户籍区，而新的户长、副户长则是一个村庄的代表。这种情况招致了混乱。

上述布告也废除了大庄屋。因此，府、县建议设立一般行政意义上的区，以取代户籍区，设立区长，以取代大庄屋。十月十日，政府同意设立大区、小区，设区长。至明治八年（1875），全国约八万个町村被划分为九百零七个大区、七千六百九十九个小区。

大区相当于一个郡的大小，但实际情况也因各府县的情况而有所不同。此外，户长这一称呼也因县、因时而异。在有的县，户长指小区的区长；在另一些县，户长则指一村之长。少数户长由旧藩的士族担任，如鹿儿岛藩、福冈藩。多数户长由当地有实力的农民担任。另一方面，大区的区长也多由地方士族，尤其是维新之后在藩中担任官员的有地位之人担任。关于区长、户长的制度，政府没有提出明确要求，而是让地方官根据各地实情做出尝试，之后政府再对其政绩，以及请求予以追认。这种情况使得区长、户长的制度变得十分灵活。可以说，这也是明治政府推进维新构想的一种方式。

维新的旗手

户长最基本的工作是传达布告。从江户时代起，各地都要将来自幕府、藩、代官所等“上级”的告示，收缴年贡的指示及传唤等传达至各村，布告按照“幕府—藩—代官所—大庄屋—各村的庄屋”的路线传达。大庄屋管理下的村庄，会将布告抄写在名为“御用留[1]”的记事本上，由一个村传阅到下一个村。庄屋负责将必要事项传达给村民。

进入明治时代后，有关新政策、新制度的布告，即向各村传达维新情况的“安民告示”也经由上述途径逐级向下传达，只不过，此时若再采用与江户时代完全相同的做法，则已经行不通了。今天，东京都青梅市新町的吉野家文书中还保留着自江户时代起留下来的“御用留”。在这里，让我们通过吉野家文书看看当时的情况。

---

1 御用留，江户时代，幕府和各藩的役所、町村的官员记录的公文的抄本。

吉野家过去曾担任幕府代官江川太郎左卫门管辖下的新町村名主，御用留（《东京都古文书集》第4—7卷）中记录了来自幕府、代官所或其机构、官员的布告。佩里率舰队来航前的19世纪50年代前后（嘉永二年至嘉永四年）的三年间，每年平均有十七份布告，每月平均有一份布告。在这样的频率下，名主尚且能在农业劳动之余，仔细阅读、抄写、传达这些布告。然而，到了幕府统治末期的庆应二年（1866）、庆应三年，布告增加至平均每年三十份，戊辰年甚至达到了六十份。由于治安混乱、统治者不断更迭，想必吉野等人一定十分头疼抄写、传达布告，以及战争期间动员村民服劳役等事。明治二年（1869），包括和太政官币有关的布告在内，共有六十五份布告。明治三年，布告的数量减少到四十二份，吉野等人得以喘一口气。然而，明治四年政府废藩置县，与户籍相关的布告等共达八十一份；维新浪潮席卷地方的明治五年则一共有一百五十三份布告；明治六年的布告数量更是多达三百七十五份，平均每天都有一份，该数量已是江户时代和平时期的二十余倍之多。

户长们需要抄写、解读这些文件，然后向民众说明其意义并将其付诸实施。这是一项困难的工作，但从某种意义上说，也是很有意义的工作。户长们已经意识到自己正在变革地方的体制，自己是维新的旗手。然而，布告数量增加了这么多，此时显然已经不能再用传统的方式处理它们了。

那时负责管理新町村的神奈川县，是活版印刷技术发达的地区。这里发行了日本的第一份日报。从明治五年（1872）起，部分布告开始采用活版印刷。笔者曾在其他书中详细论述过相关内容（参见拙作《新技术的社会志》）。在该时期，本木昌造于明治二年引进的基于电胎法活字的活版印刷术也开始普及。这项新技术使得布告的数量有所增长。然而，紧急布告与面向特定地域的布告仍未使用印刷术。明治六年，仅新町村就抄写了九十五份布告。这一年，全国绝大多数的县还在使用传统的方式传达布告。从一月到五月，山梨县共抄写、传阅了二百零八份布告，其中政府下达的布告达一百二十三份，来自县厅的布告共有八十五份。由此可见，没有采用印刷术的县，接到布告的数量并不少。那么，乡村究竟发生了怎样的变化呢？

抄写的辛劳

东京大学社会科学研究所保留着明治六年（1873）九月至十月，山形县南高擶村（今天童市的一部分）户长萩生田林助所写的“御用书留”。据此可知，八月二十九日，漆山小区的会所向萩生田林助下达了十九份来自新政府的布告，命其将这些布告传达给“所有农民，不得有漏”。这些布告是新政府在七月至八月三日之间发布的。八月四日到八月十三日之间，它

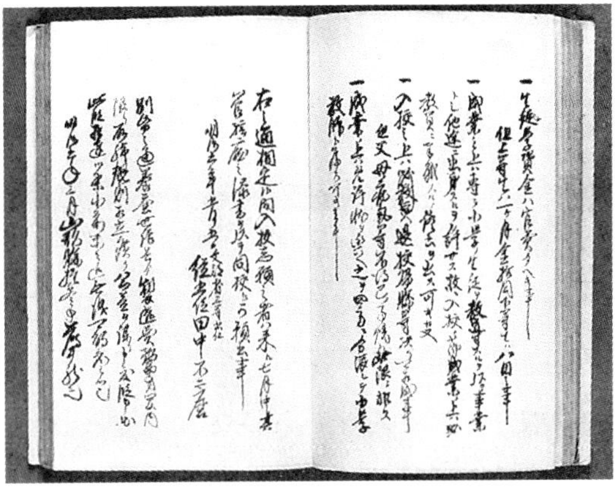

布告　南高擶村户长萩生田林助抄写的师范学校的校规。这本名为“御用书留”的册子有两百多页，用时大约一个半月（明治六年九月的御用书留）

们被分三次从县厅传达至各会所。或许是因为抄写费时，会所向各村传达这些布告的频次有所减少，时间间隔最长的一次甚至滞后了二十五天。萩生田林助抄写这些布告使用了约十七张B4大小的纸，其中包括修订海军刑律的布告、对地处内陆的南高擶村没有参考意义的建设北海道纳沙布海角灯标的布告、修订对待朝鲜漂流民规则的布告，等等。这些布告被传达至各村，向人们展示了新时代的到来。但对于传达布告的人而言，这些工作难免令人颇感负担。

因此，会所会优先传达注明截止日期、县厅要求调查或纳税的布告。前任户长因病退职，由于他在任职末期疏于记录布告，萩生田林助只能在处理完之前的布告后，先抄写县厅于八月发布的布告，再抄写国家从三月起发出的布告。五月五日，文部省发布了位于东京的师范学校的校规，校规规定入学申请书的提交期限为七月末，而萩生田林助直到九月才抄写到这份布告。

或许是因为各地都有拖延或省略布告的情况，明治六年（1873）三月，政府命令各户长在家门前竖起布告牌，所有布告必须在布告牌上张贴三十天。而户长则至少要抄写两份布告，分别用于御用留与张贴。如果没有张贴布告，拖延或是没有抄写布告的情况将会有所暴露。

越来越重的抄写负担不仅妨碍了户长们的家业，有时他们甚至还得雇人抄写，而这笔雇用费则由包括户长在内的居民共同承担。另一方面，现存的御用留有很多笔误，有些布告甚至表意不清。为此，地方官希望能够引进印刷术，以准确传达布告，减轻居民的负担。出于这一考量，各县厅所在地在这一时期内迅速建起了活版印刷所。印刷费用虽然仍由居民共担，但是想到能省去抄写的工夫与费用，居民们应该还是乐意出钱的。

设立大区、小区，很大程度上也是为了更加合理地传达布告。如果小区之长担任户长，则布告牌设置在小区即可。青梅的新町村被编入第十三大区的一个小区。明治六年（1873）年底，各村以往的户长、副户长被废除。此前交由各村管理的文件被移交给了“番组”，即小区的户长。随后，小区设立了户长、副户长，雇用了抄写员、勤杂工，以便直接处理需要调查之事。此后，户长、副户长只将相关布告传达给相关人员，他们判断没有必要传达给各村的布告，便不再下发。因此，明治七年传达到小区的近五百份布告中，只有六十七份传达到了新町村。

明治五年、明治六年是政府公布新制度并使人民了解这些制度的时期，随后的明治七年、明治八年则是新制度实施的时期。多数布告与其说是给民众的指示，倒不如说是给制度实施负责人的指示，加之小区的设立与其功能的强化，各村的负担得以减轻。因为各地希望通过新制度实现目标且可利用的技术日新月异，因此大区、小区制度在不同的地区呈现出不同的面貌，且随着时间的推移，其面貌发生了显著的变化。

邮政制度

除了向人们传达法令，完成制度规定的工作——制作、公证与土地、户籍相关的文件之外，户长们在小学、邮政等并未明确规定其职责的领域，也发挥了极大作用。

由前岛密（其头像被印在如今的一日元邮票上）倡导而被引入的邮政制度，最初是在官员的监督下，依靠江户时代以来主干道上的驿站制度建立起来的。正因如此，邮政制度的干线得到了迅猛的发展。但驿站只负责四五里[1]范围内的配送工作，因此我们只能将其称为邮政制度的“线”。明治五年（1872）以后，邮政制度才真正在以全国为对象的“面”上发展起来。

明治四年（1871）正月，第一个官营邮政——东海道沿线的新式邮政业务开通。布告称，“自公事至士民私用乃切要之事”，较之私营，邮政作为官营事业推广起来更加迅速可靠。明治五年三月的邮政规则指出：

> 凡称国者，统一人民之言语风尚，政令有端绪，权利不相悖，互通友谊，忧乐与共，相隔十里之远亦如居于一区之近，同尊宪典，实现一社之友情也。

邮政规则从“国为何物”开始论述，然后得出结论——需要开展全国性的邮政业务、统一全国的邮费。此外，邮政规则更指出，列强已经派遣官员抵达横滨开展邮政业务，而“我堂堂帝国，竟缺此大典，实为国民之不幸”。由此可见，新政府将邮政事业定位为“我堂堂帝国”为“民”实施的政策。

明治五年（1872），新政府修改了邮政制度，将全国人民设定为使用对象，因此新政府需要很多人来开展这项业务，包括那些从未参与过邮政业务的人。为了动员新的人员加入邮政

---

1 里，日本距离单位，近世三十六町（3.6 至 4.2 公里）为一里。

邮局的窗口 （《办理邮政之图》，递信综合博物馆藏）

事业，政府有责任对此加以说明，而在基层开展此项工作的，正是负责传达法令的户长们。

在这一时期，全国各地区都挑选出了邮政经办人，新政府以他们的住宅作为临时办事机构发展邮政业务。这便是如今“特定邮局”的起源。长期研究初期邮政制度的薮内吉彦指出：“当时的邮政经办人采取弹性工作制，可以兼营兼职，因此多由正副户长兼任。”如果要在地方选择来历可靠之人，户长多是最佳选择。

有些地区的邮政制度与户长的关系不仅限于此。明治七年（1874）三月四日的吉野家文书中，保留了一份大区的邮政主管写给小区会所的文件。文件写道，此番大区的会所“被定为邮政经办处，责令配送邮件”，日后寄给小区居民的邮件将会被转至小区会所，请求小区会所即户长予以派送。大区会所变成邮政经办处，户长们成为所在小区会所的邮递员。大区、小区制度被邮政制度照搬使用。这或许是个极端的例子，但由于新政府最初只能通过一般行政途径选择全国的邮政经办人，所以新政府现在必须让区长、户长以某种形式参与其中。

此后，随着使用人数的增加，邮政组织走上了独立发展的道路。一开始，不论区长、户长是否愿意，他们都参与到了邮政业务之中，当地居民通过他们加深了对邮政制度的理解。此外，邮政的派送途径与一直以来县里向收信人寄送传唤状等公文的途径一致。邮政制度面向全国推广时，同样利用了传统路径并得到了迅猛的发展，这一点与其在主干道沿线上发展时情况相同。

《学制》的逻辑

明治五年（1872）八月发布的《学制》称：

> 人人自立其身，自治其产，自昌其业，并以谋生之道者无他，修身、启智、擅才艺也。不学则无以修身、启智、擅才艺。

《学制》从个人出人头地、光耀门楣的角度，论述了学习的意义并否定了以武士为中心的学问，指其妨碍文明普及，致使产业发展停滞不前：

> 主张为国家而学，不知学为立身之基，或趋于辞章记诵之末流，陷于空理虚谈之道。其论虽似高尚，然未能亲身实践者甚多。此即沿袭之积弊，故文明未能普及。不擅才艺而致贫困、破产、丧家之徒者多也。

学问应能带来实际的利益，因此背诵古典、做理念性的讨论是没有意义的，《学制》从正面否定了为国家做学问的主张。因为，过去的学问“倡导为国家而为学，学费及衣食之用多依赖官费”，也就是说，武士做学问利用的是幕府或藩的经费。

而强调做学问“不是为了国家，而是为了个人”，即“望自今而后，一般人民（士族农工商及妇幼）村无不学之户，家无不学之人”，则是为了让居民承担大部分义务教育的费用。

仅在一年多前的明治四年（1871）四月，韮山县在向各村传达利用官费建小学一事时，引用了呈报太政官的文章中的话，说明了其意图：

> 小人闲居行不善之事，农民耕作之余暇，若无恒心则

昔日的开智学校与致道馆　开智小学（重要文化遗产，长野县松本市）是松本县新建的近代西洋建筑，致道小学利用了鹤冈过去的藩校校舍。当时多数地区无力新建校舍，如此宏伟的建筑在农村十分少见

与赌徒相亲，煽动诡诈之风。故欲草创辖区内小学，教习书、数，逐渐导扬淳朴之风。(《吉野家文书》)

《学制》布告的内容与上述文章的说法大相径庭。明治四年（1871）四月，新政府希望名主也能考虑在官费提供支持的前提下统治民众的问题，而《学制》则变成了令民众同意负担费用的理论依据。

《学制》计划将全国分为大学区、中学区，以及五万三千七百六十个小学区，每区设立一所小学。尽管学校的实际数量并没有这么多，但到明治八年（1875）年底，新政府已建立起两万四千二百二十五所学校，该数量已与日本现在的小学数量基本持平。《学制》规定中学区设数名学区监督，负责建设与运营学校。但根据吉野家文书显示，明治六年五月十二日，政府并未把小学的建设交由学区监督负责，而是指示“户长、副户长斡旋，火速建设”。同年十月，各村户长被废，各小区设户长、副户长。此后，户长、副户长就肩负起了维持学校运营、援助贫困者就学，使“儿童无不就学”的使命。

各地都有这样的事例。大槻哲夫就曾介绍过负责在熊本县阿苏郡小国町建小学的大家磨的事例。大家磨出生于富农之家，其祖先通过捐钱成为乡士。他从幕府统治末期开始担任庄屋，一度在县里任职。明治五年（1872），大家磨开始担任出生地黑渊村的户长，负责建立蓬莱学校，并参与村内其他两所小学的建设工作。大冢磨不仅说服村民承担费用，自己更是率先捐款数百日元。那时全国一定有许多像大冢磨这样的户长，他们不仅领会了《学制》宗旨，还率先负担了大笔的建设费用。

《征兵令》

维新的变革措施中，在军事上意义最重大的是《征兵令》。长期以来，以士族为中心的志愿者长期服役，部队即由这些职业军人组成，而采用征兵制，即意味着征兵将不再考虑身份，大量成年男子在短期服役、接受训练后，即可作为后备军回归社会，等到战时再征召入伍。

征兵制使政府无须向士兵支付供养家人、维持生活的薪俸。在这种情况下，政府可以用更少的开支来维持同等规模的兵力。此外，征兵制没有身份限制，这便于增加兵力，对发展军事力量而言，征兵制可谓是一种理想的制度。另一方面，如果像过去那样，由一个集团（如武士）担负国家的军事重任，那么该集团将很容易拥有特殊的话语权。征兵制的出现能够避免这种事态的发生。因此，在新政府中负责建设陆军的大村益次郎，以及在他被暗杀后继任的山县有朋等人，都考虑在未来引入征兵制。

明治五年（1872）十一月发布的《征兵告谕》指出：

> 世袭坐食之士，减其俸禄，许其不佩刀剑，四民渐获自由之权。此为上下平均，人权统一之道，即兵农合一之基。在此士非昔日之士，民非昔日之民，均为皇国之一般国民，报国之道本应无别。

政府在此讴歌国民的自由与平等，指出在当前社会制度下，响应征兵号召是理所应当之事。作为代表明治社会变革的口号，尽管“四民平等”广为人知，但仍没有哪个法令使用过该词。还是上述的《征兵告谕》将“四民平等”的理念明确阐释了出来。正如山口县在传达《征兵告谕》的布告中要求“户长、副户长应殷勤恳切劝谕百姓”那样，户长有义务向民众说明征兵的意义。

《征兵告谕》还指出西洋也有征兵制，“西人称此为血税”。据说，正因为写上了这句可写可不写的话，反倒是引发了民众以为要被抽血的恐慌。山口县在布告中要求户长向民众说明情况，以免招致误解。山口县的布告指出“若言血税，不解其意之愚民反生疑心”，“血税”的表述不过是像战国时代授予武将的军功状上所写的“粉身碎骨”那样，是一种修辞方式。由此可见，“血税”一词的确引发了问题，加大了户长的工作量。

如同抓住救命稻草那般，征兵负责人为了多呈现一些材料，说服民众响应征兵号召，这才特意在《征兵告谕》中提了西洋的例子。如上所述，新政府实施的其他政策，于个人而言或多或少都能说出一些好处，但只有征兵制对被征召的个人及其家人而言，可谓毫无益处。因此，政府预测征兵制将会是最难为民众接纳的制度。

据藤村道生的研究显示，陆军省的草案原本暂时不打算征召贫困的百姓，而是希望先征召生活富裕的人和领受俸禄的士族，待日后再面向全民实施。政策制定者也认为，当下的情况不可能不分身份突然地实施征兵制。然而，审查这项政策的左院则认为，应该“士民平等”“贵贱上下公平统一”，故没有赞成上述过渡性政策。左院本来要求延期实行征兵制，陆军省方面则干脆放弃了过渡性措施，转而断然推行征兵制。

藤村道生认为这是因为政府征集不到士族士兵，而大岛明子则认为这是由于出征外国的舆论高涨，士族害怕被组成新的军队派往国外打仗。总而言之，明治政府一面担心政策难以实施，一面还是如履薄冰地推行了征兵制。

辖区的守卫

基于以上论述，如果重新审视明治六年（1873）一月发布的第一份《征兵令》，我们就能看到其中那些不同于之后征兵制或日本军队概念的条文有何意义。

负责征兵的陆军会从辖下的镇台，向府县派遣与地方官协商征兵事宜的军人。实际的检查由担任征兵副使的一名尉官、一名军医，以及从府县官员中挑选出的一名议官负责，检查组将巡回各郡村，开展征兵工作。一个检查所通常设有两名由户长或副户长组成的议员，他们负责传达公文，上报民情。此外，户长可以对征兵事宜提出异议，且其提出的理由可以是各式各样的。

> 应被征兵者皆按照军人处理，故除适用于免役规则者外，无论有何申诉皆不予受理。由户长上交文书提出申诉不受此限。

在基层负责征兵的户长，不仅要说服居民接受征兵的宗旨，还要编制征兵对象的名单。户长需要通知被征召者，带他们前往检查所，然后在他们确定入伍后，陪伴其前往军营。若没有户长的合作就无法实施征兵制，因此在选择被征兵对象上，政府给予了户长极大的发言权。

明治六年（1873），尚且只有东京镇台的辖区真正在开展征兵活动。根据吉野家文书显示，在神奈川县，户长会参照《征兵令》列出符合条件的人，只有这些人才能成为征兵检查的对象，但是没有人会去审查户长所下的判断。

针对以常备军身份入伍的人，《征兵令》设置了许多免

第一批接受征兵检查的壮丁（明治七年） 中间的人或许是率领壮丁的户长（出自《“明治百年”的历史》）

服役条款。在这里，我们有必要重新审视这项举措。除去身高不足五尺一寸（154.5 厘米）之人外，户主、嗣子、已服役之人的兄弟、被处流刑及其以上刑罚的罪犯、官员、公立学校的学生，以及能缴纳二百七十日元免服役费的人，均是可以免于服役的对象。尽管地位处于官员以下的有身份、有财产之人，按照规定是可以免服兵役的，但是，根据明治九年（1876）实际的征兵情况看，在约三十万征兵对象中，只有十四人缴纳了免服役费，有七百二十人凭借官员、学生等的身份，拥有了免于服役的资格，这些人加起来仅占总人数的 0.25%。与此相对，因户籍资格免于服兵役者，竟多达二十二万四千三百一十三人。

过去，人们普遍认为，免服兵役是一种重视“家制度”的措施，它能够保护作为一家之主的户主与继承家业之人。近年来的观点则更加强调其在经济、社会方面的作用，即它可以确保家庭的劳动力支柱不流失。此外，每四人中就有三人因户籍身份问题与征兵无缘，这也使得征兵制更容易为人们所接受。

在当时，身高超过五尺一寸算得上是很好的体格。即便到了明治八年（1875），征兵的身高要求被降至五尺，也仍然有35% 的人因身高不达标而免服兵役。明治十七年，在身高五尺以上的应征者中，有 24% 的人身高不足五尺一寸。由此可见，在身高超过五尺的人中，只有不到一半的人，其身高达到了五尺一寸的标准。经过筛选户籍、身高等显而易见的标准，应征入伍者的人数大约只有符合服役标准者的八分之一。

这一情况无疑给在各村"说教"的户长打了一针强心剂。很多人其实都与征兵无关，户长只需跟他们解释清楚征兵制度后，他们便可安心离去。此外，户长也有自己的高招。明治七年（1874）九月十四日，神奈川县通告各区长：许多人为了逃避兵役，做了别人的养子或上门女婿，这样的手段日后应予以杜绝。而对于户长而言，他们管理着户籍，只要他们愿意，便可以找到合适的家庭，从中撮合，让对应的家庭接收养子或上门女婿。如果上述方法行不通，还可以以经济状况为由，申请免服兵役。户长"说教"的内容可谓丰富多彩。

最初的《征兵令》还详细说明了全国六个镇台各自的征召

人数，指出“由以上六镇管理全国兵备，自所属府县征募每年之定员，充任管内守卫”。征兵制部队要守卫所属镇台的下辖范围，不可出兵海外。这一情况与帝国陆军日后给人的印象截然不同，因而往往遭到忽视。不过，当时的《征兵令》确实有此规定。由此，户长才得以对被征召者及其家属说“不会被派往远方”。明治八年（1875）十一月，《征兵令》被重新修订后，以上条款被删除，户长提出异议的权利遭到了剥夺。在此之前，被征召的军队也不曾被派往海外。正是在这种形式下，征兵制才为民众所接纳。

第三节 户长与地方

反对“血税”起义

成为维新旗手或被给予厚望要成为旗手的户长，在地方开展了怎样的活动，这些活动又是如何为人们所接受的呢？如果我们关注该时期农民起义的过程，即可从中窥见一斑。

明治六年（1873）五月二十六日，如今的冈山县爆发了“北条县血税骚动”。那时有诸多反对征兵制等新政策的农民起义爆发，其中“北条县血税骚动”极具代表性。起义农民称，当时有一个白衣男子以征兵为由想要抽取村民的鲜血，他在村子里徘徊，所以他们才拿起竹矛，以户长“藏匿该男子”为由，袭击了户长家，并对无路可逃的副户长施暴。随后这些农民还焚烧、破坏了周边村落的户长、副户长家。不仅如此，他们连小学、被歧视的部落和告示牌等都不放过。到了五月二十七日，这股势力直逼县厅所在地津山町。尽管县厅招来了士族，开枪驱逐了起义农民，但翌日骚动还是扩大到了六郡，某被歧视部落的十几位居民遭到了虐杀。最终，周边士族前来增员，加上镇台派兵支援，这场骚动才在六月一日以后得到了平定。

起义农民反对征兵，反对征收地券费用、小学建设资金，反对剪发、杀牛以食用牛肉。除此以外，起义农民还反对将被歧视部落居民编入平民籍。除去被破坏的一百五十五栋普通建筑物，以及被烧毁的二百七十七栋以被歧视部落为中心的建筑物外，在这次骚动中，还有五十一处告示牌遭到了破坏。这些情况充分表明，户长张贴告示牌在农村推行维新一事令起义农民感到了不满。同年于名东县（今德岛县）爆发的农民起义也致使一百四十五处村吏住宅，七十六处户长住宅、办事处，八十七处告示牌遭到了焚毁和破坏。

北条县骚动的罪魁祸首——那名白衣男子，其实是当地村庄的总代笔保卯太郎给外出打工归来的村民白衣和清酒券，让其假扮的。最终，在被歧视部落大开杀戮的十四名凶犯与笔保卯太郎一同被斩首。关于自己引发骚乱的动机，笔保卯太郎解释道："虽感惶恐，然近来之御布令毫无根据，心中不满。"笔保卯太郎特别难以接受上述征兵、地券等制度，他希望能够恢复旧政策，于是他决定强行上告。因此，笔保卯太郎利用征兵令中"血税"之说，找人假扮了白衣男子，并放出谣言称白衣男子是前来村子抽血的。

关于征兵制，笔保卯太郎宣称，所有十七岁到四十岁的人，都将成为征兵的对象。基于国民皆兵的理念，该年龄段的男子都应该作为国民军登记在册。然而实际上，若无特殊情况，这些男子并不会被列为征兵对象，这是当时征兵制的一个特点。不过，正如上述事例所示，假如户长等负责说明制度之人，做出了煽动民众情绪的解释，那么类似的事态当然不可避免。若想煽动人们反对政府主导下的地方维新工作，恐怕没有比"血税"更好的切入点了。可以说，主要发生在西日本几个地区的"血税骚动"，其背后都有这样的原因。另一方面，在大部分没有发生骚动的地区，户长大都体察到了政府之意并成功说服了当地居民。

既然户长有义务说服当地居民，那么不论户长多么顺从政府，只要此人在居民中没有威望，那么政府也不会希望他担任户长一职。明治七年（1874），酒田县向居民隐瞒年贡可用现金缴纳一事遭到暴露，居民不再相信一直欺骗他们的户长，要求深究交由户长管理的民费的用途。新上任的县令三岛通庸，一方面镇压农民运动，另一方面罢免了原来所有的户长，并在扩大户长管辖区域的基础上，选任士族担任新的户长。尽管也有原来的户长被派至新户长手下任职的情况，但对政府而言，得不到当地居民信赖的户长是毫无用处的。

地租改革与反抗起义

明治九年（1876），反对修改地租的起义频频爆发。目前的研究认为，这种现象与其说是对地税改革本身的反抗，不如说是在由现金交纳年贡转变为地租的过渡期，某些技术层面上的问题导致了这一后果。

"石代纳"的年贡额度按传统的石高（米的数量）决定，并按照每年规定的折算率以货币形式缴纳。米价到明治七年（1874）一直处于上升态势，后来由于粮食丰收，自明治八年下半年起，米价开始下跌。明治九年（1876），米价降至低位。按照惯例，地租也应该根据这个低价有所调整，但由于当时正实行地租改革，茨城、和歌山、三重暂且按照前一年或明治三年至明治七年平均的石代价格换算，先收缴地租，日后再做结算。为此，农民的负担一度变得沉重起来。原本这只是一个在一年内能够通过结算解决的问题，但是地租改革规定：用改革前五年间的平均价格计算土地收入，再以该土地收入为基准规定地价，

地租改革的情景（绘马[1]《地租改革丈量图》，天神社藏，福岛县历史资料馆提供图片）

地价的3%即为地租，地租须使用现金缴纳。如果米价低于改革前五年间的平均价格，那么农民的负担就会加重。这种情况致使民众对整个地租改革政策产生了怀疑。面对农民的反抗，明治十年（1877）一月，政府把地租降至地价的2.5%。

政府打着"使负担公平"的旗号推行地租改革，由户长带头，各村皆实际测量了每一笔土地，并根据预估的土地产量计算地价。计算地价时，各村需要比较各村、各区的土地价值与其他村、其他区的土地价值，以方便定位。为了确保一直以来的征税额不变，新政府给各府县制定了标准，所以府县整体的征税额是固定的。在县里官员的带领下，户长汇聚一堂，他们会代表各自地区的利益彼此协商。

1 绘马，为了祈愿或者还愿而向神社献纳的带有绘画的匾额或画板。

如上所述，户长是当地居民的代表，又像当年和歌山县那贺郡反对地租改革骚动的情况那般，户长也是农民一方的组织者。在与那贺郡反对地租改革骚动同年爆发的伊势暴动中，由于旧度会县地区的户长曾率领农民示威，因此他们的住宅并没有遭到破坏。但在旧三重县地区，十三处户长住宅、七十七处副户长住宅遭到了破坏。根据茂木阳一的研究显示，起义农民破坏户长、副户长的住宅，并不是为了袭击户长、副户长，而是为了烧毁他们保管的账簿，以致使行政混乱。尽管酒田县的起义农民曾为追究户长的非法行为，逼迫户长交出账簿给起义农民过目，但最终这些起义的农民并未翻看账簿而直接将其焚毁了。由此可见，这些农民信赖户长，他们发动起义其实是为了向征收高额税收的县与国家抗议。

真土村事件

与上述起义情况不同，在神奈川县发生的真土村事件中，农民对户长施以了人身攻击。真土村的户长是江户时代的大庄屋，明治五年（1872）发放地券时，他在抵押给他的地券上写了自己的名字。就地券发行的宗旨而言，此时应该以原土地所有者的名义发行地券，然后再进行抵押。不过，如果双方达成协议，也可以按照真土村那样的方式处理。

最初，双方口头约定，遵照惯例处理，即使超过抵押期限，只要还钱赎地，地券所有人的姓名亦可得到更换，原土地所有者对此也表示了同意。然而，到了明治九年（1876）地租改革时，真土村的户长同时测量了自己的土地和此前抵押给他的土地，领取了地券。这一举动引发了原土地所有者的反抗。原土地所有者要求以原价赎回土地，但却遭到了户长的拒绝。

于是，原土地所有者将户长起诉到了横滨裁判所。横滨裁判所的裁决认为，原土地所有者赎回土地的主张合理，但东京高等裁判所二审时，形势发生了逆转，原土地所有者的主张未获得认可。因无资金上诉至大审院[1]，于是原土地所有者直接向司法省上诉，但司法省以此事应交由大审院处理为由，驳回了原土地所有者的申诉。赴东京上诉的代表们返回村庄两天后的明治十一年（1878）十月二十六日夜，共有二十六人组团袭击了户长家，他们烧毁其房屋、仓库，并杀害了户长的家人与住家用人。在此次事件中，共计七人遇难，四人身负重伤，有四名杀人犯被判死刑。然而，针对此次事件，周边地区的居民写了两百多封请愿书请求减刑。县令据此多次向太政大臣提出减刑申请，最终四人被免除了死刑。

户长利用自身的地位，便可采取这种违规行为中饱私囊。值得注意的是，县里接受原土地所有者的申诉时，在“追问四

---

1 大审院，日本自明治八年（1875）至实施《日本国宪法》的昭和二十二年（1947）间设置的最高法院，未被赋予司法行政权。

大审院　明治十三年（1880）三月落成，位于丸之内。建筑面积一百二十四坪[1]（社团法人日本建筑学会藏）

邻村吏实情”之后，便解除了户长的职务，并将户长叫至县厅，劝其接受原土地所有者的要求。此外，县里还号召区长与附近地区的户长配合，因此才有了后来的减刑请愿书一事。得不到居民信赖的户长会阻碍县行政的发展，他们或被逐出户长队伍，或被要求改正。

然而，即便县厅做出了这样的判断，已经发行的地券也不能更改所有者姓名。还有一点值得注意，即东京高等裁判所没有接纳原土地所有者的申诉。行政不能插手处理依据法律手续发行的、保障个人所有权的地券，因此此类问题只能交由司法部门处理。尽管地方裁判所依据与行政相近的标准下达了判

1 坪，日本的面积单位，一坪约为 3.3 平方米。

决，但高等裁判所更重视的，还是如何正确地运用法律，通过地租改革，土地所有权得以确立的意义即在于此。

原则上，只有拥有地券的人才是征收地租的对象。过去，村里负责征收与石高相对应的年贡（村请制度），地租改革后，缴纳租税不再是村庄的内部问题，它成了一种国家与个人之间的法律关系。户长不再承担辖区内的纳税责任，而是主要负责在公证买卖土地、抵押、记账等事项时，保护与国家缔结法律关系的个人，即土地所有者，并向其征税。如果土地所有者不缴纳租税，则原则上该土地所有者的个人土地和财产将会被拍卖。即使是民间的借贷关系，也可以通过上诉裁判所，办理使负债人破产的手续。法律手续完成后，所有权就能受到保护，这种体制是资本自由积累与投资的重要前提。

区长、户长民会

根据渡边隆喜的研究显示，明治九年（1876）六月，全国 80% 的府县都召开了“民会”。其中，有在以区为单位的选举中被推选出来的议员组成的民会，也有由区长、户长联合起来组成的民会。明治八年，由府知事、县令参加的地方官会议提出，召开民会的人应该是区长、户长，而非被选举出的议员。

户长具有两面性：面对民众时，户长代表政府；面对政府时，户长代表民众。因此，县里的官员与区长、户长之间的会面，或区长、户长自身之间的会面，都既是“下达”上情的说明会，也是“上传”下情的场合。作为了解地方实情与居民意见的维新旗手，区长、户长的意见能够由此得到传达。可以说，民会恰好将户长代表民众的一面体现了出来。

针对某些事情，府县必须征得居民协商一致的同意。如前所述，过去的年贡，以及地租改革后，作为地租征收的租税，都是中央政府的财政资金，即官费。针对这笔官费，府县能动用的部分很少。除官费外，府县还有杂税（府县税）收入，但这笔费用也不是很多。基本上，府县的行政支出只能依赖民费，而民费则需要交由居民协商决定用途。因此，如若需要动用民费，则需要区长、户长协商一致后同意。不过，协商一致的方法根据府县与民众的力量关系、习惯等情况，各有不同。理论上，各区的支出需召开区民会决议，各县的支出需通过以县为单位的民会决议。为推进地租改革，各府县皆需召开区长、户长会议，有些地方的区长、户长会议还发展成了民会。

如前文所述，在明治初年藩制改革过程中，各地采取的方法并不相同，例如：有些藩就召开了包括大庄屋等农民代表在内的议会。通过召开民会，户长了解了县厅的意图与其他地区的情况，同时也积累了阐述自身主张、协商议事的经验。

县会议员与民权

根据明治十一年（1878）颁布的《府县会规则》，所有府县都成立了民选的府县会。第115页的表①分析的是京都府郡属地区在明治二十二年（1889）《大日本帝国宪法》颁布前，一百八十七名被选为县会议员之人的情况。其中，有一百人即53%的人，有担任户长的经验，再加上担任过区长、副区长的人，有官员任职经历的人占到了总人数的68%，达整体的三分之二以上。在毗邻京都区属地区（后来的京都市）的四个郡，这一比例为55%。若排除这四郡，该比例甚至可达71%。较之都市周边地区，农村地区有过区长、户长任职经历的议员更多。而在上述四郡，有过官员任职经历的议员较多。当然，京都是有其特殊性的。城下町等都市地区的议员，通常由有藩、县官员任职经历者担任，而农村地区的议员大半都由有区长、户长任职经历者担任。

在参加第一届帝国议会的三百名国会议员中，有64%的国会议员曾任府县会议员。有十六位此处被列举出的议员，日后在帝国议会中取得了议席。在这十六位议员中，共有十四位议员曾有区长、户长的任职经历，共有八位议员曾有户长的任职经历，其人数占了十六位议员的半数之多。

如果没有担任户长时期积累下的知识、经验与自信，很难想象这些农民也能挺胸抬头地出入议院与习惯谈论政治的士族同席议政。

①京都府郡属地区府会议员的任职经历

	总数	曾任户长者	曾任区长、户长者	曾任教员者	曾任官员者	曾任县官者
毗邻区属地区的四郡	40	15	22	2	5	2
其他十四郡	147	85	105	8	2	6
合计	187	100	127	10	7	8

注：曾任区长、户长者，指有户长、区长、副区长、大区长、权大区长、副区长见习任职经历之人。毗邻区属地区的四郡，指爱宕、宇治、纪伊、葛野的各郡。（摘自京都府议会事务局《京都府议会历代议员录》京都府议会，1961年）

②京都府郡属地区府会议员中的诸会社、同业公会负责人

		各团体负责人	各会社负责人	合计	议员总数
与区属地区毗邻的四郡	曾任区长、户长者	7	4	11	22
	其他	3	2	4	18
其他十四郡	曾任区长、户长者	32	33	49	105
	其他	5	10	13	42

注：合计去掉了重复部分。其他与表①相同。

他们既有担任区长、户长积累起来的议事经验，又在地方享有声望，更重要的是，他们从各种布告中学习到了维新的理念。不仅如此，为了向居民阐释布告内容，他们还不断地从报纸、书籍中汲取知识，形成了自己的看法。因此，这些农民出身的议员不仅能站在被统治者的立场上批判不符合实际状况的政策，还能以符合维新要求的县治为标准，批判县令的施政。如前所述，这些议员认为理想的国家应该为民众

谋福利，要公平、平等。一部分忠于该理念的议员，被人们称为“民权家”。

宇田成一自明治七年（1874）起，便一直担任福岛县耶麻郡的副区长。明治十一年，他成立了爱身社。因聚集了当地原来的“肝煎”，爱身社又被称为“肝煎会”。“肝煎”相当于其他地区的庄屋、名主。明治五年，“肝煎”改称为“户长”。

宇田成一创立爱身社的目的是“众人相聚、相会，以此深究权利之所在、义务之所存”。爱身社的宗旨书称，人们聚在一起交换意见“正是御誓文中所谓的求知识于世界”。这虽然令人哑然失笑，但“今非卑屈，安于现状之时”的民权主张被冠上“卑屈、安于现状非天皇陛下所取”的美名，这表明自由民权运动贯彻了在天皇领导下建立新国家、推行维新的立场。

殖产兴业的旗手

从上述郡属地区选出的京都府会议员，或在茶业公会、农会等同业公会及产业振兴相关团体中担任负责人，或成为公司、银行、工厂创始人，或担任审计员之外职务的负责人。第115页表②即揭示了各类型负责人对应的具体人数。其中，没有区长、户长任职经历的议员占28%，有区长、户长任职经历的议员达47%。毫无疑问，都市的工商业者为工业近代化的进程做了很大的贡献，但在农村地区，户长则是推进近代化的中坚力量。

明治七年（1874）五月十一日，神奈川县表示“制茶为出口产品之一部，其制法与损益大为相关”，而传统的制茶方法不符合国外市场的要求，故特此公布了内务省劝业寮的《红茶制法书》。包括附录《红茶利益之告谕》在内，《红茶制法书》的总字数约三千两百字。同年十二月，劝业寮说明了西红柿、甜菜、燕麦等西洋品种的情况，并发布告询问民众，是否愿意尝试种植此类品种。内务省的殖产兴业政策是通过地方行政渠道，由户长推行的。因此，这种模式也为户长带去了大量的新信息。明治初年以来，控制生丝、蚕种生产的布告层出不穷，生丝改会社[1]和蚕卵制造负责人的分配控制，也是通过区长、户长向广大民众发布的。除此之外，区长、户长还会从事征集国内外博览会参展品等的工作。

即使不感兴趣，区长、户长也能接触到有关新作物、新产业的信息。前文曾提及，政府让内陆村庄的户长抄写建设灯塔的布告，即便是这种看似无用的工作，也能让户长对未曾亲眼见过的大海产生想象，唤起他们对海运事业的关心。

那些与经济相关的布告，始于近世。有关开港的布告，以及《五种输出品江户转运令》等传达至全国各村庄后，大多数

1 生丝改会社，对出口的生丝、蚕卵进行检查的机构。

的藩都制定了详细的特产奖励政策。但是出于各种既得利益的影响，经济发展受到了极大的制约，出口产品的产量也受到了限制。在开展外贸的过程中，出口产品需求的增加，致使国内商品供不应求、价格上涨，民众对此十分不满。为缓和国内不满的情绪，幕府下令下调物价、禁止囤积居奇。元治元年（1864）五月，政府发布告称："听闻为满足外国人生产生丝、茶叶等需求，致使国内消费品供给不足，此事实乃荒谬，今后须一律按传统方法生产。"幕府以自给自足为中心，将满足国内人民的需求放在了第一位。幕府主张使用剩余产品开展出口贸易，至少在全国性的布令中，幕府并没有主动把打开国门定位为经济发展的契机。

与此相对，明治政府一方面积极提高出口产品的品质，一方面积极引进西方的农作物，致力于将增加出口、国家富裕放在首位，而这样的政策带来了新的生产、流通机遇。户长坐在家中也能知晓天下事，感受时代的潮流，他们或为了响应政府的号召，或为了完成身为地方名士的使命，都开始积极推行殖产兴业的政策。

根据阿部武司的研究显示，藤本庄太郎于幕府统治末期开始在堺市接手生产地毯的家业。明治五年（1872）七月，藤本庄太郎就任户长。明治九年（1876），他辞去户长职务，致力于生产地毯。藤本庄太郎这么做是为了在外国产地毯进口量激增的情况下，减少对进口的依赖。阿部武司指出，明治初年全国各地有很多像藤本庄太郎这样的人，民族主义是他们旺盛企业家精神的源泉。

在建设完阿苏小国地区的小学后，大冢磨于明治九年（1876）被推选为熊本县议员。为了发展生产，大冢磨召集各地方的户长、村中官员、村会议员等人，成立了名为“生产讲”的组织。明治十四年，大冢磨与这些成员一道上京参加农谈会，并以此为契机加入了大日本农会。此外，大冢磨还发起建设从熊本到大分、别府、鹤崎的车道，这些车道宽三间，会穿越小国，横贯九州。

在地方推进制度革新后，户长中的一部分人将重心转移至经济发展领域，他们之中有的人发展家业，有的人开创新事业，有的人则致力于整合社会资本、振兴地方经济。正如阿部武司所指出的那样，当时日本各地均出现了以经济民族主义为目标的企业家，越来越多的人致力于振兴地方经济。这一切之所以会出现，是因为地方的维新旗手们完成了制度上的革新，他们开始将推动经济革新作为目标。

那时的区长、户长多是比较富裕且有教养的人，经济活动理应由他们主导。此外，当时传播新技术的书籍、杂志、博览会、共讲会、农谈会等，也为有需要的人提供了很多的信息。不过，这些能够灵活运用的资源和可获得的信息，只是为有需要之人提供了一种可能性。而户长方面，不论本人是否愿意，他们都必须从布告或会场获取诸多信息并要充分加以利用。因此，上述两种情况在本质上存在不同。

研究者们已经深入研究了富农与地方名士在短暂的维新期展现出的性格，以及他们在地方社会起到的作用。在此，笔者希望强调一点，即在这些人中，有很多人过去都曾在某一时期担任过户长，并通过该职位获取到了诸多的信息。在地方改革向前推进的过程中，他们都是维新的旗手。

第三章

士族的职能

第一节 | **对外战争的变化**

黑田清隆与加特林机枪

明治九年（1876）二月十日，明治政府任命的全权办理大臣黑田清隆在朝鲜国的江华岛登陆，迫使长期锁国的朝鲜打开国门。遵照惯例，在这种场合，应有仪仗兵陪同。嘉永六年（1853），佩里率四艘舰船驶入日本海域并率领二百五十名持枪海军陆战队队员与普通水兵在久里滨登陆。二十三年后，黑田清隆率领六艘舰船来到江华府，约两百名海军步兵中队队员任仪仗兵，提前登陆。二月十日，陪同黑田清隆登陆的仪仗兵显得非同寻常，他们由永山武四郎准少佐指挥的四十五名炮兵组成，携带四挺加特林机枪。加特林机枪于文久二年（1862）在美国获得专利，它有六个枪管，需要人力转动手柄给予动力，但每分钟能发射两百发子弹。直到明治十七年（1884）自动机关枪发明，加特林机枪一直是最先进的机械武器。

黑田清隆与朝鲜方面签订了《日朝修好条规》，又名《江华条约》，迫使朝鲜打开国门。缔结条约时，双方最后争论的焦点落在日本方面不同意遵照朝鲜惯例，以国王名义批准条约。最终，黑田清隆成功说服了对方，携带加特林机枪之举，表明了他的意图。

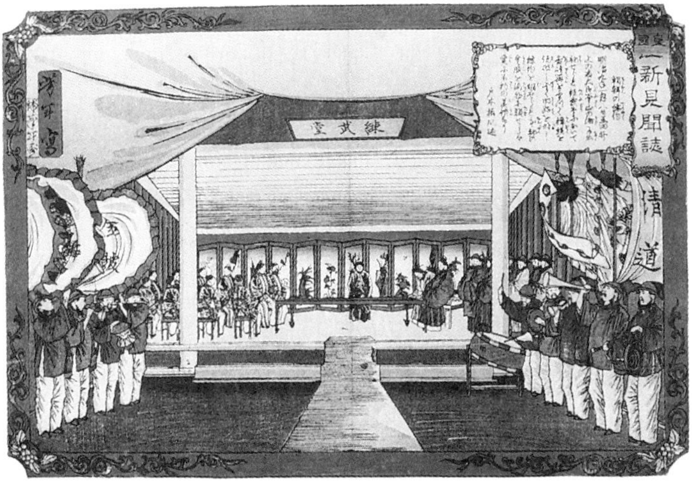

日朝修好交涉（明治九年二月十一日） 交涉在日本的纪元节当天进行。此画的写实程度不明，有部分与日本宣示威严的行为不符的疏忽，如：日本加特林机枪队登陆所用的小舟由朝鲜方面提供，有两名仪仗兵因小舟倾覆而溺亡，等等。（摘自《皇国一新见闻录》中的“朝鲜的条约”部分，东京都立中央图书馆东京志料文库藏）

> 贵国礼典之事已知悉，然凡事不可不知变通……顺应世之开化，不应一味拘泥。如大小枪支，昔日以火绳点火，今贵国所用者即如是。其后变为以燧石摩擦点火，如今则用雷管。有来福枪，有后装枪炮，圆弹变为长弹。每变则愈精巧。大炮中最精巧者，一脉三发可达十丁。此番携来此地者即此。日新之效如是。然批准一条，拘泥于贵国礼典，不知变通，而终致有伤两国之谊，诚为可惜。（《日本外交文书》第九卷）

携带“大炮中最精巧”的加特林机枪，不单是出于黑田清隆的兴趣和威吓朝鲜的目的，此举还为了向仍处在火绳枪阶段的朝鲜，具体地彰显日本方面文明发展的程度。此外，黑田清隆还提出了“为顺应文明发展应变革社会”的开化主张。

对此，朝鲜方面给出了严肃的答复：

> 知悉以器物为比喻之旨趣，然器物有左，君臣之情与此相异，不可变通。

不过，对于不顾惜君臣之情，断然推行奉还版籍、废藩置县政策的人而言，这样的道理是行不通的。兵器所象征的军事力量超越了文化，实在令人难以忽视。二十三年前，佩里率舰队抵达日本；十三年前，萨英战争[1]、下关战争[2]爆发。在这一系列的事件中，日本深刻地领悟到了这一点。一年前的江华岛事件也让朝鲜有了切身的体会。

乍看之下，黑田清隆访朝之举十分粗暴，但它却精准地再现了当时的欧美列强对待其他地区的外交姿态。在此前的江华岛事件中，朝鲜方面炮击了为补给清水而靠近的日本军舰。黑

---

1 萨英战争，1863 年 8 月，英国为了促使萨摩藩出面解决生麦事件，在交涉未果之后，派遣军舰攻击了鹿儿岛湾。

2 下关战争，幕府统治末期，英国、法国、美国、荷兰四国联合舰队炮击并攻占下关炮台，报复长州藩此前炮击外国舰船的行为，长州藩战败被迫求和，史称“下关战争”。

田清隆之所以进行此番交涉，正是为了追究朝鲜方面的责任。不过，他的目的并不是为了索取赔偿，而是希望借此逼迫朝鲜打开国门。

如同佩里强迫日本打开国门那般，若能迫使闭关锁国的国家开放门户，则能强迫该国加入以欧美为中心的国际秩序，并因此站稳欧美社会代表者的立场。率军舰出航是列强惯用的手段，用加特林机枪瞄准军事近代化落后地区的人，在那时是最前卫的手段。

据约翰·埃利斯（John Ellis）的研究显示，英国军队自明治二年（1869）起，开始使用加特林机枪；明治七年，沃尔斯雷将军在率领非洲远征军同阿散蒂族战斗时，第一次使用了加特林机枪；明治十二年，祖鲁兰远征军首次使用四门加特林机枪，便收获了丰硕的战果。在日本，戊辰战争中的长冈藩最早使用了加特林机枪。萨摩藩的海军紧随其后。除了发明加特林机枪的美国，日本是较早使用加特林机枪的国家。可以说，日本与欧美国家几乎同时将加特林机枪对准了军事近代化落后的国家。

江华岛事件

日本军舰云扬号遭朝鲜枪炮袭击的“江华岛事件”，是黑田清隆此番采取强硬外交态度的前提。江华岛事件究竟是偶然

云扬号军舰 1866年由英国建造的炮舰，排水量二百四十五吨。明治四年（1871）六月，长州藩将该舰进献给政府。明治九年十月三十一日，云扬号在前往镇压萩之乱的途中，于纪州阿田和浦沉没。云扬号只存世短短十年。因大小适中，云扬号在当时盛行陆上作战的背景下，是最活跃的军舰（出自海军文库《大日本帝国军舰帖》）

事件，还是因日本方面挑衅而起的事件，目前研究者各有持论。即便学界普遍认可的说法，也很难说是正确的结论。因此，让我们先来确认一下事情的来龙去脉。

关于事情的经过，人们通常所知的是《大日本外交文书》上所载的明治八年（1875）十月八日云扬号舰长井上良馨所写报告书（后被称为《修订报告书》）中的内容。日本防卫厅的防卫研究所收藏了明治八年九月二十九日的报告书抄本（以下称《第一报告书》），该抄本由时任舰队指挥官的伊东祐麿的家人捐赠。接下来，笔者将据此再现云扬号的活动。

云扬号舰长井上良馨少佐受命勘查长崎至中国牛庄附近的航路。明治八年（1875）九月十四日风和日丽，云扬号从长崎起航。九月十九日云扬号临时停靠仁川府济物浦的月尾岛。翌日早八点半，云扬号起航前往盐河河口，以“欲会见该国官员，询问测量及检查、搜索诸事”为由，放下小艇。舰长井上良馨亲自乘坐小船，沿盐河而上，靠近江华岛的第三炮台，随后遭到炮击。

> 意欲于此处登陆，然日头尚高，故决定再前进少许，返回时登陆。同三十分余欲经过右营门及炮台前时，彼之营门及炮台忽以余乘坐之小舟为目标，大炮、小炮乱射而来，弹如雨下。

因为井上良馨的目的是测量与“检查、搜索诸事”，所以小船暂缓登陆，继续前行。此时已是下午四点半，小船上的人一面靠十四五把步枪迎战，一面后退。由于正值涨潮，直至晚上九点，一行人才返回军舰。此次交火并未造成人员伤亡。

> 樯杆上悬挂国旗，而后分队列队。如诸位所知，昨日我方小舟出动测量时，第三炮台不曾询问即随意发射炮弹，为难我方，故引发今日之战争。若对此事置之不理，实有辱国体，军舰亦怠忽职守。故今日瞄准、攻打其炮

台。诸位应尽忠职守，务求无损国威。战斗中，海陆军皆应肃静，万事听从号令，切勿有不妥之举。在此宣布数条军规，全体做好战斗准备。

第二日即二十一日上午八时，云扬号沿盐河逆流而上，在距离江华岛第三炮台一千六百米处停泊，启动一百一十磅的大炮与四十磅的大炮发动攻击。这是日本方面主动靠近炮台开展的报复战。

八分钟后，第三炮台迎战，但几乎没有炮弹打中日方军舰。两个小时内，日方发射了二十七发炮弹，随后舰船起航前往第二炮台。下午两点四十分，日方陆战队登陆，烧毁了第二炮台。

二十二日，日方军舰驶向永宗岛的第一炮台，对其实施炮击，朝鲜方面没有还击。于是，日方将军舰停泊在城郭前，在朝鲜方面使用步枪阻击的情况下，小笠原恒道中尉率领二十二名陆战队员登陆，放火杀死三十五名、俘获十六名朝方人员。日方有两名陆战队队员负伤，其中一名返回军舰后死亡。日本方面让俘虏把他们缴获的三十六门铜制大炮、步枪、矛、乐器等搬上小船，随后释放了俘虏。这天夜里，云扬号点亮所有灯火，大摆筵席庆祝胜利、慰藉战殁者亡魂。在“列队演奏缴获的乐器，各自尽兴”后，日方人员于凌晨两点就寝。

二十三日，日方再次登陆。他们将前一天没有搬完的战

江华岛的地图

利品搬上了军舰。二十四日，云扬号装满饮用水，于二十八日上午抵达长崎。此次战斗几乎全是日方在单方面行使武力。对朝鲜政府而言，距首都不远处出现了一艘本国所没有的蒸汽军舰，这艘军舰发挥了绝对性的军事实力，本国炮台上的武器被洗劫一空，这些情况带来了巨大的冲击。云扬号的排水量只有二百四十五吨，它绝对算不上大型军舰。以此为背景，当四个月后黑田清隆指挥排水量达一千四百六十八吨的日进号军舰等六艘军舰再次来访时，不难想象这对朝鲜方面的威慑有多大。

被改写的报告书

井上良馨少佐于九月二十九日在长崎完成了《第一报告书》，并于十月八日抵达东京，提交了《修订报告书》。修订后的报告记录称，日方为寻找饮用水派出小船，孰料遭到炮击，于是日方立即发出信号，招来云扬号开炮还击，并派遣陆战队登陆。

《修订报告书》增加了“靠近江华岛是为了寻找饮用水”这一条。此前在日本与朝鲜的外交交涉中，日本方面获得了朝鲜方面的承诺，该承诺表示若因“风浪柴水”暂靠朝鲜境内，朝鲜方面将给予相应的庇护。由此可见，《修订报告书》增加“寻找饮用水”一条正是为了与上述承诺相呼应。如此一来，《修订报告书》便与从长崎通过电报发来的《第一报告书》中所言“因测量而靠近”自相矛盾。于是，日本方面后来对此进行了说明：第一份报告因为弄错电报密码，误把“找水”写成了“测量”。

修订后的报告还把二十日与二十一日的活动联系起来指出，小船遭受攻击当日，军舰就发起了反击。修订后的报告之所以会这样写，或许是出于两方面的考量：第一，云扬号的炮击实际上是其主动发起的报复性攻击，如此改写是为了把云扬号的行动变为遭受炮击后的自卫战斗；第二，朝鲜方面事先已知道云扬号上悬挂的是日本国旗，却仍然不断炮击云扬号，如此改写是为了对这种行为表示抗议。尽管二十日靠近炮台的小船应该也悬挂有日本国旗，但外交观点认为，炮击云扬号上的日之丸旗才是一种应战行为。顺便一提，军舰上悬挂的旗帜从日之丸旗改为旭日旗是明治二十二年（1889）的事情。

十月九日，即完成《修订报告书》的第二天，外务卿寺岛宗则据此向英国公使巴夏礼说明了江华岛之战的经过，并将这份报告送至各国公使处。此后，日本方面在对外国说明情况，以及在外交上对朝鲜提出抗议时，援引的均是《修订报告书》中呈现的"事实"，即"寻找饮用水却遭受炮击""国旗遭到炮击"。

下令改写报告之人，推测是外务省与海军的首脑，深知《第一报告书》上记录的云扬号活动的情况，不可能被国际社会认可。但由于欧美各国与朝鲜没有外交往来，朝鲜政府也没有对内说明事情的来龙去脉，所以日本单方面的说明才没有遭到质疑。

改写报告的必要性在于云扬号舰长井上良馨与政府首脑之间产生了分歧，所以我们不能说云扬号的行动是政府周密计划的结果。不过，为了打破与朝鲜的外交僵局、提升自身在国内的威信，政府无疑希望军事威慑能够产生效果。另一方面，在事件发生前，巡视朝鲜东海岸后返回长崎的井上良馨也曾指出朝鲜的防守薄弱，他曾提交过充满征韩[1]野心的报告，直言为了

---

1 征韩，指入侵朝鲜，用武力打开朝鲜的国门。

赶在别国前将朝鲜置于日本势力范围下，“日夜等待出兵命令”。由此可见，一旦接到出港命令，井上良馨便会采取行动证明，朝鲜的防卫是何等薄弱。正因如此，事件发生后，政府修改并利用了井上良馨的报告，政府依据西方处理国际事务的准则，把原本强调朝鲜守备薄弱的报告，改写成了强调错在朝鲜一方。

既要满足内部征韩派[1]的要求，又要符合西方的国际惯例，明治政府的首脑无疑在走一座危险的独木桥，而通过借助军舰这一新技术，他们得以顺利“过桥”。首脑们用经过训练的舰队展示了日本的军事实力。根据保谷彻的研究显示，在江华岛事件发生的十三年前，英军曾于下关同长州藩的炮台交战，在射击舰炮后，英军登陆，最终造成五十六人伤亡。面对炮舰射击，即便是攘夷情绪高涨的长州藩藩兵也只能止步不前，他们无法展开白刃战。尽管军事上的差距能确保井上良馨获胜，但另一方面，井上良馨可以指挥的兵力只有数十人，在无特别指示的情况下，他可以调动的兵力十分有限，这决定了他不可能就此登陆打响真正的战争。至于事情的真相究竟如何，只要井上良馨同意，怎么加工都可以。

云扬号虽是一艘小军舰，但其发射的炮弹较大，适于炮击陆地。那时，日本海军还未在制度上明确划分军舰的类型。西方将云扬号这类军舰称为“炮舰（gun boat）”。在外交上，西

1 征韩派，主张武力入侵朝鲜的一派。主要代表人物有木户孝允、西乡隆盛、板垣退助、江藤新平、副岛种臣、后藤象二郎等。

方诸国常常使用此类军舰向他国施压，“炮舰外交（Gunboat Diplomacy）”一词被频频使用。而此时日本所采取的行动，正是名副其实的“炮舰外交”。

据笔者所知，平成七年（1995）雨仓孝之曾介绍过《第一报告书》的部分内容，但若要阅览全文，则只能回溯《第一报告书》的原文，因此笔者在《史学杂志》第一百一十一篇第十二号上介绍了该报告书的全文。

黑田舰队征韩

日朝双方缔结条约后，黑田清隆把一门加特林机枪与步枪等物赠予了朝鲜国王。朝鲜方面事后询问日本方面留下的外务官员：“进献于我国王之大炮与步枪，为贵国制，还是西洋制？”因为如果大炮与步枪是欧美制品，则不太适于进献国王。实际上加特林机枪产自美国，日本不过是用进口武器即“借来的军事力量”威吓朝鲜。为自身名誉与后代着想，朝鲜想要弄清这个问题。

针对该问题，日本方面的回答是，无论日本制造还是欧美制造，一旦进入日本的武器库，就变成了日本的武器。如果仅因武器上写着罗马字，便认为该武器产自外国，这种认知十分错误。日本方面表示，就像日本的新货币那样，为了与欧美世界保持一致，有些国产制品上写的也是罗马字。

日进号军舰　佐贺藩购于荷兰，明治三年（1870）六月进献给政府，排水量一千四百六十八吨，制造于1869年，进献政府时属于新军舰（出自海军文库《大日本帝国军舰帖》）

自幕府统治末期开始，日本便一直致力于新式武器的国产化。在黑田清隆率领的六艘军舰中，有一艘军舰产自法国技师指导下的横须贺造船厂；另外五艘军舰则和其他主要武器一道，全部依赖进口。对很多新政府之人而言，如何将新式武器国产化是一个亟待解决的问题。但对于把进口加特林机枪作为礼物赠予朝鲜的黑田清隆而言，这恐怕并不是一个问题。黑田清隆时任参议兼开拓长官，负责开拓北海道。他聘请了包括开伦普、克拉克在内的美国人，在开拓方针、教育等方面广泛采纳了这些美国人的意见，并对轮船等进口机械产品投入了大量的资金。对黑田清隆而言，充分利用这些资源，推进开拓与国防事业才是新政府的职责所在。

逼近江华岛的黑田舰队由六艘军舰组成，分别是日进（包括舰长伊东祐亨在内，共有一百六十人乘坐）、孟春（共有八十二人乘坐）、高雄丸（包括井上良馨在内的一百四十六人，仪仗兵海兵炮兵小队八十九人，海兵步兵中队一百六十九人乘坐）、玄武丸（共有六十六人乘坐）、函馆丸（国产，共有五十四人乘坐，有四门八厘米炮）与矫龙丸（共有四十二人乘坐）。玄武丸、函馆丸与矫龙丸暂时由海军管理，本是开拓使[1]的船，乘坐的是开拓使的官员。加特林机枪仪仗队的指挥官是永山武四郎准少佐。“准少佐”是一年前设立的屯田兵的军阶。黑田清隆为了指挥屯田兵，担任了陆军中将。此次行动，黑田清隆被委以护卫舰、仪仗兵的指挥权，指挥部分海军。陆军方面则只有士官、没有士兵参加此次行动。黑田舰队是海军与开拓使组成的联合军队。日本政府对外宣称陆军不参加此次行动，以表明日本对朝鲜的领土没有野心。如前文所述，此前日本政府才刚刚修改了征兵令，使出兵海外成为可能。而日本政府为稳固征兵制，又必须尽量避免向国外派遣由征兵组成的陆军。

征韩论

那么，日本政府为什么会对朝鲜采取伴随武力行动的强硬

---

1 开拓使，负责北海道开发事业的政府机构，设置于 1869 年，1882 年废除。

外交政策呢？今天的我们很难理解的明治初年的政治举动之一，便是征韩论。那时，朝鲜仍停留在以清朝为中心的朝贡体制构建出的国际关系中，且蔑视“变节”的日本。而对于打开国门、投身欧美国际关系怀抱的日本而言，朝鲜这样的态度显然十分无礼。

江户时代的日朝关系由对马藩居中斡旋。每次新将军继位时，朝鲜就会派去通信使。此外，日本在釜山设立了“倭馆”，对马藩官员驻扎于此，负责处理与朝鲜方面的联络、贸易事宜。新政府向朝鲜递交国书，宣告以天皇为中心的政权成立，但明治二年（1869）二月，朝鲜方面认为，日本使用了只有中国皇帝才能使用的“皇室”“奉敕”等词，因此拒绝接收新政府的国书。

奉还版籍后，外务省于明治三年（1870）派遣使节意图继承对马藩的外交权，但朝鲜方面拒绝与该使节会面。废藩置县后的明治五年九月，外务大丞花房义质乘军舰春日号进入釜山，从对马藩官员手中接收倭馆，并将其改名为“大日本公馆”。但朝鲜方面拒不承认大日本公馆，也拒绝了欧美各国提出的开国要求，继续实行锁国政策。

朝鲜这一系列的回应损害了日本新政府的威信。御誓文指出：“破除旧有之陋习，一本天地之公道。”御宸翰则提出：“开拓万里波涛，宣扬国威于四方。”由此日本方面认为，基于上述精神，讨伐朝鲜才是明智之举。

明治元年（1868）至明治二年，木户孝允在新政府内部率先提出了征韩论。明治六年在倡导征韩论之际，木户孝允提出此前的征韩论不过是朝廷采取的权宜之计，因为那时奉还版籍尚未完成，各领主都拥有自己的军队，朝廷必须以此为由，组建直辖军队以镇压日本国内的反对势力。如前文所言，木户孝允那时正在推行奉还版籍的政策，他认为朝廷拥有直属军队是实现该政策的一种手段。他预测即便是隶属于藩的武士，为了"征韩"，也会离开各藩，聚集至朝廷麾下。

在封建社会，武士通过为主君效劳而获得领地、俸禄。对武士而言，打仗是一项最重要的工作，因为这能为他们带来名誉与经济利益。即便在进入明治时代之后，这样的意识也仍然没有发生改变。明治二年（1869），政府赏赐"赏典禄"（俸禄米）给在戊辰战争中立下战功的武士。在藩的内部，这些人也拥有了较高的地位，甚至连藩主的"赏典禄"也被分封给了这些"有功之臣"。战功能提升武士的政治、经济地位，只要有武士对自己所处的地位产生不满，战争便能获得多数人的支持。武士们期待通过战斗，展现对天皇的忠心，对他们而言，国内完成统一后，只要是师出有名的对外战争，他们并不在意对手是谁。倘若战败致使国家发生动乱，那也是没有办法的事情。因此，越早开战便越好。朝鲜恰巧是最合适的对手。奉还版籍、废藩置县与统一国家的目标已经实现，对以木户孝允为首的山口县首脑而言，如果能够通过"脱队骚动"镇压曾立下战功的不满者，就没有必要坚持入侵朝鲜。但对出身鹿儿岛、高知、佐贺的政府首脑而言，他们必须想办法应对同乡渴望入侵朝鲜的要求。

新政府要巩固地位，就不能无视朝鲜无礼的举动。因此，新政府必须动用武力，发扬国威。新政府希望能够在既不动用一般士族的力量，又不遭受西方各国批判的前提下，解决该问题。在江华岛事件——打开朝鲜国门的过程中，新政府通过模仿西方的军事技术和外交理论，得以在不动用一般士族的力量，甚至不调动由征兵组成的陆军军队的前提下，巧妙地完成了征韩的目标。这是日本模仿西方开化获得的成果。于是，无法寄梦想于征韩的士族们，只好将不满的矛头直接对准了新政府。

“保护”琉球居民

日本第一次把加特林机枪带到海外是在明治七年（1874）入侵台湾之际。入侵台湾是明治政府在符合西方外交逻辑的前提下，对解决士族问题所做的一种尝试。

日本之所以入侵台湾，是因为明治四年（1871）十一月，有船只在从琉球的宫古岛向本岛运送年贡返程的途中遇险，船只漂流到清朝统治下的台湾南部东海岸地区，船上有五十四名船员被当地人杀死。事后，十二名幸存者在清朝地方行政机构的保护下，通过设在福州的琉球馆被送回。明治五年七月，有关此事的消息传至鹿儿岛。熊本镇台鹿儿岛分营的桦山资纪，和带着鹿儿岛县参事大山纲良上书的伊地知贞馨前往东京，为入侵一事积极奔走。大山纲良曾在戊辰战争中担任奥羽镇抚使的参谋，立下战功。他在上书中转述琉球方面的报告，提出：

> 纲良唯伏愿仰仗皇威，兴问罪之师，征讨台湾。故谨借军舰，直指彼巢窟，灭其贼首，上振皇威于海外，下慰岛民之冤魂。（松田道之《琉球处分》上）

如同与《五条御誓文》同时公布的御宸翰所示，“扬皇威于海外”是新政府的目标，保护人民则是其另一个重要的目标。因此，入侵清朝统治下的台湾类似于入侵朝鲜，为的都是达成明治政府成立的目的。但鹿儿岛县的长官大山纲良——相当于现在的鹿儿岛县知事——主动提出借用军舰这一点非同寻常，其中蕴藏着与入侵台湾有关的重要问题。

大山纲良要求入侵台湾之际借用军舰，是因为当时的琉球虽然与鹿儿岛有着藩属关系，但鹿儿岛并不负责管理琉球的一般行政事务。近世初期，岛津氏获得幕府的许可，入侵、占领了琉球。由此，琉球从幕府的附庸变成了岛津氏的附庸。岛津氏要求琉球割让奄美，以此为前提在形式上保留了琉球国。琉球除了照惯例向明朝、清朝朝贡，还要接受萨摩在番奉行的指挥监督，国王立嗣等事项都要经过幕府的批准。无论面对清朝，还是面对德川家，琉球都处于从属的地位。废藩置县后，新政府也没有从鹿儿岛藩收回管理琉球事务的权限。而且，新政府之后还通过鹿儿岛县命令琉球派遣使节庆贺新政府的成立。

另一方面，即使在废藩置县后，鹿儿岛县也借着反对废藩置县政策的岛津久光的威势，以及在戊辰战争中立下赫赫战功的士族集团的力量，批判新政府的施政。作为鹿儿岛县的负责人，大山纲良在接到通报后主张入侵台湾，是为了确认鹿儿岛县对琉球拥有管理权，旨在强调作为县应具有行使军事力量的权力。

然而，对新政府而言，如果允许一个县出兵海外，则废藩置县的意义将不复存在。明治二年（1869）六月，鹿儿岛县以“既然已经提出奉还版籍的申请，藩就不应该再拥有军舰”为由，提出将军舰进献给国家。明治三年，鹿儿岛县已把军舰献给国家，故不能再独立出兵。明治五年九月十四日，琉球国王尚泰被封为琉球藩王，位列华族。新政府之所以这样操作，不过是为了宣告琉球是日本的领土，同时琉球已与鹿儿岛分离。在此基础之上，新政府派遣桦山资纪等人考察了清朝，以及琉球，并暂缓入侵清朝统治下的台湾。

入侵台湾

外务卿副岛种臣一方面调查清朝台湾的具体情况，另一方面则通过驻日美国公使德隆的介绍，聘请了前美国驻厦门领事李仙得担当顾问。李仙得主张，“台湾东半部非清朝领土，故出兵使之成为殖民地绝无不妥”。在交换《中日修好条规》批准书之际，日本方面让清政府承诺，引发事件的台湾当地人是不服清政府教化的“化外”之民。日本此举的目的是，在西方外交准则允许的范围内，为入侵铺平道路。明治六年（1873）十月，“征韩论政变”爆发，副岛种臣与西乡隆盛、江藤新平、板垣退助、后藤象二郎一同辞职。但副岛种臣的同乡、仍留在政府内部的大隈重信，以及与兄长西乡隆盛决裂的西乡从道等人，仍然积极主张入侵台湾。木户孝允因反对入侵台湾而辞职。大隈重信等人认为，已经彻底沦为在野势力主张的“征韩”并无必要，而采取军事行动提高新政府的威信并在一定程度上抑制士族的不满，才是必要之举。

就在入侵台湾前夕，太政官获知英国、美国政府对日本入侵台湾一事持批判态度，于是决定停止出兵。诸国认为，日本入侵台湾是日本对清朝采取的一次战争行动，故而选择局外中立。因此，那些因日本欲入侵台湾而为日本所雇用且已从东京品川起航的某些国家的船只，不得不在长崎卸下人员物资，选择与日本解除合约。大久保利通认为，停止出兵有失威信，他担心这会引起聚集在长崎的军队的不满。因此，尽管准备并不充分，日本方面仍然利用国内现有的，以及新购入的船只，断然选择入侵台湾。

入侵台湾的兵力有两个大队，其中一个大队是正规的镇台兵，另一个大队是临时征召来的征集队与信号队。日本国立公文书馆收藏的《处蕃始末》保留了计划书《进讨生番时应逐次处分之条件》，该计划书定位了那些希望对外征战的士族的情况。这些士族能够参加的临时征召的部队被称为“殖民兵”，“殖民兵”的士官是不属于现有部队、待在家中的无业人员，兵卒是九州地区有实战经验的士族。他们在入侵台湾后，准备于各地建立小分营，以“永久居住”并“根据时宜移居”。移居时，他们可以带上妻儿亲属，可谓名副其实的“殖民兵”。由于政府并未实施正式性的招募，因此我们已无法确定实际征兵的条件是否包含上述信息。不过，最终征召到的兵力，其实不到一个大队的一半，正因征兵困难，政府才更不能让有意应征的士族从长崎打道回府。

同一时间，政府开始在北海道推行屯田兵制度。明治六年（1873）十一月十八日，开拓长官黑田清隆向太政大臣三条实美提交了一份建议书，该建议书提出“从函馆县及青森、酒田、宫城等地贫困的士族中，精选强壮、能耐兵役者”带领家人集体迁居，给予他们必要的援助，让他们负责开垦、警备与战时的防卫。然而，第二年实际招募之时，应征者却并未达到预期人数。纵使国家层面赋予了迁居殖民重要的意义，但是对于当时的士族而言，迁居未开垦地区一事并无吸引力。

入侵台湾的部队先攻入了当地原住民的村庄，与原住民交战，随后又放火烧毁了他们的房子，实现了入侵的目的。包括负伤后死亡的士兵在内，日方仅有十二人战殁。鉴于与清朝之间紧张的外交关系，日本军队一直在当地驻扎到了十一月份。因患上疟疾，日本军队有名有姓的死亡人数达五百四十八人，搬运工等其余类型之人约死亡一百二十人。因不断有人病死，临时征召的士族纷纷要求归国，国际形势也不允许日本把台湾开拓为殖民地。前去与李鸿章谈判的大久保利通，也因清朝对日本海军实力的高估，才勉强保住了日本的颜面。清朝承认日本出兵为“义举”，同意承担一部分费用，双方以此为前提达成和议。

据希德里克在《帝国的帮凶》中的论述，文政十年（1827）法国开始生产商用疟疾特效药奎宁。随着奎宁、先进军用来福枪、轮船等新技术的导入，欧洲人加快脚步向热带地区扩张，并在此开发殖民地。入侵台湾的日军也与西方各国步调一致，携带了奎宁与军用来福枪，并试图模仿西方开发自己的殖民地。

那时，人们已知道治疗疟疾需要持续、大量使用奎宁，同时摄取丰富的营养物质。入侵台湾之际，日军只携带了少量奎宁，奎宁在路途中就已经不够了。因加工、运输方式不当，粮食也大量腐坏了。这些情况致使士兵营养不良，大量病死。二十一年后，中日甲午战争爆发。甲午战争结束后，日本占领台湾，近千人因疟疾病死，其中包括近卫师团长北白川宫能久亲王（原轮王寺宫）。由此可见，人们并非有意低估当时的医疗水平。

即便在形式上采用了新的技术，但要建立起让前往某地之人能够健康活动的环境，还需要更充裕的资金和更先进的技术，但当时的日本并不具备这样的条件。既能模仿西方将未开拓地区变为殖民地，又能抑制士族的不满——这样的设想在征兵、外交、技术等各方面都遭受了挫折。正因如此，在下一步的对外扩张中，新政府采取了上文所述的方式，即利用军舰强迫朝鲜打开了国门。

第二节 | 民权、叛乱、巡查

新的公议场所

并非所有的士族都在追逐征韩梦，更多的人正在摸索一条新的道路。废藩置县前，人们曾在公议所或藩内讨论过新社会的发展蓝图，士族未来的发展也囊括其中。废藩置县后，公议机构、藩被撤销，这意味着士族丧失了公开讨论未来的场所。尽管士族能从布告中窥见政府的方针，并参加民会，但与一直以来都和政治无缘的阶层不同，士族感到自己被剥夺了参政的机会，能够获得的信息也日渐减少。

这个时候，作为新的公议场所，报纸和杂志登上了历史舞台。报纸出现在幕府统治末期。戊辰战争前后，福地源一郎的《江湖新闻》等佐幕派报纸在东京流行一时，后遭到镇压。明治三年（1870）年末，在神奈川县令的奖励下，最早的日刊报纸、采用活版印刷的《横滨每日新闻》创刊。废藩置县前，为给废藩制造舆论，木户孝允创办了《新闻杂志》。明治五年，《东京日日新闻》创刊。随着具有时效性优势的活字印刷术、用于印刷的西洋纸，以及寻求新信息的读者群的出现，这些报纸的发行有了保障与支撑。

但是，出于对政府的顾忌，以及受到规则的制约，这些报纸很少能自由刊载评论，直至明治五年（1872）三月，英国人布莱克创办《日新真事志》，这一情况才有所改变。稻田雅洋认为，创办报纸是推进民权运动的一种手段，他在深入研究后指出，布莱克才是民权运动最重要的推手。明治六年九月十二日，《日新真事志》刊载了大井宪太郎的投稿。毕业于幕府开成所、当时在陆军省任职的大井宪太郎对未成立民选议院一事感到不满，他在投稿的文章中指出，报纸上的讨论应该有取代议会讨论之功效。敏锐的人已经意识到，媒体可能会成为新的公议场所。

就在大井宪太郎的投稿被刊载的两个月之前，森有礼回到了日本。

森有礼曾在公议所倡导“废刀论”并因此引发了人们的不满。此后，森有礼作为外交官，前往美国。归国后，他的言论更加激进，如：应允许基督教在日本传教；废除日语，使用英语，等等。甫一回国，森有礼就为了“谋学问之高进，树道德之模范”，开始着手建立供学者交换意见的场所。这里的学者自然是指洋学者。森有礼向西村茂树阐明了自己的构想，请他帮忙召集学者。西村茂树辞去印幡县参事一职后，来到东京开设家塾，教授英文和汉学。西村茂树与旧幕府的许多洋学者皆是知己之交，他邀请加藤弘之、中村正直、西周、福泽谕吉等人建立了一个学术团体。第二年，这个被称为“明六社”的团体，创办了日本历史上第一个以评论为主的杂志。

《明六杂志》

《明六杂志》第一号刊登了西周与西村茂树针锋相对的评论，二者的意见截然相反。西周的意见较为激进，他主张为便于民众习字、学外语、引进印刷与簿记技术，应该使用罗马字书写日语，明六社须以此为中心开展活动。西村茂树则表示，西周的主张从长远来看是可能实现的，但从尊重传统和便于书写同音异义词的角度出发，眼下不应论“和、汉、洋”，而应致力于“使国民有志于学”。不管依循怎样的顺序，学习过洋学的士族都认为，当务之急还是提高全体国民的教育水平。许多士族在学校、私塾从事教育事业，如果没有他们的努力，在《学制》颁布后，小学也不可能如此迅速地建立起来。

《明六杂志》第二号通篇写的都是对明治七年（1874）一月刊行的福泽谕吉《劝学 第四篇 论学者的职分》的反驳。《劝学 第四篇 论学者的职分》本是福泽谕吉为明六社写的论稿，但这篇论稿却并没有被刊登在《明六杂志》上。自明治五年出版以来，《劝学篇》一度被收入小学教科书，销量空前。而《劝学 第四篇 论学者的职分》则是作为《劝学篇》的续篇出版的。福泽谕吉原是中津藩的幕臣，自庆应二年（1866）刊行《西洋事情》后，福泽谕吉便以著书与教育立身。

福泽谕吉批判洋学者沾染“汉学者之恶习”，走仕途之路，欲借官方之力成事，结果导致“日本有政府而无国民”，如此以往无法“促进我国之文明，维持独立”。因此，福泽谕吉欲在教育、商业、著书等方面树立“私立”之模范。他号召其他学者也在民间活动，强调民权，使“国民之力与政府之力相互平均，以此维持全国之独立”。已经踏上仕途的其他洋学者，不得不群起反驳福泽谕吉，但他们除了主张为官与在民间活动同样重要之外，几乎别无他法。

需要注意的是，此处所说的“洋学者”不仅指一般的洋学者，其中也包括有教养的一般士族。士族不可能都走仕途，所以他们必须在民间寻求谋生之路。但是问题在于，像福泽谕吉这般有才华、敢放言“以艺糊口有何难”的士族，实则并不多见。

接着，《明六杂志》第三号刊载了森有礼为反驳西周而起草的《设立民选议院建议书》。

从征韩到民权

明治六年（1873），西乡隆盛曾主张由自己担任大使前往朝鲜。他的意图究竟是不是为了“征韩”，至今仍是一个谜，或许西乡隆盛认为，不论结果如何，只要是由在士族中深孚众望的自己前往朝鲜，征韩问题便能打开新的局面。总而言之，很多士族期待入侵朝鲜是不争的事实。

同年三月，在欧洲逗留一年半的原高知藩权大参事片冈健吉归国，返回高知。他判断“征韩之日近”，故急忙上京。十月七日，片冈健吉被任命为海军中佐。翌日，他又被任命为水兵本部长官代理。水兵本部负责管理海兵队，一旦出兵，水兵本部长官代理是需要打头阵的。不过，不到半个月的时间里，政变就发生了，征韩派参议下野。片冈健吉于第二年一月十二日提交辞呈，此时距离其上任仅三个月的时间。由此可见，片冈健吉是为了入侵朝鲜才走马上任的。

片冈健吉辞职那日，除回乡的西乡隆盛外，下野的参议连同由利公正、福冈孝弟等人，于副岛种臣的宅邸集会，宣誓“奉御誓文之旨意”“主张人民之通义权理”（《爱国公党本誓》）。以此为基础，五日后，他们提交了《设立民选议院建议书》。建议书指出，“臣等伏首，察方今政权，归根结底，上不在帝室，下不在人民，而独归有司”，批判一部分官僚独裁，又指出“对政府有义务赋税者，即有参与、决定政府之事可否之权利，此乃天下通论”，主张参政权是纳税人应享有的权利。与此同时，他们还要求设立民选议院，以此作为参政的手段。

民选议院的意义不仅在于贯彻纳税人享有参政权这一点。在现实生活中，很多人甚至不知道征韩论政变的意义。但是，如果能够设立民选议院保护人民的权利，便可以使人们兴起“自尊自重，与天下忧乐与共的气象”，并“鼓舞天下士气，使上下亲近、君臣相爱，维持振起我帝国，保护人民幸福安全”。比起持征韩论的士族，这些人认为更重要的是唤起广大国民对政治的关心，以“维持振起”国家。

翌日，建议书被刊载在《日新真事志》上，迅速传播开来。如前文所述，政府内部其实也有设立民选议院的构想，作为建议书起草者之一的后藤象二郎，身为左院议长，一直在推敲设立议院的具体对策。可以说，这是第一次有人把设立民选议院的理论整理出来，使其成为民间的主张。《明六杂志》主张此事为时尚早，大井宪太郎与西村茂树则在《日新真事志》上发表了表示赞同的文章。在尚未正式成为公议场所的报纸、杂志上，人们围绕建议书展开了热烈的讨论。然而，从征韩论过渡到民权运动的过程并非一帆风顺。

佐贺之乱

一月十二日出席集会并在建议书上签名的江藤新平于十三日离开东京，与高知的林有造一起从横滨乘轮船西行，意欲打探鹿儿岛和佐贺的形势。在佐贺，士族结成的征韩党正寻找带头人，而以原秋田县权令岛义勇为首的“忧国党”则反对欧化。二月七日，岛义勇乘坐由横滨出发的轮船西行，恰好与林有造的胞弟、前去赴任的新佐贺县权令岩村高俊同船。据说江藤新平与岛义勇原本希望能平息骚乱，但岛义勇在船上听到岩村高俊谩骂佐贺人孱弱无能，遂改变了心意。轮船班次有限，与现代交通工具相比耗时更长，因而轮船成了人们偶遇与交谈的场所。

岩村高俊没有直接前往佐贺。他说服熊本镇台的司令官谷干城派出一个大队的镇台兵跟随他，于十五日进入佐贺城。征韩、忧国两党袭击了这支队伍，佐贺之乱爆发。

这场骚乱于三月一日基本被镇压，持续了不到半个月。当初进入佐贺城的步兵第十一大队的左半大队三百三十二人遭到了猛烈攻击，虽然他们于十八日脱险，但一天之内已有一百三十七人战死，因为急于立功的岩村高俊强迫兵力不足的镇台过早出兵。从军事上来说，两党用大炮炮击佐贺城内只有步枪的镇台兵，收效显著（陆军文库《佐贺征讨战记》）。

这里值得注意的是，事态告急以来，佐贺二轩的铸造师至少铸造了两门四磅的半施条炮用于战斗，这种大炮足以与镇台炮兵的大炮相抗衡。除炮弹外，他们还制造了二十五万三千发恩菲尔德步枪所需的子弹。尽管士族手中仍有少量装配在军用枪支中的弹药，但备用弹药与大炮等军需用品还是全被兵部省收走了。在佐贺的这场战役中，铸造师们制造了二十六万八千二百三十五发子弹，这些子弹足以与官军消耗的子弹数匹敌（佐贺县厅文书）。

幕府统治末期，佐贺军事工业发达，所以经验丰富的铸造师是有可能制造这么多发子弹的。镇台兵从熊本到早津江乘坐的轮船舞鹤丸于十六日被佐贺的旧海军兵扣押。战败后，舞鹤丸逃往鹿儿岛，于三月五日在胁元港被军舰云扬号上的陆战队缴获。岛义勇曾任佐贺藩的军舰奉行，所以他的那些旧部下也能驾驶轮船。尽管在理念上，军事力量集中在中央，但中央并不能独占军事技术。强有力的地方士族发起的叛乱，直接威胁到了新政府，这使得政府不得不调动所有军事力量进行镇压。

政府军方面，有熊本镇台的两个大队、大阪镇台来援的两个大队，以及东京镇台来援的一个炮队参加战斗，总兵力达两千六百八十三人。与此相对，据羽贺祥二的研究，以昔日的藩为单位，政府军从福冈方面征召了两千六百一十五名士族，佐贺藩有二百四十一名藩士加入政府军一方。海兵队从品川乘大阪丸到达长崎，再从长崎登陆展开进攻。之后，海兵队再次夺回被镇台兵放弃的佐贺城。他们还在途中收编了佐贺的支藩、武雄、多久、小城、须古等地的藩兵。士族对藩有强烈的归属感，作为征讨方，他们希望立下战功，为新政府做贡献，为征韩铺路，因此政府得以调动邻近藩的士族之力来弥补政府军兵力上的不足。在这种情况下，政府自然无法禁止士族携带枪支操练，精进武艺。

民权与对外征战

就在江藤新平与岛义勇前往佐贺的途中，片冈健吉于一月二十七日离开东京回到故乡。他在高知接上稍晚一些回乡的板垣退助，与林有造一同创办了立志社。立志社倡导伸张人民权利，设立民选议院、学校、律师事务所，以及商局，以管理茶叶种植与土特产销售，并承包政府出售的林地。立志社发挥着帮助士族自食其力的作用。

立志社成立后不久的明治七年（1874）五月，眼见清朝对日本入侵台湾持强硬态度，立志社以“国难之际为国献身乃人

信号队所属士官名簿

陆军大尉	
冈本重兴	京都
竹内正直	东京
吉田谏三	爱媛
松本谦吉	静冈
属南介	山口 * 步兵第十一连队
浅海通直	山口 * 步兵第十一连队
田原茂穗	山口 * 步兵第十一连队
平山胜全	熊本 * 步兵第六连队
石川幸安	和歌山
松村春智	和歌山
大寺安纯	鹿儿岛 * 步兵第十二连队
津森秀实	山口
丰田良作	小仓
小野崎通理	秋田 * 步兵第十一连队
武田信贤	爱媛
前田隆礼	奈良
栋方武敏	青森
祝朝章	长崎
金子忠至	山口
山田积之	鸟取
福知宜一	
横田弄	白川
吉利用通	鹿儿岛（炮兵） * 预备炮兵第二大队长
小川长利	小仓
松尾直唯	山口

陆军中尉	
别所光武	静冈
甲谷为邦	山口 * 步兵第十二连队
石川浪彦	鸟取
日高次郎	宫崎（？）
林义笃	山口（工兵）
石井贤吉	佐贺

陆军少尉	
叶山在久	冈山 * 步兵第十二连队
早田秀纯	佐贺
大津重行	冈山
中岛重信	冈山 * 步兵第十二连队
小仓忠明	鸟取
高并连寿	白川
片山正雄	冈山

陆军少尉试补	
后藤惟明	东京
高山长重	滨松

出身依据明治七年十月的官员录
带 * 的是明治十年二月一日陆军职员录（《征西战记稿》）上登记的人名

参加者来自全国各地，留在军中的多为山口人。入侵台湾的作用是，召回因希望征讨外国而离队的警视厅中的鹿儿岛人和陆军中的山口人。

明治七年（1874）四月，海陆军文武官前往番地人员名单（陆军省第一局《明治七年 台湾处分 上》）所记录的没有所属部队的陆军士官民通义”为由，向县令提出了编制“寸志兵”（义勇兵）的请求。尽管立志社对政府拒绝征韩不过半年就入侵台湾的做法有所不满，但他们也深知一旦开战，士族必须展示自身作为中坚军事力量的实力。

士族兵们被临时征召入侵台湾，征集队以鹿儿岛士族为中心，此外还辅有熊本士族。被编入信号队的无官职士官则来自全国各地（第 153 页表）。

明治七年（1874）十一月七日的《日新真事志》刊登了青森县士族桥爪幸昌的死讯：

> 本年兴起征讨台湾之事，报国之念日益迫切，遂乞求官员，奔赴台湾以尽臣子义务。以水土不服，罹患重病，无奈归朝。医药罔效，先日入鬼籍。为国实不胜悼念之情。

牧原宪夫曾在《明治七年的大争论》中，详细介绍过桥爪幸昌。明治六年（1873）十一月二十三日，桥爪幸昌在《日新真事志》上刊载了自己向左院提交的建议书，这封建议书引起了广泛的共鸣，桥爪幸昌也一跃成为风云人物。桥爪幸昌建议通过国民捐款偿还日本借贷外国的债务，但大藏省不同意接收以偿还外债为目的的捐款，不希望偿还外债这种关系到国家财政的重大问题为民间力量所左右。明治七年四月，桥爪幸昌提出设立民选议院的建议。左院为此欲传唤桥爪幸昌，但他当时已踏上入侵台湾的征途。

桥爪幸昌倡导“报国”，他呼吁人们捐款、要求设立民选议院，这些都与入侵台湾没有丝毫的矛盾。

士族的团结

各地建立起以昔日的藩为单位的团体，支持士族自力更生。明治四年（1871），人们熟知的佐仓藩建立起相济社与同协社。相济社由西村茂树发起，依田学海和西村茂树自成立之初便是同协社的社员。西村茂树的胞弟西村胜三从明治三年开始从事制鞋业，相济社转包了他的部分工作。此外，相济社还从事机织棉布与制茶业务。文久年间，从江户藩邸回到故乡的佐仓藩士，尝试开垦田地，同协社继承了这一事业，开始发展制茶业。

藩制改革后，各藩家禄都被大幅削减，多数藩的藩士在家禄之外通过领取职禄勉强度日。但是，废藩之后，职禄也被全部废除，士族的生活变得相当艰苦。因此，士族一方面希望入侵朝鲜，另一方面则通过结社开始开展经济活动。

作为士族民权的第一个地方政治团体，立志社广为人知。与此同时，立志社也是一个经济团体。如果像福泽谕吉论述的那样，在民间活动就是强化民权，那么以经济活动为中心的团体也可以被认为是民权团体。实际上，士族团体把重点放在了经济活动、教育子弟上，通过民权思想的灌输，士族的民权团体在各地发展起来。

另一方面，为了应对这些团结起来的地方士族集团，政府征召了巡查，巡查会站在政府的立场上监管民权运动、镇压武装反抗。《设立民选议院建议书》提交左院的当天，政府从山口、东京、枥木等十六府县招募了两千名逻卒，以上这些府县原本就有士族集团。但政府的招募范围不包括一直支持新政府的鹿儿岛、高知、佐贺，因为这些地方是为了满足当地士族的要求、因主张征韩论而被迫下台的参议的故乡，政府很难让这里的士族为其效劳。

一直以来，逻卒主要由鹿儿岛人担任，但他们此前大都先后回乡了。入侵台湾时，他们曾作为征集队的主力参战。归乡后，他们大多回到了警视厅。中原尚雄就是其中一人，他曾在西南战争爆发前夜回到鹿儿岛，后因谋划暗杀西乡隆盛而被捕。入侵台湾一事并没有消除所有鹿儿岛士族的不满，但至少它让原来的逻卒们重新为政府效力。这件事背后的原因是逻卒大多数出身乡士，其性质不同于在军队和官厅工作、特权意识较强的城镇士族。

不过，政府最初并没有让以士族为中心的逻卒——后来的巡查——担任警察机构主力军的想法。

初期的警察

江户时代，武士掌握着维持治安所需的武装力量。那时，针对民众的行政权和司法权尚未分立，奉行所、代官所里任职的武士可以行使这些权力。武士负责逮捕刑事犯。但实际上，查案和逮捕犯人大多还是由“目明[1]”等非武士阶级的人负责。实际上，包括被歧视部落在内的平民，如江户的“木户番”与地方村落的“番人”，才是日常警备的负责者。受幕府与藩指派管理番人及负责警察事务的是庄屋、町名主等百姓或町人身份的村町官员。

明治五年（1872）一月，政府解散了此前保留在城下的旧藩常备队，并下令根据石高配置“捕亡吏”。尽管此前也有负责抓捕犯人的捕亡吏这一职务，但政府希望按照统一标准配置捕亡吏，使其能取代藩兵承担战斗部队的职能——维持治安。

然而根据预算，全国最多只能配置五千名捕亡吏，其人数仅有明治二十年（1887）前后警察官、巡查人数的六分之一。因此，捕亡吏的活动范围也主要集中在城市地区，他们只能偶尔巡视农村地区。农村地区的警务活动则继续由户长、区长或其手下的番人负责。

---

1 目明，江户时代町奉行所的官吏为捉拿罪犯而雇用的私人帮手，没有官方权限。

东京在形式上被新政府占领，各藩受政府之命派遣管理部队负责城内的警备工作。明治二年（1869）十一月，东京府从中选拔出一部分人担任府兵。废藩置县后的明治四年十月，政府安排三千名逻卒取代了府兵，其中两千名逻卒来自鹿儿岛。

明治五年（1872）八月二十八日，司法省下设警保寮，管理全国警察。警保寮旨在“使国中安宁，保护人民健康，预防有碍安宁、健康者”。它不仅具有司法警察调查犯罪、逮捕犯人的功能，还具备行政警察预防犯罪的功能。

预防犯罪一直是番人、町村官员负责的工作。警保寮制定了《违式诖违条例》，根据具体的条例实施管理，它类似于现在的《轻犯罪法》，由各府县制定规则及相应的惩罚条例。条例中包括禁止贩卖腐坏的食物、禁止夜间不点灯拉车、禁止打架等，还制定了许多条款约束不构成刑事犯罪但可能引发刑事犯罪的行为，以期有制度性地预防犯罪。政府告知人民这些禁止条例，通过这些条例管理人民，保护人民健康，预防犯罪。

《违式诖违条例》包括禁止裸体、赤膊（脱去上衣露出肩膀）、在街上随地小便等款项，政府希望借此能够移风易俗，改变不文明的行为。对来到日本的欧美人而言，日本人在人前赤身裸体的行为令他们很不习惯，他们觉得这是日本的特色。当时，巴黎也禁止随地小便，该条例与“禁止随地扔垃圾”成了人们违反次数最多的条例。除官方目标框定的范围外，警保寮还希望能实现符合欧美标准的文明开化。警保寮制度模仿了欧洲的警察制度，在拥有统一的标准后，该制度的执行与监督应该会更容易吧。

身处夹缝中的番人

在警保寮制度最初的构想中，番人处于最底层，每十个番人由一名巡查监督，巡查以下级别人员的工资，由受到警察保护的地方居民负担。为了构建这一体制，东京制定了《番人规则》，规定“番人既由区内居民供养，应知区内居民为雇主，接待引路时态度须恭敬有礼”。很多番人都是原来的木户番，而居民过去一直负担着木户番等番人的工资。因此，政府希望通过系统化警保寮制度，以在全国范围内顺利建起“警保”组织。横濑夜雨在《太政官时代》中回忆了东京番人制度创建之初的情况：

> 他头戴圆顶斗笠，身穿筒袖和服，下着肥大线裤，手持木棍。我等觉得十分新鲜，便成群结队跟在他身后。他本是町内担任番太郎的老头儿。伙伴中的捣蛋鬼故意在街上随地小便，老头儿无奈，只好出言制止。捣蛋鬼反驳道：“你说什么！以后我不去你那儿买糕点了！”巡逻的老头儿竟哑口无言，不敢再说什么。

番人身着与巡查类似的西式黑色制服。虽然逻卒也一直穿着类似的制服，但若是一群鹿儿岛士族集体巡逻，想来儿童们是不敢靠近的。正因为是町内的老熟人穿着这样的衣服，孩子们才敢跟在他身后。

“番太郎”就是木户番。江户时代每个町都有“木户”（木栅门）。木户夜间关闭，夜里有急事时须去请木户番开门，接着再由其敲打梆子通知邻町的木户番放行。除此之外，夜间木户番还负责在町内巡逻，敲梆子通报时间。町里给木户番的工资并不足以维持其生活，因此町免费将木户番小屋出借给他们，允许木户番卖些糕点。进入明治时期，木户虽被撤去，但多数木户番仍居住在町内，一边开糕点店，一边负责巡夜。由此可想而知，即便突然穿上制服，这些人应该也很难严格依据《违式诖违条例》执法，更何况还要据此改变居民的风俗习惯，肯定更是难上加难了。

川路利良与巡查的诞生

警保助兼大警视（警视总监）的川路利良，明治五年（1872）九月与沼间守一一道被派往欧洲考察警察制度。明治六年九月，川路利良归国，提议建立警察制度，并批判了番人制度：

以逻卒为巡查派向四方之际，天子脚下不应皆为番人。所谓番人者，卑弱之庸夫，以此镇守辇毂之下，非但有失体面，且人心不安，必致暴行暗杀之患滋生。

作为从鹿儿岛来东京的逻卒们的队长，川路利良最关心的问题是如何完善东京的警备体制。警保寮为了在全国实施番人制度，最初的设想似乎是把东京的逻卒分配至各地方，让他们担任巡查，负责监督番人。川路利良指出，凭借以番人为中心的警备体制守卫首都，不仅有失体面，而且不足以预防暴行和暗杀等事件。

"以军人担任逻卒乃欧洲通例，故其逻卒多为退伍之人，身强力壮，身高五尺以上，多立下过战功。"川路利良在欧洲目睹了退伍归来的军人担当巡查的景象，故在他看来，番人有失体面。"欲盛君权，须使逻卒有威严"，逻卒既然是君主权威的象征，就应该投入国费，或者像伦敦那样，"繁盛之首府，人民殷富，商业发达，人民自愿出资"。逻卒作为繁荣的象征，应以强壮的体格、威严的态度展示首都庄严的形象。可以说，穿着不合体的制服、看居民脸色行事的番人，同上述巡查的形象简直大相径庭。随身配刀、心怀不满的士族恣意横行之下，光凭手持木棍、不谙武艺的番人维持治安，确实很难让人放心。

川路利良指出，司法警察乃政府之义务，不应该让居民负担其开支。全国人民往来东京，而警保费用却只让东京的居民负担，这于理不合。况且，东京地方大、居民相对较少，要想配置足够的番人，必然会使得居民负担过重。基于上述理由，川路利良提出，东京的警备工作不应该让番人负责，而应该交由官费支持的逻卒承担。“欧洲无士民之别，故只得任用兵卒。本邦尚有武士，废此而不用实为失政之举”，因此川路利良主张，除了从番人中精选逻卒外，还应让士族担任此职。

同年十一月，川路利良的主张被就任内务省新设内务卿的大久保利通采纳。明治七年（1874）一月，川路利良担任警保寮（此时已归内务省管理）之下新设的东京警视厅的负责人——大警视。如前文所述，警保寮重新从十六府县招募了两千名逻卒并废除了番人制度，东京的警备工作开始由改称“巡查”的逻卒担任。

此后，《违式诖违条例》正式实施。明治七年（1874），有三千七百九十人因一般犯罪被捕，因违反《违式诖违条例》被捕的人则是前者的三倍，达一万三千七百五十一人。也就是说，平均每天都有三十七八人因违反《违式诖违条例》而遭到处罚，其中“在街道上非厕所之地小便者”多达八千零二十六人。由此可见，每天都有二十多人因随地小便被罚。如此一来，想必不会有人再故意随地小便了。

地方官会议与地方警察

针对是否应该将东京以外府县的警察事务交由各府知事、县令处理，地方官会议展开了讨论。

在明治八年（1875）一月至二月的大阪会议上，大久保利通和伊藤博文协商一致，为召回因反对入侵台湾而下野的木户孝允，定于明治八年六月召开地方官会议。该会议原计划于明治七年五月召开，但因入侵台湾，会议被迫延期。府知事与县令等地方长官或代理次官出席了会议。此次会议的宗旨基于《五条御誓文》的宗旨订立：

> 召集全国人民之代议人，公议舆论，制定律法。开上下协和、民情畅达之道，以期全国人民各安其业，使人民知有义务担国家之重。故先召集地方长官，代表人民，协同公议。

御誓文的宗旨是由“全国人民之代议人”根据“公议舆论”立法。因而，这样的会议是有必要召开的，它能让人民知道自己有“担任国家之重的义务”。在短短四个月后，与《设立民选议院建议书》相同的宗旨，便被作为天皇的指令，公告天下。召开会议的时间暂且不提，在有必要设立民选议院并使其成为公议场所的问题上，政府方面并无异议。

第一届地方官会议参加者 （出自《日本历史展望》，旺文社）

以这样的认识为前提，地方官会议召开。除此之外，设立元老院、大审院，在一定程度上谋求立法、司法独立等，通过大阪会议达成一致的基本构想，也都出自伊藤博文的考量。毫无疑问，这些观点也获得了没有出席会议的板垣退助等人的支持。实际上，在此之后于建议书上列名的板垣退助担任了参议，后藤象二郎担任了元老院副议长，由利公正担任了元老院议官。《设立民选议院建议书》虽然明确批判了政府，但其宗旨仍是能为政府所接纳的内容。

召开地方官会议是设立民选议院的第一步，它要求地方官不是作为为政者，而是“代表一般人民，协同公议其可否”，这与区长、户长在此前后召开的地方民会的理念是共通的。

地方警察

然而，地方官会议上的决议并无约束力。胜田政治指出，在地方官会议召开前，针对设立地方警察的具体方案，内务省曾向太政官征询过意见，同一时间，地方官会议上讨论的内容却是与此稍有不同的政府草案。政府内部在制定决策的过程中，并未制度性地定位过地方官会议的作用，因此地方官会议上讨论的议案与内务省的草案有所不同。

会议决议通过了官费和民费的负担比例、地方警察的配置标准、制服样式（仿照警视厅制服），以及逻卒的录用标准——二十到四十五岁之间，品行端正，身体强壮，读写基本无碍。它们同在小会议上决议的“逻卒改称巡查”一起，于会后迅速得到了实施。

由于《学制》的颁布，小学教育才刚刚开始发展。在这一时期，要找具备基本读写能力且正在求职的“品行端正”的男子，恐怕应该首推士族了。明治初年，士族与平民之间一度曾设定过名为“卒”的阶层，这一称呼与征兵时的“兵卒”相对应，很容易让人联想到“足轻”等对最下级士族的称呼。“逻卒”改称“巡查”使得一般士族更愿意从事这一职业。明治八年（1875）六月，全国的警察官员达一万六千余名，警察局、分局也逐步增加，全国的警察业务不再由身为平民的番人担任，而是改由身为士族的巡查负责。

明治五年（1872），审判事务改由司法省负责，对此感到不满的京都府参事槙村正直向政府提出，“私以为竟连逻卒捕亡事务亦不由地方官负责，实为不妥”。正如槙村正直所言，即使失去审判权，倘若警察事务仍由地方官负责，地方官便可以将此作为教化人民的有力手段。如果希望地方警察担负起改变风俗、使人民进步的义务，那么最好的方法便是也在地方建立起东京那样的有权威的警察体制。为此，不能光靠民费，使用官费征召士族担任地方警察是有必要的。既然地方官是“代替人民”讨论，那么得出这样的结论自然无可厚非。

木棍与洋服

那时，巡查的武器是被称为“手棒”的木棍。到了明治七年（1874）八月，“为与二等以下巡查区别”，负责监督一般巡查的一等巡查被允许在穿着制服时佩剑。直至明治十五年，一般巡查的武器仍只有木棍。

明治九年（1876）《废刀令》出台，当时仍有士族随身佩刀。明治五年一月出台的《枪炮管理规则》规定，只要申报并在个人持有的枪支上刻字，便可继续持有该枪支。农村有火绳枪，许多士族也有西式军用枪。西南战争爆发之际，陆军以征用为借口，收回了福冈、长崎（包含现在的佐贺）两县共计六千七百八十一支军用枪。纵使是在江户时代严格管理枪支的东京近郊千叶县，明治二十年民间的步枪保有量也达到了一万一千二百二十九支，其中包括一千八百五十支西式军用枪（《千叶县警察史 第一卷》）。

明治初年的巡查就是在这样的环境中，仅凭手中的一根木棍执行公务的。那么是什么支撑他们这么做呢？明治九年（1876）五月，在警视厅制定的“盟约”中这样写道：

> 身为警视官者，不可不时刻保持警戒，故出门一步也须着西式衣履。

盟约要求巡查即使在不上班、因私事外出时，也必须穿着西式服装与鞋靴。根据胜田政治的研究显示，因削减洋货的需求，加上警视厅干部的建议——身穿洋装，“人民向背自不必言，视察其他诸般事项”亦多有不便，上述规定在明治十二年（1879）被废除了。但在此前，政府一直不顾民众意愿，要求巡查必须身着洋装。那时，政府官僚大多身着洋装，这能展示出正在推进开化的政府的威信。在民众面前，巡查能体现“官方”的权威与开化。尽管收入较低，但他们拥有身为维新旗手的自豪感，武艺与教养使他们能够从事巡查的工作，他们的功绩也有可能得到认可。从这些方面来说，巡查是一份适合士族从事的工作。

神风连的小筱四兄弟 明治九年（1876）十月二十四日，四人一起发动叛乱后自杀（神风连资料馆藏）

当然，也有人以身穿洋装、成为开化的中坚力量为耻。

明治九年（1876）发生了一连串士族叛乱的事件。在反对《废刀令》、排挤外国人、征韩等共同目标的指引下，各藩开始基于反政府的立场联合起来。那时，政府已缔结《日朝修好条规》，征韩的目标失去了号召力，仅凭复古的目标，是很难发动整个士族集团举兵叛乱的。

十月二十四日夜，熊本的神风连奉“神敕”举兵，一百多人趁夜色杀死了镇台司令官与县令，占领镇台。镇台兵在儿玉源太郎少佐的指挥下重整旗鼓，打败了在排外思想影响下拒绝使用西式武器的神风连。最终，神风连二十八人战死，八十六人自杀。二十七日，秋月地方士族响应神风连举兵，但他们期待的周边旧藩的士族并未给予响应，起义很快遭到镇压。二十八日，前参议前原一诚与其弟——曾任步兵第十九大队长入侵台湾的山田颖太郎在萩起兵。萩虽是大藩的城下町，但参加反叛之人不过寥寥一百五十名。

萩之乱发生的同时，十月二十九日东京发生了思案桥事件。原会津藩藩士永冈久茂接到前原一诚的消息，正打算乘船前往千叶起兵，结果被巡查发现。永冈久茂在斩杀一名警部补[1]、一名巡查后被逮捕。

被捕后，永冈久茂描绘了他打算说服千叶县的巡查成为同志并拉拢佐仓的镇台兵共同举兵的宏伟蓝图。永冈久茂之所以有此想法，是因为在海兵炮兵队解散时，有十几个会津出身的士族在他的介绍下被千叶县录用成了巡查。明治政府的精锐部队——海兵队，即曾镇压佐贺之乱、入侵台湾、在江华府担任仪仗队的士族集团，于明治九年（1876）八月解散。明治八年陆军解散了以士族为中心的军队，转而完全依靠征兵组建军队，并修改征兵令，删除了让征兵负责“管内守卫”的条文等。可以说，海兵队的解散与陆军这一系列措施是相呼应的。

征兵制的稳定

根据记录有明治八年（1875）征兵情况的《陆军军政年报》记载，东京镇台曾高度评价过明治八年的征兵工作，“本年所征士兵与两三年前相比，心志坚定，技术亦进步迅速”，并将出现该现象的原因归结为“区长、户长至人民皆理解征兵之宗旨”。实际上，入侵台湾致使日本与清朝关系紧张，为此日本紧急征召了与预备军年龄相当的临时兵。这些人接受了为

1 警部补，警察（官）的职级之一，在巡查部长之上，警部之下。

期三个月的训练后退伍，“各自回到家乡，述军队给养丰厚一事，教授所学技术之一二者多，所谓百闻不如一见”。

致力推进征兵制军队建设的陆军卿[1]山县有朋，以准备不足为由，反对明治七年（1874）入侵台湾的行动。这一年，政府原本只计划在东京、大阪、名古屋镇台的辖区内征兵，但是后来急剧扩大到了全国。在东京、名古屋、大阪镇台辖区，政府征收了四千多名二十岁以上、与后备军年龄相当的人。

政府以“专为预防海外战争”的名义，征召了这些人。三个月后，日本与清朝结束谈判，这些人解散，被编入后备军。山县有朋利用此次危机，曾多次征兵，甚至组建了预备军。然而实际上，第一年入伍的士兵原本在服完三年兵役前是不能被组建为预备军的。

随后，政府很快便让这些预备军回乡，他们成为乡居军人。这些乡居军人把在军队学到的体操教给小学生，传播“以军人为荣”的理念。有研究指出，长此以往，或许会出现蔑视区长、户长之人。通过让预备军回归社会，政府让地方居民知道，军队是个每天都会供给六合米丰富膳食的地方，并不可怕。服完兵役之人还能教授被视为开化象征的体操。借此，预备役“军人”获得了比一般农民更高的社会地位。

虽然对服兵役避之不及的人也在增加，但总体而言，以入

1 陆军卿，陆军大臣的前身。

侵台湾为背景，征兵制得到了迅速的发展。

以征兵制军队与巡查队为主力，明治政府动员了后备军，并且通过从旧藩的士族集团中征召巡查来应对西南战争。这一体系避免了佐贺之乱那般以旧藩为单位动员士族的情况发生，也避免了异己分子混入征兵制军队之中。在应征的士族中，对以昔日会津藩干将佐川官兵卫为首的一部分人而言，这场战争不仅给了他们机会攻打戊辰战争中的对手——萨摩藩，还让他们有机会使用武力为新政府立功，这是他们此前没能通过征韩实现的。

西南战争结束后，参战的巡查开始在东京和扩充了巡查力量的各府县任职。据《内务省统计书》显示，东京违反《违式诖违条例》的案件从明治九年（1876）的一万一千六百五十一件增加至明治十一年的两万三千五百二十件，翻了一番。但这并不是因为随地小便的案件大幅增长，而是因为政府开始管理风纪并治理长期以来默许的那些违反建筑规定的行为，如："裸体、袒胸"案件从两千三百四十六件增加至七千五百四十五件，增加了两倍多；"将房屋扩建到街道上"从六件增加至二千八百五十九件；除此以外，政府还新增了不许在街头大声歌唱的条例。通商港口之外的府县也于明治十一年起，严格实施《违式诖违条例》。借助战争获胜后意气昂扬的巡查之力，警察开始努力改变都市民众的风俗习惯。

明治十年（1877）年末，东京巡查人数为九千零四十九名，明治十一年，有两千一百九十六名巡查辞职，另有两千零六十名巡查被免职（《明治十一年 东京警视本署事务年表》）。我们从中不难窥见，由于巡查人数过多，不符合要求者陆续遭到免职。有权势的“巡查”这一职务本身就是对参战士族的一种奖励，但是想要保住这份工作，士族自身也需要进行一些改变。

此前，没有人会去构想能一举解决诸多问题的方案，这些问题包括：镇压不满的士族、保障士族就业、改变风俗习惯等。但在以士族为中心的巡查制度建立并实施后，上述问题的解决之策确实得到了稳步、快速的推进。

第三节 | 秩禄处分

秩禄处分的构想

废藩置县后，不同于平民，华族、士族可以从政府领取俸禄。明治十三年（1880）大藏省通过计算得出，在废藩置县前，幕府统治末期的士族，其家禄减少了43.6%。但是，秩禄——家禄加上家禄二十分之一左右的戊辰战争的赏典禄——

在明治五年到明治七年的两年间，占了新政府年度支出总额的近三成。从财政上说，新政府希望能够减少或停止这项支出；从理念上说，奉还版籍后，士族不再参与藩的工作，征兵令实施后，他们同平民一样有服兵役的义务。因此，政府自然再无理由继续给他们发放俸禄。

士族的武力抵抗对新政府直接构成了威胁。为缓和士族的不满，政府必须设法为士族筹谋生计。

最初着手处理此事的是大藏大辅井上馨。大藏卿大久保利通随岩仓使节团出访时，井上馨负责留守国内。他计划在减少秩禄数额的基础上，用公债支付六年的秩禄，随后彻底取消秩禄。如果以公债支付秩禄，则领取秩禄的一方虽然只能拿到比秩禄更少的钱，但他们可以自由选择是依靠公债的利息弥补生计所需，还是卖掉公债，将其收入作为发展事业的资金。对支付秩禄的国家而言，只需发行公债而无须支付现金，这自然是一个非常好的方法。可以说，井上馨的构想成了此后秩禄处分制度的基本思路。

不过，一旦大量发行公债，公债的市场价格就会降低。这样一来，士族不但无法获得充裕的资金，而且手头宽裕的人还会把钱用来购买公债，显然这将不利于产业的发展。为此，在支付公债、进行秩禄处分前，政府必须建立起能够维持公债价格的体系。而最简单的办法就是由国家购买公债。只要能够以比公债低的利息筹措到这笔资金，不管购买多少公债，国家都不会亏本。只要能从贷款利率低的外国借到钱，这一目标就能实现。

曾与森有礼一起留学的萨摩藩人吉田清成，肩负这一使命前往美国。身在美国的森有礼听闻此事后，表示反对，他认为士族多年以来一直享有秩禄，秩禄已经成为他们的家庭财产，不能轻易剥夺。一些驻日的欧洲外交官与森有礼持相同看法，这或许是因为从欧美的所有权观念来看，森有礼的看法更为合理。后来，森有礼在美国当地的报纸上发表了自己的观点，阻止吉田清成的行动，这也成为森有礼被召回日本的一个原因。或许森有礼是希望借此回到日本，所以他才故意采取了这样的行动。但不论真相如何，日本政府希望从外国筹措资金一事受挫，且政府内部也出现了反对意见，最终这一计划以失败告终。

推进处分

全面处分秩禄受挫后，明治六年（1873）十二月到明治八年七月，政府推行了家禄奉还政策：用一半年息为 8% 的秩禄公债与一半现金，向有意向者支付六年的秩禄。九万余名士族奉还了全部家禄，加上奉还部分家禄的人，政府共处理了 23% 的家禄。对于奉还家禄者，政府向他们半价出售未开垦的土地，以及从寺院神社没收的田地等国有土地，支持他们转而从事农业生产。

另一方面，以入侵台湾为契机，政府自明治七年（1874）起对家禄征收平均一成的禄税。明治八年起，支付方式从用大米等实物支付改为使用现金支付。最终，以江华岛事件造成的紧张局势为契机，松方正义再次计划全面处置家禄，决定在明治九年八月向三十一万三千五百一十七人支付金禄公债后，停止支付家禄。从狭义上说，明治九年的这场变革被称为“秩禄处分”。为了让华族、士族更容易接受，松方正义以政府酝酿出的对外紧张局势为背景，推进了秩禄处分。在缔结完《江华条约》，对外的紧张局势得到缓解后，政府断然推行了最后的处置措施。

金禄公债冻结五年后，将分二十五年偿还。政府要支付利息，所以最开始的五年节约的经费，约为年度支出总额的一成。如上文所述，明治十年（1877），占政府财政收入大半的地租，从地价的3%降低到2.5%，这使得明治十二年至明治十三年间的地租收入，比明治六年至明治七年间的收入减少了约三成，而秩禄处分所节约的费用不到这笔费用的一半。虽说这不是政府最初的意图，但正因秩禄处分的存在，减少地租才勉强成为可能。从国家财政收入的角度看，秩禄处分通过牺牲士族的利益，使得缴纳地租的人，即拥有土地的农民和商人受益。加之地租改革后，土地所有权的确定，以及土地商品化的进程加快，农民与商人从事投资活动变得更加容易，经济也得到了发展。

明治九年（1876）三月，大藏卿大隈重信提出秩禄处分的建议，为沉寂的经济界打开了“金钱融通之路”。士族以此为契机开始创业，使“无用之人从事有用之事业”。因此，在经济的总体发展中，这项制度被定位为救济士族与振兴经济的“一举两全之策”。在讨论它的意义之前，我们先来看看华族与士族获得金禄公债后的情况。

金禄公债

金禄公债有四种，利率分别为五分、六分、七分与十分。

五分利息的公债主要发给曾是大名的华族，金禄高于一千日元的五百一十九人获得了这类公债。公债的支付额度为五年到七年半的金禄，利息为金禄的25%—37.5%（扣除税费为38%—44%）。如果单纯依靠这些收入，这部分人的收入将大大减少。

如上文所述，明治二年（1869），政府规定藩主的家禄为该藩实际收入的一成。通过这一举措，藩主的收入得以从一般行政费用中剥离出来，得到了保障。明治五年，政府免除藩主偿还藩中债务的义务，藩主的家庭经济更加宽裕。这一时期，二十七家华族为购买东京至横滨间的铁路，集资约四十二万日元，但因秩禄处分，他们的收入锐减，收购计划夭折。这笔资金后来在涩泽荣一的提议下被用于建设近代企业，关于这一

金禄公债证书 七分利息的证书，面值十日元的公债每半年能够获得三十五钱利息。下排的小票为利息兑换券（日本银行金融研究所保管资料）

点，笔者将在后文详述。

六分利息的公债被支付给金禄一百日元以上的一万五千三百七十七人。如果是这一级别的最低金禄一百日元，则可获得一千一百日元的公债，六十六日元的利息，这意味着平均月收入为五日元五十钱，收入减少了66%。当时，东京以外府县巡查的月俸为四至七日元，这部分人的收入在巡查中处于中间水平。只有以上这两部分的人，能够依靠利息勉强生活下去，而他们仅占人口总数的5.1%。获得金禄公债的人中，有83.7%的人金禄不到一百日元，他们能够获得利息七分的公债十一年半到十四年。剩下11.3%的人，大部分是鹿儿岛的士族，政府允许他们买卖俸禄，获得相当于十年金禄额度的十分利息公债。七分公债的利息相当于金禄的81.9%到98%，十分公债的利息相当于100%的金禄。可以说，秩禄转换为公债一事，给这部分人带来的损失最小。

不过，获得七分利息与十分利息公债的人，他们每年的平均利息收入只有二十多日元。因为俸禄低，这部分人在藩制改革与俸禄转公债的过程中较受优待，但他们在江户时代无偿获得的、由藩提供的住宅与菜地开始被征税，同时，废藩后他们住宅的地理位置也变差了。总体而言，生活变得困难起来。另外，金禄是按照各人家乡的米价折算的，如果生活在米价比家乡高的城市，那么收入也相当于减少了。况且在明治初期至明治五年间，米价涨了两倍之多，人们的生活更加艰苦了。

不过，就算这些人一直领取金禄，他们也无法靠其维持生活，当金禄转换为公债后，这些人的手头反而暂时变得宽裕起来。他们拿这笔钱开创事业或送子弟上学，这笔钱成了他们日后发迹的资本。单就这一点而言，金禄公债制度是值得好评的。日本近世史研究者三上参次就曾表示，他自己就是靠出售金禄公债才获得了学费。

修订《国立银行条例》

明治九年（1876）发行的金禄公债总额为一万七千三百八十三万日元，约为当年支出总额的三倍，高出当时的货币发行余额。为了维持金禄公债证书的价值，并以此推动经济发展，政府采取措施，修订了《国立银行条例》。

这里的“国立银行”是指根据国家制定的条例设立的民间银行。明治五年（1872）政府制定了《国立银行条例》。最初，国立银行有发行兑换银行券的义务。然而，因银行券被要求兑换成价值更高的金币，银行券变得难以流通，所以国立银行最终只成立了四家。

明治九年（1876）八月，《国立银行条例》修订后，政府要求银行把相当于资本金八成的公债证书，委托给大藏省保管，并发行同等额度的银行纸币，剩下的两成资本金，银行持有政府纸币，做好兑换的准备。故此，银行不再有义务准备本位货币以应对兑换，这使得成立与经营银行变得容易起来。

最开始，政府还担心成立银行一事是否能够顺利进行下去，没想到收到的申请数甚至超出预期。明治十年（1877）八月，大藏卿在内部文件中批判有些人：“至于士族辈，须知其辖内之士族并非必须协同结社，无意于成立银行者亦欲强行诱导。”（《明治财政史》第十三卷）全国各地的士族一方面冷眼旁观西南战争的发展，另一方面超出政府的预期积极成立银行。明治十年年末，政府开始限制银行的数量。到明治十三年年末，一百五十三家国立银行开业，发行了三千二百一十一万日元纸币。

《国立银行条例》修订后，政府要求银行发行不兑换纸币，这意味着政府放弃了以金本位制为目标的政策。受聘指导银行

国立银行券 除了银行名称、行长与经理姓名外，各行发行的国立银行券样式相同。照片中的第一百一十八国立银行于明治十一年（1878）在东京成立，资本金十万日元，发行了八万日元纸币。照片为一日元券。向银行提交申请后，可以兑换政府发行的纸币，但不能兑换成金币、银币（日本银行金融研究所货币博物馆藏）

行政的英国银行家尚德[1]强烈反对这一做法，但日方的负责人得能良介坚持认为这样做是正确的。他指出，此次修订“仅关系被没收家禄之华族与士族”，实属无奈之举，且现阶段增加银行数量对经济发展有利。

《国立银行条例》没有限制创办人的身份，有些银行是以商人为中心创办的。但截至明治十二年（1879）六月，在被批准成立的一百四十八家银行中，有九十六家的主要出资人是华族与士族，资本金以金禄公债缴纳，其中八十多家位于各地过去的城下町。至明治十三年（1880）末，华族持有全国国立银行股份的43.3%，士族持有31%，两者持股共占74.3%。

---

1 尚德（Alexander Allan Shand，1844—1930），明治五年（1872），日本政府聘请他负责指导国立银行的运营。

从华族与士族手中收集到金禄公债的国立银行，能够获得金禄公债的利息，以及抵押公债发行的银行纸币的利息。用公债投资银行的华族与士族，也能从银行获得比单纯持有公债利息收益更高的分红。

除此之外，银行招聘工作人员，也为士族提供了就业机会。而公债集中在银行手中，也抑制了其流向市场。同时，在各地开业的银行降低了利息，这样的做法亦对维持公债价格做出了贡献。可以说，国立银行从华族与士族手中收集金禄公债，不仅使作为国立银行股东的约 10% 的士族受益，同时也惠及全体金禄公债的持有者。

国立银行的意义

成立国立银行不仅直接救济了士族，还在三方面为产业化的发展做出了贡献：第一，普及了股份有限公司与簿记等近代公司企业的理念；第二，包括可向偏远地区汇款的金融体系在全国各地发展起来；第三，纸币的发行助推了经济的发展。

高村直助曾在《会社的诞生》一书中指出，当时与公司相关的法律还不完善，基于《国立银行条例》与其细则《国立银行成规》设立的银行，是日本最早的较完备的股份有限公司。

明治六年（1873），大藏省翻译出版了尚德的著作《银行簿记精法》。明治九年（1876）在修订《国立银行条例》之际，大藏省宣布将会对愿意研究条例宗旨与银行簿记方法的人实施指导。翌年，大藏省出版了简单说明银行职能的《银行大意》一书，并命令田口卯吉创办了日本的第一本银行业杂志《银行杂志》。

明治十年（1877）十二月，《银行杂志》创刊号上刊登了《国立银行创办须知》《日本国立银行事务管理办法》《银行常用语解说》等文章，介绍如何创办、经营银行，并将公司制度与簿记方法介绍给各地愿意创办、经营国立银行的人。明治十二年（1879），《银行杂志》更名为《东京经济杂志》，仍由田口卯吉主办，作为日本最早的经济杂志，直到关东大地震后，它才停刊。

关于第二点，明治二十五年（1892），时任大藏省主计局货币科长的阪谷芳郎曾有过以下论述：

> 政府不能坐等商业习惯改变。银行乃为帮助人们改变习惯而设立的，即便有四千万资本金，也并非为七分七厘（资本中金禄公债所占比例——引用者注）而创办的银行。完全是因为政府修订《国立银行条例》，宣传既能从公债证书中获利，又能从发行纸币中获得利息，人们才纷纷成立银行。故银行虽创立而未能有效利用纸币……银行业者不得不设法运用发行之纸币，千方百计推进工业发展，创办工业企业，继而银行董事或直接或间接担任工业公司要员、顾问、总经理，最终银行业者为运作资本只能主动从

事工业生产。(《东京经济杂志》第六百三十五号)

国立银行通过对外贷款，起到了鼓励工业发展的作用。在这个过程中，有关股份有限公司制度、簿记的知识，也开始被运用到工业企业中。政策制定者也在某种程度上意识到，改变商业习惯是较为困难的，他们希望通过银行“帮助人们改变习惯”，转变产业结构。

关于汇款有一点值得注意，即在国立银行中，有一百二十六家银行分布在东京和大阪以外的地区。国立银行通过签署通汇契约，不仅在总行与支行之间，不同银行之间也能汇兑。

尽管一直以来，通过特定的大商人也可利用汇兑汇款，但在上述情况下，无须通过特定商人，只要利用各地的银行便能进行汇款、货汇，这无疑有利于地方新兴业者的发展。这种情况也成了异地贸易、出口产业崛起的前提。明治九年（1876），邮局也开始开展汇兑业务，可处理三十日元以下的小额交易。同时，邮局还承办外出务工人员的汇款业务。这些业务都推动了经济的发展，促进了人员的流动。

如上所述，同秩禄处分有所关联、通过政策引导创办的国立银行，起到了促进各地近代产业兴起、支撑传统产业发展的作用。在对有意者进行秩禄处分的阶段，政府只想到以农业作为士族今后的谋生之道。与此相对的，这一时期政策的特点是以银行为中心，通过振兴近代产业等诸产业的发展，以增加士族的就业机会。

西南战争结束后，直到明治十四年（1881），通货膨胀加剧，经济呈现繁荣。人们普遍认为，是政府发行作为西南战争军费的不兑换纸币，造成了这种情况。明治九年到明治十二年，国立银行发行了三千二百一十一万日元纸币，数额超过了为战争发行的两千七百万日元政府纸币。在下文中，笔者将谈到，近半数的银行纸币被用作军费。即使在没有战争的情况下，这些纸币也会被发行，所以此时的经济繁荣是秩禄处分、发行金禄公债、增设国立银行，以及改革地租、减轻农民负担、扩大消费等一系列维新政策带来的成果。

藩的银行与第十五国立银行

在明治八年（1875）九月的建议中，大隈重信提出，江户时代各藩发行藩币推动金融发展，又以藩币作为与外藩交易的资本，它们承担了银行的职能，“言其代替三百有余之政府人民，经营银行与其他商业，绝非夸言”。

银行在维护旧藩士族集团生活的同时，振兴了地方产业。上千士族在银行及经营相关业务的士族公司工作，在这些工作中，士族找到了类似于此前处理藩政事务的意义，这成为一份能令他们自豪的工作。这些士族的职业，虽然不及官员与巡查荣耀，但士族公司占早期公司的大半，以致人们在后来的银行与传统公司的员工身上，不论好坏，总能看到士族的影子。

在国立银行中，第十五国立银行尤其特殊。该银行在右大臣兼宫内省华族督部长岩仓具视的主导下成立，几乎所有的华族都成了它的股东，股东们将政府发给他们的所有金禄公债都投入其中。岩仓具视禁止华族参与旧藩士族成立的银行。因为各地士族创办的银行以旧藩人员为依托，若持有巨额公债的旧大名出资参与其中，银行很可能使旧藩死灰复燃。岩仓具视为了斩断旧大名与旧藩的联系，让他们与政府形成利益共同体，创办了仅以华族为股东的银行。其资本金为一千七百八十二万六千一百日元，占全国国立银行总资本金的47.3%。该行发行的纸币将全部贷款给政府，政府计划将这笔资金用于偿还外债，建设铁路。

华族原本可以通过此举，获得稳定的利息收入，政府也能够确保建设铁路与政策性贷款的财政来源。然而，西南战争的爆发使第十五国立银行借给政府的一千五百万日元被挪作军费使用，政府不得不寻找新的财政来源，以推进铁路建设等事业。

银行的银行

西南战争后的经济繁荣因明治十四年（1881）开始的通货紧缩政策，即所谓的“松方通缩”而告终。在这一过程中，很多新兴企业的经营陷入困境，银行也遭遇了经营危机。明治十五年至明治十六年，以士族为中心创办的四家银行倒闭，大藏省严厉批评了破产银行的经营者，把他们的经营不善比作武艺不精，这对武士而言，可谓奇耻大辱。

> 归根结底，银行经营者尚未谙熟业务，其遇金融变动未能随机应变，犹如以生力军应付劲敌，终不能制胜疆场。(《银行局第六次报告》)

大藏省要求股东“时刻注意董事之举动”(《银行局第五次报告》)，若经营有问题可查阅账本，或召开临时股东大会。这种情况就要求士族不仅要有能力创办银行，还要有能力进行经营和投资。

当时，只有四家国立银行倒闭。十年后，阪谷芳郎就此事回忆道：“若日本银行当时再晚些创办，国立银行还将遭遇更大的危机。”明治十五年（1882）十月创办的日本银行，从明治十八年开始发行兑换银行券，它不仅正式承担了发券银行的职能，最初还承担过根据修订后的《国立银行条例》维持国立银行体制的职能。

阪谷芳郎回首往事，指出：“推进日本经济的大的外部结构已经建立起来了，但若想要改变生活在其中的个人习惯却很困难。因此，银行虽然创办起来了，但遇到危机之时，我们还是成立了日本银行，它一直延续至今。”为了“改变个人的习惯”，即培养近代的经营者与投资者，政府先建立起“外部”的银行体制，并通过建立日本银行对其进行了完善。

士族的职能

秩禄处分后，士族被迫转型。对于士族在工业化中发挥的作用，早期的研究强调士族在工业化中起到的作用，而近年来，通过研究量的增加及主要企业家的实例，研究者指出，有观点认为平民的贡献更大。

从人数上看，便不能说占总人口7%的士族，做出了比93%的农商工业者更大的贡献。正如过去藩的商业活动本身更多依赖御用商人一样，即便是以士族为主体的银行与公司，其业务也不是由士族来单独完成的。不过，从国家利益与地区繁荣的角度出发，士族并没有与当地已有的工商业者展开直接竞争，而是尝试开拓新领域，在全国范围内展开合作，引入了新技术。俗话说“隔行如隔山”，缺乏经验的士族创业，不可能一帆风顺。但值得肯定的是，他们在经营和技术上积累了丰富的经验。

在各个产业的发展中，传统工商业者的投资与管理起到了很大的作用，“从底层开始发展起来的经济”拥有很大的推动力量。不过，在这里我们也可以看到，推动经济近代化发展所需的“外部结构”在此之前已经建立起来了。从表面上看，秩禄处分和修订《国立银行条例》与经济发展并没有直接的关系，这是因为金融制度架构作为“外部结构”，明显走在了经济自主发展的前面。建设“外部结构”先行，随后以建立日本银行的形式作补充，这些操作就是为了能同秩禄处分连接。国立银行的作用在于，保证士族的金禄公债安全，支持士族投身产业界，一旦国立银行倒闭，秩禄处分的理念也将宣告破产，这必将招致士族的不满。为此，政府才致力于推动这一领域的政策发展。

河野广中与片冈健吉同为明治十三年（1880）请求开设国会运动的代表，前者致力于在家乡三春创办第九十三国立银行，后者则是位于高知的第七国立银行的股东。作为经过新知识洗礼、意欲积极融入新时代的士族，河野广中与片冈健吉开展民权运动，创办银行，成为这些运动的中坚力量。

如果政府放任国立银行因通货紧缩倒闭，任由这股风潮波及各地，士族的民权运动、反政府运动便会直接高涨起来，到时候明治政府将很难控制事态的发展。因为只有几家银行破产，所以人们不会认为这是政府执政不力所致，而只会认为其原因在于一部分的士族没能尽力去适应新社会。

落合弘树在研究过明治十年（1877）至明治十九年间实施的“士族授产”后指出，该制度是变革时期稳定政治最有效的手段，它曾发挥过很大的作用。银行制度亦如此。值得注意的是，当时的银行制度成了后来金融制度的基础，并一直沿用到了现在。

金融体系中的银行，行政、司法制度中的警察，以义务教育为基础的学校，这三者共同奠定了以构筑新社会为目标的维新的基础。

园田英弘在研究中指出："士族获得不伤害他们自尊心的公职，成功转型为'郡县的武士'，到明治十四年（1881），五万余名士族成为国家和府县的官员，担任军人、警察等职务；一万五千人成为郡区町村的官员；约三万人成为教师。"按士族总数为四十二万余户计算，转型成功的士族约占四分之一。其中，官员和教师所占比例较高，前者占到了将近七成，后者则占三成多。

这些职业发挥了江户时代以来士族通过教育与传统培养起来的能力，推动了整个社会的开化。但这些制度的实施本身是为了镇压不满的士族，给他们寻求谋生之道，或以另一种形式满足士族的要求。若考虑到这一点，被视为旧时代遗毒的士族问题，也是促进社会迅速转变，即推动维新向前发展的重要因素。

第四章

官与民的相遇

第一节 | 西乡与大久保

西乡戏剧

明治十年（1877）一月二十九日夜里，私学校[1]党袭击鹿儿岛的政府机构，夺取了政府本来打算运到县外的弹药，西南战争爆发。萨摩方面出动了约两万人，官军方面出动了约四万六千人。九月二十四日，西乡隆盛在城山战役中负伤，随后自杀身亡，西南战争宣告结束。鹿儿岛县令大山纲良也因援助西乡军被斩首。

半年后的明治十一年（1878）三月十七日，原佐仓藩公议人依田学海前往新富座观看歌舞伎，与他同行的是内务大书记官松田道之、著名的汉学者重野安绎。此时，依田学海担任修史馆（负责政府历史编纂事业）的四等编修官，他与修史馆的一等编修官重野安绎是同僚。十天前刚被任命为地方官会议御用挂[2]并担任干事的松田道之，连日来也一直与他们同行。

这出歌舞伎名为《西南云晴朝东风》，由第九代市川团十郎扮演主角西乡隆盛，这是一部描写西南战争的戏剧。依田学海在其日记中写道：

---

1 私学校，1874年西乡隆盛下野后在家乡鹿儿岛创建的学校。

2 御用挂，由宫内省等任命负责某项工作的人。

描绘西南战争的《萨州鹿儿岛大进击图》 右上角负责指挥的是西乡隆盛，这幅图描绘了熊本城攻防战的场景（鹿儿岛县历史资料中心黎明馆藏）

其最精妙处，乃西乡搜山时进入加治木百姓家，在农夫作藏家休息之一段。西乡身穿棉袄外褂，下着绑腿，头戴纸捻制成之韭山笠[1]，手牵一犬。以西乡一贯之朴素为旨，展示其不喜奢华之态度，说话亦带萨摩口音，使人思西乡定如是之处妙不可言。

西乡隆盛死后不过半年，在名伶的演绎下，其以“朴素为旨”“不喜奢华之态度”在东京再现，演出大获成功。这三人是以怎样的心情，观看舞台上的西乡隆盛呢？依田学海听闻西南战争爆发，在日记中写道：“逆贼西乡隆盛等谋反”，并

1 韭山笠，用纸捻编成后以黑漆制成的小型斗笠。

慨叹了身为官军陆军中尉、率领后备军参战的侄女婿之死，但这次观剧也让他深感感动。

和依田学海同行的重野安绎，与西乡隆盛交往密切。两人既同龄，又是同乡，在佩里率舰队抵达日本时，他们同在江户藩邸。重野安绎为了在昌平黉[1]学习汉学，几年前便来到江户。由于经常切磋学问，在藩邸的年轻人中，他与藩士交往最为密切。西乡隆盛受岛津齐彬之命在各藩间奔走，两人因此多有联系，关系日益密切。后来，重野安绎因小事被流放奄美大岛。岛津齐彬死后，西乡隆盛也因遭到幕府忌惮而被流放此地，因而两人得以重聚。重野安绎日后被岛津久光重用，在萨英战争前后担任与英国交涉的议和使节，于明治四年（1871）起在新政府任职。

英雄豪杰

城山陷落，西乡隆盛等人死去的电报一传到东京，重野安绎便立刻前往大久保利通府邸，说："如今大乱平定，让我们为国家庆贺。"大久保利通回答："战争对士民造成的困扰终于结束，我们应该为此感到高兴。"重野安绎作为西乡隆盛留在政府内的友人，深知不得不把西乡隆盛与其追随者赶入绝境的大久保利通的心境。

---

1 昌平黉，亦称"昌平坂学问所"，日本德川幕府直辖的高等学校，江户时代儒学教育的最高学府。

数月后，大久保利通找来重野安绎，与他谈起西乡隆盛的逸事。他请重野安绎把这些内容写在西乡隆盛的墓志铭上。大久保利通这么做，或许是因为重野安绎是最了解他与西乡隆盛关系的人。重野安绎在日后曾表示，虽然坊间传言西乡隆盛是个心胸开阔之人，但实际上他“鲜有宽恕世间小人之事”，为此树敌甚多：

憎恶政府中人，称参议等人敷衍塞责、贪图富贵。因憎恶政府中人，倡导征韩论……认为以大臣为首的一干人等皆沉迷富贵，维新后便开始放肆，终致西南之乱起。西乡似乎天生好与人为敌，无敌手便觉寂寞。(《西乡南洲逸话》)

重野安绎认为，西乡隆盛的性格与其对新政府首脑的不满，导致了征韩论的兴起、西南战争的爆发。他还指出：

能够与人共患难……士卒负伤时，不惜为其舔舐伤口，深受部下爱戴。故自有愿为西乡赴死之人，即所谓“死士”。这一点甚为有趣……西乡能一度获胜皆因深受士卒爱戴。然，及至西南之役，此亦成为西乡殒身之根源。(《西乡南洲逸话》)

重野安绎由此分析了私学校党动乱爆发后，西乡隆盛选择领导他们直到最后的理由。在木户孝允看来，立下军功之人乃“尾大之弊”，所以他想方设法打压他们。但同样身为维新中坚力量的西乡隆盛，则选择了另一条与木户孝允完全不同的道路。

重野安绎说：“自古英雄豪杰皆如是”，英雄豪杰对属下宽容，对贪图享乐的有权之人持严厉的批判态度，由此引起士族与民众的共鸣。西乡戏剧受到追捧，使新政府的首脑们又一次意识到自己的不得人心。在鹿儿岛，西乡隆盛门下的私学校党，在各地担任区长、户长，由此政府没能在那里推行地租改革与征兵制。明治维新的重任不再由英雄豪杰承担。因此，建立起不依赖各地当权者威信与声望的国家体制是十分必要的。

松田道之

西南战争期间，松田道之代替奔走在京都与大阪之间的大久保利通，和前岛密共同掌管东京内务省。他与各县令联手，防范各地心怀不满的士族与西乡隆盛呼应。同时招募新的巡查，把他们送往在战场上领导警视局巡查队的川路利良等人麾下。可以说，松田道之也与西乡隆盛进行了战斗。只不过他的武器与西乡隆盛的不同，西乡隆盛的武器是部下的爱戴，而他的武器则是通过清晰的逻辑将事物制度化的能力，以及口若悬河的辩才。

松田道之出生在鸟取藩家老的家臣家中，年纪轻轻便前往京都，站在拥戴长州的立场上，与志士们交往。庆应三年（1867），他被擢升为藩直属的家臣，俸禄两百石。庆应四年正月，新政府任命西园寺公望担任山阴道镇抚总督，松田道之在说服藩中众人之后，担任奉迎使，于二月五日将镇抚使迎接到了鸟取。

此后，松田道之出任新政府的征士，担任滋贺县的县令。明治八年（1875），因政绩出色，松田道之被提拔为内务省大丞。当时的内务省没有大辅，在内务卿大久保利通的领导下，兼作土木头的少辅林有幸及前岛密、河濑秀治等大丞们兼任起各寮（后来的局）的头领，构成管理层。松田道之兼任户籍头，负责制定地方制度。他在内务省就职后，负责的第一件差事便是接待于八日后的三月三十一日上京的琉球使者，向其传达政府的方针：要求琉球实行与日本本土府县相同的藩制改革、使用明治年号、允许学生与刑法负责人上京等。琉球使者称无法立即回答改革职制等问题，之后返回琉球。于是，松田道之于六月十二日从品川出发，七月十日到达那霸，直接向琉球藩王尚泰提出改革要求。除了在东京提出的要求之外，松田道之还要求琉球停止向清朝朝贡，他反复强调这个问题必须首先解决。但是，从鹿儿岛来的轮船带来了清朝将要派出军舰的消息，琉球藩内部的意见未能达成一致。九月，松田道之空手而归。光靠逻辑与辩才，松田道之没能使得琉球屈服。

“地方三新法”

明治十一年（1878），由伊藤博文担任议长，召集各府知事、县令举行了地方官会，审议了新的地方制度。松田道之负责起草新制度的草案。此次地方制度改革有两个重点：其一，启用郡与区町村作为地方行政单位；其二，府县设地方税，并设府县会对此实行审议。在明确区分官与民的问题上，上述两点是相通的。

因为当时尚未引入速记技术，所以现场的记录员选取重点笔记组成了此次地方官会议的议事录。依田学海与福地源一郎负责处理这项工作。福地源一郎时任《东京日日新闻》的社长，他在该报上刊登了议事的概况。议事以下述方式进行：松田道之说明草案，地方官质询，松田道之从维持草案的立场上进行答辩。

山口县令关口隆吉发言称：

> 一般百姓不用区划之名称，唯在官吏区长、户长间通行。无论公私，皆应使用郡町村之区划。（《明治十一年地方官会议议事笔记》乾）

只看资料，大区小区制似乎已经确定，但实际上，它仅为行政相关人员所认知。松田道之也指出，大区小区制既然尚未通行，与其改变不如废止，转而在郡设郡长、郡书记等官员，在町村设民选的户长一职。一直以来，户长被视为准官员，但在新制度中，户长不再是官员了。

原则上，町村应由地方居民协商运营，因此这笔财政来源被称为“协商费”。与此相对，府县的财政来源是地方税。如前文所述，长期以来，当政府下拨的官费与府县征收的各种杂税不足以覆盖支出时，各县可以通过在辖区内征收民费解决困难。大区小区所需的费用，通过在其辖区内征税的方法筹措，但征收内容与顺序各地都不相同，因而建立全国统一的制度，成为这一时期需要解决的问题。

草案把长期以来以府县税名义征收的各种杂税，也并入了地方税中，但在会议上，有人提出保留府县税，地方税代替民费作为府县会的审议对象，持不同观点的两方对此争论不休。致力于发展生产、振兴工业的山梨县令藤村紫朗，提出了上述方案，与他同样热衷殖产兴业且经验丰富的地方官安场保和、锅岛干、三岛通庸等人表示赞同。正因为他们热衷殖产兴业，所以他们认为，拥有县令能够独自决定用途的财政来源十分必要。

然而，迟到的岩村高俊怒斥这一反对意见为“令人恶心之论”，一时间满场哗然。这一幕让人联想到昔日岩村高俊的莽撞之举，他曾断然拒绝河井继之助提出的中立方案，把长冈藩逼入负隅顽抗的境地，引发了佐贺之乱。最终，草案以少数服从多数通过，府县会对府县的所有财政拥有审议权。

在地方官会议后，这些草案又经过了元老院的审议。七月，政府公布了被称为“地方三新法”的《郡区町村编制法》《府县会规则》与《地方税规则》。

三新法出台后，在地方，官与民之间有了明确的区别。长期以来，区长与户长对下代表“官”，对上代表“民”。自此以后，郡役所成为官方的基层机构，府县会议员成为人民的代表。

顺应文明开化

在会场上关于是否保留府县税的议论呈白热化的第二天——四月二十八日，议员一行受邀前往赤坂的临时皇居。他们远离会场的喧嚣，悠闲地漫步庭园。依田学海也置身其中。离开皇居后，他拜访了松田道之位于四谷铁炮坂的府邸，一同受邀的还有由第十二代守田勘弥率领的、包括第九代团十郎在内的四名歌舞伎演员。松田道之为了劝说他们改良歌舞伎，特意安排了这次聚会，他指出：“改剧场之旧习，顺应文明开化，演合乎世间道理之事，使高贵之人观之亦无不妥。”

出乎意料的是，参议伊藤博文也出现在松田府中，他讲述了西洋戏剧的魅力，声援松田道之。以此为契机，守田勘弥等人依据政府高官的意愿，开始致力于戏剧改良。六月七日，在新富座重新装修后的开业仪式上，以团十郎为首的演员们身着洋装亮相，他们喝洋酒，吃西餐。洋服逐渐从官员的象征转变为文明的象征。

正式的地方官会议于五月三日结束，五月四日起没有正式的议题，但众人仍举行了与三新法密切相关的地方官职制的内部会议。五月九日，内部会议结束，十日政府在皇居设宴招待了地方官。宴会后，地方官们参观了工部省工作局，依田学海听到关于“近来美国贝尔氏发明之能通话之‘电话’”的说明，他在日记中写道：“工部省占地广阔，机械精妙，实足令人震惊。”贝尔发明电话是明治九年（1876）的事情，那时距此不过两年，而工部省在贝尔发明电话的第二年就引进了这一设备，并特意在地方官的行程中安排了参观工部省的事项，这很有可能是因为，当时的工部卿是地方官会议的议长伊藤博文。

八个月前，在明治十年（1877）八月二十一日开幕的国内劝业博览会上，器物展作为开化的象征，声名大噪。这次博览会于上野举办，在大久保利通的主导下，由过去曾令西村茂树等人哑口无言的印幡县县令、现内务省劝商局局长河濑秀治，任事务局局长。此次博览会展出了由内务省和工部省提供的象征文明开化的器物，还有区长和户长从全国各地征集来的工艺品和特产，其目的在于，展示新政府推行文明开化的成果，宣传开化的意义，同时展示各地的新旧物产及其制作方法，向人们传达有利于产业发展的信息。

尽管当时仍处于西南战争时期，但还是有很多人支付了十五钱的门票入场观看。依田学海也在博览会开幕后的第一个星期日前往参观，他在日记中写道："奇珍异品，令人眼花缭乱，无暇记录。"后来，他不仅又一次前往会场慢慢参观，还让家人也前往观看。博览会的观众除了那些能够直接将参观心得运用于事业之人，还有很多儿童。这些观众不仅看到了开化的成果与日本国内各地物产的多样性，还因人们的创意而大开眼界。在博览会举办的过程中，西南战争结束。随之，包括各地地方官在内的很多人都来参观了博览会。这次博览会成了连接制度维新的时代与即将到来的社会——产业维新时代的重要活动。

会议结束后，多数地方官又在东京逗留了数日，参加了各种活动，如：五月十三日，应福地源一郎之邀约赴宴等。依田学海也加紧整理了地方官会议的日志。五月十四日早六时，福岛县令山吉盛典在返回福岛前，前往内务卿大久保利通家告别。大久保利通说：

> 自皇政维新以来，已历十年星霜，然直至去年仍兵马骚乱。不肖利通有辱内务卿之职，尚未一尽己职……今战事平息，故欲于此际勉力贯彻维新之盛意。(《济世遗言》《大久保利通文书 第九》)

大久保利通认为，真正推进维新的构想是在此之后。

大久保利通说这番话的同时，岛田一良等六名士族已经埋伏在纪尾井坂、北白川宫邸后的小路上，准备袭击他。

岛田一良是加贺藩足轻之子，习得西式战术后，晋升为藩常备队的大尉，却因废藩而失去职务。之后，他上京向政府提交建议书，认为政府在佐贺之乱中对江藤新平的处置不妥，并在家乡设立民权组织爱国社的分社。西南战争之际，岛田一良欲响应西乡隆盛的号召起兵，未果。岛田一良以“杜绝公议，压制民权，据政权为己有”（《斩奸状》）为由，与同乡及原本身为巡查的士族一道袭击了政府首脑的代表大久保利通。没有护卫随行的大久保利通与车夫一同遇刺身亡。

自由民权运动的兴起

岛田一良等人在《斩奸状》中要求：“基于御誓文，据八年四月之诏书，改有司专制之弊害，加速兴起民会，采取公议，以隆盛皇统，保国家永存、人民安宁。”

西南战争后，要求开设国会的自由民权运动兴起。在西日本地区，以立志社为中心，各地的士族组织遥相呼应。府县会召开后，议员要求开设国会的呼声也日益高涨。

千叶县山武郡的樱井静，向各地的县会议员邮寄呼吁信，号召全国的县会议员聚集起来，商议开设国会一事。以此为契机，议员要求开设国会的呼声高涨。邮政制度使得这样的活动成为可能。如果想知道府县会议员的姓名、地址并非易事，因此只能把信寄给一些名人，而樱井静的信却被刊登在了《朝野新闻》上，引起了广泛的关注。

政府本希望通过召开府县会，暂时将人民的权益限制在府县会的预算审议权上。但是，作为人民的代表，被选举出来的很多议员提出了更高的要求。当时，报纸的种类和发行量都在增加，这样的动态被报道出来后，各地纷纷建立起或以士族为中心，或以曾担任过户长的富农为中心的自由民权组织。适逢经济繁荣发展，富农手头宽裕，很容易就能筹措出活动经费与上京的费用，这也加快了自由民权运动的发展。

明治十年（1877），沼间守一、岛田三郎、田口卯吉等人在东京成立嘤鸣社，他们以《东京横滨每日新闻》作为机关报纸。明治十三年，庆应义塾出身之人以福泽谕吉为会长，加上大隈重信和后藤象二郎，成立了交询社。他们举办演说会、讨论会，发行杂志，努力向地方传播相关知识，为自由民权运动的舆论氛围做出了贡献。许多官员也加入了这两个组织。进入明治十四年，留学法国十年的西园寺公望回国，他与中江兆民等人创办了《东洋自由新闻》，倡导自由主义，令政府首脑震惊。樱井静创办了《房总共立新闻》，民权派的出版活动延伸至地方。

在这样的形势下，明治十三年（1880），三大臣三条实美、岩仓具视、有栖川宫确定了开设国会的时间，“以国体为本，旁采欧美各国之良制”（《岩仓公实记》），他们决意制定宪法，征求诸参议对内容及步骤的意见。

明治十四年政变

大久保利通殁后，伊藤博文继任内务卿。西南战争前，板垣退助、后藤象二郎离开了政府。当时，木户孝允也已去世，政府内部最有发言权的人是大藏卿大隈重信。大隈重信虽精通财政，但这一时期政府的财政状况仍日益严峻。

在纸币大量发行的背景下，经济虽持续繁荣，但纸币价值不断下降，米价上升。地租改革后，农民开始缴纳定额的地租，米价上升，实际税率随之下降，人们在生活上稍有宽裕，因此投资有所增加，消费扩大。当时稍好一些的东西都是进口商品，这也使得进口规模扩大。实施士族授产后，政府的补助金投入了士族创办的公司，促进了这类公司的发展。但士族初涉经济领域，不乏失败者，机械类产品的进口量仍在增加。在贸易上，政府投入大量的资金给那些无须通过外国商人便能直接开展进出口贸易的公司，但由于缺乏经验，这些公司也多以失败告终。出口增长赶不上进口增长，国际收支逐渐恶化。

为此，大隈重信寄希望于通过发展产业，扩大出口，扭转国际收支恶化的情况。他希望能发行外国债券，从海外引入资金，但这一想法遭到强烈反对。反对者认为，向外国借钱很可能致使日本沦为殖民地。

解决财政问题最好的办法莫过于增收地租，但政府在改革地租时，定下了将来要减少地租的目标，并于明治十三年（1880）宣布，五年内使地租保持不变。在民权运动盛行的时代背景下，政府无法从地租方面下手。

明治十三年（1880）十一月，政府放宽了对地方税的限制，同意增税。另一方面，府县的办公楼和监狱的修筑修缮费、监狱费等，皆由官费改为地方税支付，官费停止向府县支付土木工程费。国家将负担强加给府县。但根据渡边直子的研究，国家与府县的业务分工及费用负担关系由此得到调整，这有利于在财政上实现三新法的地方分权精神。从有泉贞夫的研究中可以看出，此举尽管增加了府县的负担，但出乎意料的是，很少有府县提出反对意见。各府县能够借此扩大审议范围，所以他们并不反对这一政策的框架，而是就具体问题展开了具体讨论。综上所述，这或许是在民权运动的背景下，最不会招致反对的年支出削减政策了。

当然，仅凭这一措施仍无法解决财政问题。大隈重信于明治十四年（1881）三月与福泽谕吉等人联手，主张开设国会，采取积极的财政论。坂野润治指出，这是因为大隈重信认为，开设国会讨论财政问题能够增税。笔者也持同样的看法。但由于该想法事先没与伊藤博文协商，大隈重信的主张遭到了反

明治十四年政变前后的参议、省卿

政变以前 姓名（出身）	职务名称	政变以后 姓名（出身）
黑田清隆（鹿儿岛） 伊藤博文（山口） 山县有朋（山口） 山田显义（山口） 西乡从道（鹿儿岛） 大木乔任（佐贺） 寺岛宗则（鹿儿岛） 大隈重信（佐贺）	参议（不兼任省卿）	黑田清隆（鹿儿岛） 伊藤博文（山口） 山县有朋（山口）
松方正义（鹿儿岛）	内务卿	山田显义○（山口）
井上馨○（山口）	外务卿	井上馨○（山口）
佐野常民（佐贺）	大藏卿	松方正义○（鹿儿岛）
大山岩（鹿儿岛）	陆军卿	大山岩○（鹿儿岛）
川村纯义○（鹿儿岛）	海军卿	川村纯义○（鹿儿岛）
田中不二麻吕（爱知）	司法卿	大木乔任○（佐贺）
福冈孝弟（高知）	文部卿	福冈孝弟○（高知）
河野敏镰（高知）	农商务卿	西乡从道○（鹿儿岛）
山尾庸三（山口）	工部卿	佐佐木高行○（高知）
德大寺实则（公家）	宫内卿	德大寺实则（公家）

○代表兼任参议的省卿。尽管他们之上还有太政大臣三条实美、左大臣有栖川宫炽仁、右大臣岩仓具视，但仅看这一阶层的领导人，可以说称新政府为“藩阀政府”一点也不为过。

对。此时，黑田清隆领导的开拓使虽已超出了规定年限，却为了继续推进开拓北海道的事业，准备将官产出售给萨摩商人创办的商社。围绕这一问题，民权派猛烈地批判了政府。

黑田清隆一直支持大隈重信提出的积极财政论，但此时他开始怀疑民权派与大隈重信的关系。同年十月发生了“明治十四年政变”，大隈重信被赶下台。政变后，天皇下诏九年后要召开国会，新任大藏卿松方正义开始推行财政紧缩政策。开拓使出售官产一事被延期，暂时改由农商务省管理这些官产，日后再逐渐出售。政府以明治二十三年（1890）开设国会为明确目标，开始调整体制。

第二节 | 道路县令与民权家

创业公债

明治前期也是道路得到发展的时期。直到江户时代，驮马仍是陆地运输的主力。进入明治时代，人力车才开始普及。肩舆需要两个人抬，人力车则只需一个人就能拉动，节约了劳动力。再加上人力车的座位比肩舆高，坐在人力车上视野开阔，看上去又很新奇，也能体现文明开化的成果，因而人力车得以迅速普及。很多道路都是人力车先通行，随后运货车也可以上路。不管道路如何，只要马匹可以通过，都可以使用驮马运输的方式。与此相对，车辆对道路的宽度、硬度都有一定的要求，而且路面最好没有高低差、急弯、陡坡，因此整修道路成为明治初期亟待解决的问题。

如前所述，明治初年整修道路所需的劳动力由当地居民负担。如果连接两县之间的道路需要翻越山口，便很难使用这种方式修建。明治十一年（1878），政府发行了日本国内第一支公开募集的公债——创业公债，开始规划包括上述道路在内的全国性的交通网络。如前文所述，由于地租降低，财政收入减少，从第十五国立银行借来的钱又被用于战争，因而为了推行殖产兴业的政策，政府需要新的财政来源。

创业公债的目的是：

> 充当开运输之便，奖励农业制造等之资本，使天下万民与士族无论间接直接，或蒙利，或走上自立殖产之路；使诸银行能够发展，以收有所裨益于内外商业等之功效。

创业公债将通过改善运输条件、奖励产业发展，使士族获得经济独立，银行持续发展，盘活了整体的经济。创业公债的资金共计一千万日元，它被分为三份，用于以下三个方面：以士族授产为中心的劝业，完善交通网，开发煤矿等矿山。

交通网上的投资重点是，修建从京都到敦贺的铁路，在宫城县的野蒜修建港口，开凿连接群马至新潟、山形至宫城、岩

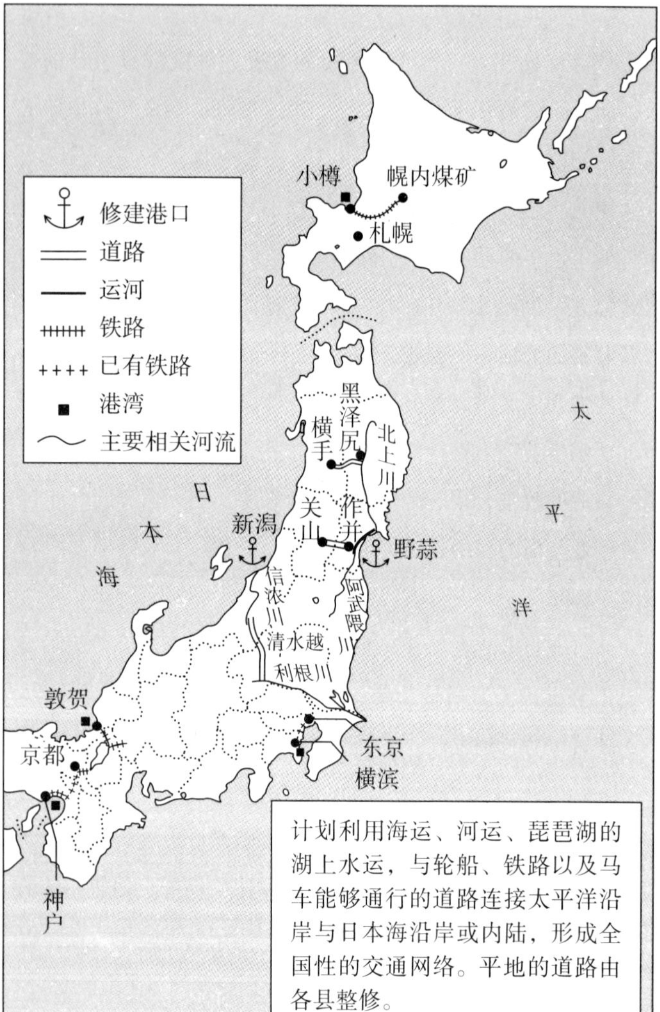

通过创业公债规划的交通网

手至秋田各县的新道路。政府计划以发达的轮船海运为基础，形成全国性的运输网。

神户至京都间的铁路业已开通，通过把这条铁路延长到敦贺，就能连通大阪与日本海一侧。野蒜是一个新港口，在吸收旧有北上河口石卷港功能的基础上，它可以通过运河，连接阿武隈川，把两者之间的河川船运与轮船海运连通起来。清水越把在河濑秀治县令指导下开凿的人行道路，整修成了车行道，使其连接关东与日本海一侧，而通过信浓川与利根川的船运，即可抵达准备整修的新潟港与东京。东北的两条干道与各县主导整修的道路结合在一起，就可以通过水路把山形、秋田两县与野蒜港连接起来。至此，由轮船海运、水运、铁路、道路组成的全国性交通网络被规划齐全。其中，在暂时没有修建铁路计划的广阔的东北地区，道路的意义尤为重大。

道路县令

说起热心修建道路的县令，首推三岛通庸。由于在都城[1]的政绩出色，明治七年（1874），他在鹤冈士族势力十分强大的酒田县就任县令。明治九年，酒田县扩大成山形县，三岛通庸继续担任山形县县令。

1 都城，宫崎县西南部的市。

从管理都城时代开始，三岛通庸就重视道路交通，修建新城区，深得民心。明治五年（1872）二月，银座发生大火，大隈重信、井上馨、伊藤博文等人的房屋被烧毁，因此他们计划修整银座一带的道路，用不易燃烧的砖瓦修建房屋。时任东京府知事的由利公正对修整道路表示赞成，但他对修建砖瓦建筑持消极态度。大藏少辅涩泽荣一找东京府权参事三岛通庸商议，三岛通庸立刻表示同意，并为此四处奔走。

在经济上，修整道路将使人员往来更加频繁，但三岛通庸的目的并不仅限于此，他更重视此举对人们心理带来的影响。正如芳贺彻指出的那样，重用画家高桥由一绘制道路与桥梁图，便充分说明了这一点。明治十年（1877），山形县修建了一条西洋风格的政府官厅街。通过高桥由一的画，这条官厅街的样貌至今依然清晰可见。明治十五年，三岛通庸调任福岛县令。山形县内的道路修建工作已告一段落，三岛通庸接下来要面对的是福岛的两股棘手势力——旧会津士族与在县会势力强大的民权派。在福岛，三岛通庸准备开展与主政都城时代相同的活动，从这一点来说，这是名副其实的维新之举。但是，成为其维新对象的当地民众，已经完成了各自的维新。

三岛通庸最早着手推进的是道路建设。一月，在山形县县令任上，兼任福岛县县令的三岛通庸，派出部下海老名季昌（旧会津藩家老），推进结成会津六郡联合会一事。半个月后，各方达成了修建以会津为中心的“三方道路”的决议。这条道路的修建费以国家援助为主，不过当地十五岁到六十岁的人在此后两年内，必须每月参加一次道路修建工作，若不参加，则男性每天须缴纳十五钱、女性每天须缴纳十钱代工费。

三方道路在福岛县内只涉及会津地区，因此只要在该地区内部达成一致即可。所以，三岛通庸召开了由三十四名议员出席的八十六町、四百九十三村联合会。出席的议员包括县会议员与民权家，开会时间仅三天，大家虽然惊异于三岛通庸的强势，但仍通过了决议。庆应三年（1867），海老名季昌曾跟随德川昭武一行前往法国，参加巴黎的万国博览会。后来在戊辰战争中，他又于守城之际被拔擢为家老。回想起把道路建设作为国家事业推行的法国，海老名季昌恐怕也怀抱着同三岛通庸类似的近代化梦想吧。

三岛通庸重用了旧会津士族。据高桥哲夫的研究显示，三岛通庸在福岛县任命了六名士族为郡长，八名士族为警部。他不与民权派势力强大的县会正面对抗，而是主要利用旧会津士族的人脉，在道路建设一事上，使多方意见达成了一致。此外，三岛通庸还向会津士族提议，他们可以利用国家下发的士族授产金，重振旧藩校日新馆，最终该提议获得了士族们的帮助。对于县厅被迁移到福岛、落后于时代的会津地区而言，赞成修路之人其实不仅限于士族。

三方道路写生图　以会津若松为中心向三个方向延伸，故得名“三方道路”。隶属今新潟县的东蒲原郡当时属于福岛县（高桥由一绘，福岛县立图书馆藏）

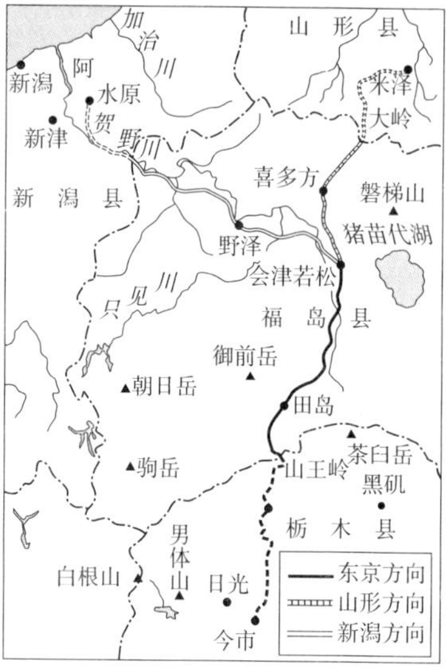

县会议长河野广中

当时，担任福岛县会议长的是河野广中。河野广中本是三春藩乡士，曾任户长、区长。明治八年（1875），他被县里派去旁听地方官会议。当时，每个府县须派出两名民会议员或区长、户长，前去学习如何议事。明治九年福岛县成立后，他又受到县里的委托，讨论民会草案。在九月和十二月的临时县会之后，明治十一年一月，县会终于正式召开。河野广中从区长变成了负责民会事务的县官员。作为深谙民会事务的专家，他成了福岛县的官员。三新法出台后，他起草的民会规则失去意义。八月，河野广中辞职。

另一方面，河野广中在阅读了由中村正直翻译、穆勒著的《自由之理》[1]后，加深了对民权的认识。在明治八年（1875）召开的地方官会议上，河野广中与上京的各地旁听人员交流。同年，他在石川町建立了名为“石阳社”的民权组织。西南战争之际，河野广中前往高知，询问板垣退助对局势的看法，此后他致力于在东北地区建立自由民权运动组织。明治十二年十一月，他参加在大阪召开的第三次爱国社大会。会前，他在土佐确定了同板垣退助等人的立志社联手的方针。此前，河野广中在三春藩招募义勇兵倡导归顺官军时，与担任官军参谋的

1《自由之理》，今通译为《论自由》（约翰·斯图亚特·穆勒，1872）。

板垣退助接触，后来义勇兵被收编成官军，河野广中与板垣退助由此结缘。

因此，尽管河野广中以东北地区为活动基地，但他很早就开始与板垣退助等人联手。明治十三年（1880），河野广中参加了在大阪召开的国会期成同盟[1]成立大会，与立志社的片冈健吉一起，作为开设国会的请愿代表，前往东京，成为全国闻名的民权运动家。明治十四年二月，河野广中在没有出席会议的情况下被选举为县会议员。

富农民权

在戊辰战争的战场上，板垣退助与河野广中联手攻打了会津。在会津士族中，除了一部分下级士族，其他人出于感情因素，并没有选择与他们携手开展民权运动。会津的民权运动采取了“富农民权”的形式，即以户长等富农阶层为中坚力量。如上文所述，宇田成一等会津地区的户长于明治十一年（1878）在喜多方成立了爱身社。从县会开设时起，宇田成一就担任议员，并向县会提交了议案。

宇田成一的建议包括：民选户长的工资，从地方税支出改为由协商费支出；由地方税负担的郡长不再是官选，而是改为在

1 国会期成同盟，为要求开设国会而结成的政治组织，前身为“爱国社”，明治十三年改称国会期成同盟。

民选基础上由地方官批准；修建国道的费用不再由地方税支出，改由官费支出。这是在充分理解松田道之构想的三新法精神基础上提出的议案，在理论上更是彻底地实践了其精神——区分官民。不论河野广中还是宇田成一，都是充分体会政府提出的理念后，选择站在了自由民权立场上的区长、户长。

宇田成一等人于明治十五年（1882）二月设立了自由党会津分部。长妻广至的研究显示，包括宇田成一在内的许多民权家，在初期议会中都对道路建设表现出了积极的态度。如在山形县，人们认为建设道路能够推动地区经济的发展。联合町村会之所以同意三岛通庸的要求，或许也正因如此。

明治十五年（1882）四月七日，新建的议事堂开始召开县会，提交的预算案额度比前一年增加了三分之一，三岛通庸没有出席会议。由于联合町村会已通过了三方道路建设的决议，且郡长、警部多由与三岛通庸有渊源的鹿儿岛县士族担任，因此县会中的民权派直截了当地表现出了对轻视县会的三岛通庸的不满。从高桥由一的那幅画上的政府官厅一条街中并无县会议事堂也可窥见，此时的三岛通庸并不认可县会制度本身。对此，河野广中以"既设立此会议代表公议，则据其舆论实施政略方为明智之举"，批判了三岛通庸的态度，他主张否决地方税预算案。会津士族出身的议员以"我等代议士为辖下人民之幸福，议定地方税收支预决算"为由，主张应该进行审议。最终，县会通过表决，否定了预算案，其中二十三票赞成，二十二票反对，结果仅一票之差。

根据规则，三岛通庸向内务卿山田显义提出了按照原方案执行的申请。内务卿要求他把前一年增加的预算额压缩一半后再次提交申请，随后命其执行。县会的表决仅有微小差别，但内务省的裁定相当于折中处理了县令与县会的意见。由此可见，内务省相当重视县会的意向。

福岛事件

六月二十九日，三岛通庸公布了三方道路线路的调查结果，下令征收五月到七月三个月的代工费。还没开始施工就要缴纳代工费，且夫妇两人一共要缴纳七十五钱，这对当地民众来说是相当重的负担。因此，部分地区，特别是被排除在规划线路覆盖范围以外的地区，爆发了反对运动。与此同时，一部分会津士族于翌日成立了日本立宪帝政党，在八月十七日三方道路动工仪式的第二天，袭击了要求再次召开六郡联合町村会的宇田成一等人。宇田成一不仅因此负伤，还被迫写下“这是自己做坏事的后果，并非受害者”的字据。在这样的形势下，当初反对征收代工费的户长，态度多转为赞成征收。

夸口县内没有纵火犯与自由党的三岛通庸，在县会召开前的三月规定，即使是不以谈论政治为目的的集会也要申报，以防止假借其他名义召开政治集会。六月，政府修改集会条例，规定各政党有提交党员名单的义务，禁止设立地方分部，禁止政党间相互联结、通信。为应对这一举措，自由党福岛分部正式解散，改称“无名馆”。在镇压自由党的同时，三方道路的建设也在强行推进。

宇田成一等人前往东京，在自由党代言人（后称律师）的建议下，他们向若松治安裁判所，提交了耶麻郡五十八村三千九百四十九人与福岛县令间的“调解申请”，采取在审判结束前不出工的态度。但是，裁判所以不接收面向地方官的调解申请为由，驳回了他们的请求。十一月十七日，郡长在新合村没收了拒绝出工之人的财产，进行了公开拍卖。民权派向喜多方警察署申请保护财产，并指出这是非法行为，却反被郡长诉以诬告罪，郡长更以“尚未提起诉讼就收每个人十钱诉讼费属欺诈”为由，逮捕了包括宇田成一在内准备再次提起诉讼的人。

反对派的农民们于二十八日聚集在弹正原，蜂拥至喜多方警察署。巡查以此时人群中有人投石为由，拔刀相向，致使一人受重伤。此人是与反对派无关的围观群众，因此不能据此认定这是有组织的袭击。一个月后，太政官才允许普通巡查佩剑，在中央看来，在这样的时刻挥刀实属鲁莽之举。

另一方面，民权家遭受暴力镇压的消息传出后，自由党从东京派出不惜采取暴力手段的壮士前往会津。以高知士族为主的壮士，没有出现在喜多方，而是留在了新合村。翌日清晨，旧会津士族担任临时巡查的巡查队包围并逮捕了这些壮士。十二月九日，三岛通庸以他们所写的日志等处有指代天皇的电报暗号（隐语）为主要依据，向政府报告了发现“政治犯”的事件。尽管河野广中没有直接参与会津的道路修建，十一月十一日，他还在为启程出国的板垣退助与后藤象二郎送行，未对问题给予足够的重视，但在三岛通庸的指示下，他仍然被捕了。

高等裁判所与地方的司法程序

匆忙之中，来自东京的法官赤司钦一来到了若松裁判所。若松裁判所以“内乱罪”的罪名把河野广中等五十七名自由党相关人员移交东京高等裁判所，高等裁判所判处其中三十人一年到七年的监禁、徒刑，判罚响应起义的其中三百二十三名农民缴纳罚款。

高等裁判所以无名馆的盟约书上写着“吾党以颠覆自由公敌之专制政府、建立公议政体为己任”为由，起诉河野广中等加入盟约的六人，对其余五十一人免予起诉。

把发起骚动的农民说成是政治犯，这无论如何也是说不通的。人们认为在若松被判处实刑的人所犯之罪行比被移交高等裁判所的人轻，只让前者服刑于理不合，因此其中多数人通过向大审院检事长紧急上诉而被无罪释放。河野广中等人作为颠覆国家罪的主犯被判处死刑，因只是阴谋，没有预备，减刑二等，又因情节减刑二等。刑罚的等级分为死刑、无期流刑、有期流刑、重监禁、轻监禁，从死刑减刑四等变为轻监禁，刑期在六年到八年之间。除河野广中获刑七年外，其他人都被判处了六年的轻监禁。在可能的范围内，这是最轻的量刑，也算勉强保住了宣称他们是政治犯的三岛通庸的颜面。

当时的最高裁判所由来自大审院与元老院的法官组成。在法庭上，自由党的代表律师大井宪太郎、星亨等人展开辩护，他们主张条件不足不能立案。通过法律保护民权，是民权派的基本立场之一，他们的工作与声望成为自由党的一个支柱。像他们这样精通外国法的在野之人十分珍贵，担任律师的收入丰厚，他们能够为培养壮士提供资金，支撑自由党的发展。

三岛通庸对东京的审判结果不满。宇田成一等五十一人的无罪判决一下达，他立刻表示，发布县会否决预算案的理由书是对官员的一种侮辱，并以此向福岛轻罪裁判所提起诉讼，逮捕了理由书的执笔者及宇田成一等同意否决预算案的县会议员。

宇田成一察觉到了危险，遂逃走。此后，县会每年都按照草案表决通过土木费用的预算。同年开始实施的《治罪法》在完善司法制度方面，具有划时代的意义，一直委托地方官执行的司法警察事务，此后被裁判所收回，发放传票等文件成为法官的工作。不过，实际的执行过程并没有完全按照法规行事，如：县的警部等人有权在相当大的范围内发放传票等文件，造成该现象的主要原因是，掌握法律知识的司法官不足。

福岛事件后被紧急派出的赤司钦一法官，此前为工部省的官员，这一年八月他刚被调职担任法官，几乎没有任何经验。在做出符合三岛通庸要求的判决后，他作为三岛通庸的继任者就任福岛县令。司法制度虽然已经建立起来，但地方裁判所却尚未建立起一种体制，能在政治事件发生后抵抗手握实权的地方官的压力，而只能容忍县令专制。由于司法独立性太差，又缺乏相关人才，所以难以通过司法制止官员对民众任意采取行动。

第三节 |《军人敕谕》

西南战争与参谋本部

西南战争是征兵制军队与士族军队之间的战争。

明治政府军有近一半是征兵制军队，在参谋兼陆军大将山县有朋看来，这一比例还应该有所提高。明治十年（1877）二月十九日，在征讨总督有栖川宫炽仁亲王的带领下，山县有朋与海军大辅川村纯义一同被任命为参军，他负责指挥政府的陆军从福冈方面进攻已包围熊本城的西乡军。当时，熊本城由镇台司令长官谷干城、参谋长桦山资纪守卫。然而，负责打头阵的乃木希典指挥的步兵第十四连队，于二月二十二日被西乡军打败，军旗被夺。

想当初，这面军旗是天皇当着看到布告前来的老百姓的面，亲手赐给明治七年（1874）新编制的连队的。此后，它一直被视为象征着陆军部队团结的圣物。那时，各镇台把以士族兵为中心的部队编成大队，把由征兵制招募的新兵组成的部队编制成连队。军旗是征兵制军队的象征，军旗被夺一事恐怕是乃木希典一生的憾事。对于致力建立征兵制军队的山县有朋而言，军旗被夺一事更是失策，这令人质疑其方针的正确性。

此时，参议兼开拓长官黑田清隆提出，从背后进攻西乡军，他在三月十四日与山县有朋一道被任命为参军。鹿儿岛出身的大佐堀基准、准少佐永山武四郎带领的屯田兵及大警视川路利良手下的巡查队前往增援。随后，陆军也从和歌山至山口的各个地区征集有军务经验的志愿兵，将其派往战场。

黑田清隆上任后，指挥权一分为二，各种士族兵纷纷进入战场。这一切想必让山县有朋心中十分苦闷。战争结束后的明治十一年（1878）十二月，山县有朋设立了掌握军队指挥权的参谋本部，就任本部长。这种做法从制度上确保了指挥权集中在一个人手中。不过在此之前，征兵制军队曾两度面临生死存亡的危机。这也是官与民、太政官与被征兵者之间的激烈碰撞。

征兵制的危机

如前所述，政府在实施征兵制之际，只编制了征兵连名册与免服兵役连名册，陆军通过检查征兵连名册上的人，征集常备兵与补充兵。随着企图逃脱兵役的人逐渐增多，免服兵役的条件也越来越严格，身高的最低要求也从最初的五尺一寸降到了五尺。因此，直到明治十年（1877），被编入征兵连名册的人员都保持了一定的数量（见第229页图）。

然而，在明治十一年（1878），被编入征兵连名册的人员数量骤减，就连充实常备兵都变得十分困难，这是因为战争时期采取了允许养子等免服兵役的措施。在与西乡军战斗的过程中，政府军死伤不断，为了让民众更容易接受征兵制而设立的免服兵役条款与所需征兵数量之间微妙的平衡被一举打破。对陆军省而言，重建这一平衡成为一个迫切的课题。

就在此时，征兵制军队与太政官之间突然爆发了更加直接的冲突。近卫炮兵队的下级士卒在杀害了队长与值周士官后开炮，他们蜂拥至太政官，这就是“竹桥事件”。泽地久枝经过详细的调查后，写了一部小说，这部小说描绘的就是明治十一年（1878）八月二十三日发生的这一事件。事件源于人们对服兵役，以及所获待遇的不满。

近卫兵本是明治四年（1871）鹿儿岛、山口、高知各藩向东京派遣的御亲兵，翌年改称近卫兵。之后，近卫兵从镇台兵中选拔人员进行了补充。通过征兵制进入镇台部队的士兵自明治八年（1875）四月开始被编入近卫炮兵队。东京镇台辖下的第一批征兵在服役两年后被编入近卫炮兵队。成为近卫兵后，再服役五年，可免服后备役。镇台兵服役期为七年，其中常备兵三年，在家服后备役四年。而一旦被选拔为近卫兵，则须在镇台服役两年，在近卫服役五年，在军营中的时间是前者的两倍以上。

建立亲卫部队的目的有二：一是从征兵中选拔精英，让他们承担护卫天皇的光荣任务；二是建立比最多只服役三年的镇台兵更加精锐的部队。如政府所愿，近卫兵在西南战争中成为征兵制军队中最精锐的部队，在战场上大显身手。

竹桥事件的原因

然而，近卫兵的付出并没有获得实质性的回报。西南战争后，政府论功行赏，但仅限于大尉以上的军官，并未惠及下级士卒。打完胜仗就应获得奖赏，这是武士阶层典型的思维方式。在缔结《江华条约》之际，品川丸为了给黑田舰队补给煤炭，前往朝鲜，船上的四等水兵永江松右卫门于十月十日因“跟随全权办理大臣黑田清隆前往朝鲜，尽心尽力”获得了五日元赏金（《公文录》，海军省，明治九年）。暂且不论金额多寡，由此可见最下级的水兵也得到了赏赐。正如永江松右卫门身为鹿儿岛士族象征的那样，论功行赏是士族集团军队的规矩。与此相对，为国效忠则是山县有朋想要建立的征兵制军队应尽的义务，死伤能够得到补偿，但立下战功不应要求赏赐。

另一方面，军官得到了奖赏，这是天皇基于臣子的功劳给予的奖赏。文官也获得过相应的赏赐，在欧洲亦是如此。从与文官的对比可见，那时赏赐的范围仅限于高级官僚——大尉以上级别的奏任官。通过事件发生后井上毅写给伊藤博文的信件可以看出，当权者似乎认为，赏赐士兵是没有必要的。同样在战场上出生入死，以军人为终身职业的军官不仅薪俸高，还能获得赏赐。与他们相比，被征召入伍的士卒虽然尽了人民的义务，却什么也得不到。尽管政府认为征兵比士族出身的壮兵更加服从纪律，但政府却没有重视他们受到不公平待遇后的感受。

目前能够确认的是，政府只给了凯旋的士兵以下两项赏赐：战争期间的五月十八日发放了一日元，以及明治十年（1877）十一月二日，在京凯旋各部队列队仪式时，每人发放了十钱酒菜钱。后者甚至不及搬运工一天的收入。另一方面，在征兵制背景下，本已被压得很低的薪俸，由于西南战争后节减经费的缘故，又被平均降低了5%。其中，近卫炮兵因原本薪俸较高，二等兵的日薪从七钱七厘降至六钱两厘，减少了约20%；近卫步兵从五钱五厘降至五钱，减少了近10%。镇台兵没有被减薪；镇台炮兵从五钱降至四钱九厘，基本没有什么变化。由此可见，近卫炮兵爆发动乱，可以说是必然事件。

事发前夕，由于事情有所泄露，暴动的士兵没能获得炮弹，原以为会起义呼应的其他部队，也没有举事。蜂拥至太政官、皇居所在地即现在的迎宾馆门前的士兵，被近卫步兵逮捕，一人当场自杀。包括意图响应的近卫步兵、镇台炮兵在内的五十五人被处以死刑，除此之外，有一百一十八人被流放十年，有一人被无期流放。近卫炮兵大队半数以上的下级士卒遭到流放。政府意欲通过严厉的处罚，树立军纪。

另一方面，士兵的待遇得到了一定的改善。明治十一年（1878）末，政府赐予参加西南战争的士兵奖牌。明治十二年三月，天皇亲临第一批征兵退伍的“近卫各部队退伍仪式”，赐予每人两日元五十钱的酒菜钱。此后，这项活动也成了一个传统。

修订《征兵令》

明治十二年（1879）十月，政府修订了《征兵令》，这是为了应对征兵制军队面临的危机。此次修订的内容，主要是缩小因户籍、体格而免服兵役的范围，并首次征召原来没有的辎重运输兵。

包含预备役在内，政府计划征召十五万名辎重运输兵，人数是参战士兵数量的两倍。在军事上，正如西冈香织指出的那样，政府之所以这样做，是因为在西南战争之际，负责运输的军事勤杂人员薪金高涨，以此为中心的辎重费占到了陆军军费的四成以上。同时，在军事领域官方应对民众的历史上，这件事也有其特殊的意义。

一方面，这项政策使被选为士卒的人感到自豪。一直以来，征兵的对象都是身高五尺以上的人，与此相对，辎重运输兵只需要从身高四尺九寸以上的检查对象中挑选，其地位比士卒稍低一些。此次修订强化了这样一种印象，即征兵不考虑体格，不过士卒是从征兵对象中被精选出来的、体格较好的人。后来民间流传着“辎重运输兵若算士兵，蝴蝶蜻蜓也属鸟类”的说法。通过设置比士卒级别更低的辎重运输兵，被征兵的士卒可能会产生“我是被挑选出来的人”的自豪感。

另一方面，运输兵被征召后经过三个月的训练即可回乡，还有很多人虽被列入军籍却没有受到征召，他们的实际负担很小，这让人觉得被选为运输兵也是件好事。

此外，这项政策还有助于消除士卒与军夫之间的收入差距。西南战争时被征召的镇台兵虽然得到了加薪四分之一到二分之一的待遇，但其日薪也不足十钱。而在后方运输货物的军夫，其日薪则能达到七十五钱，前往战场后每天能获得一日元二十五钱（三月九日之规定《征西战记稿》下）。若是让武士上战场、农民当军夫当然没有问题，因为武士能得到常年禄，还可根据战功获得赏赐。但是，被征召的士兵在战场上拼死拼活，却只能获得一点微薄的收入，而同村免服兵役来当军夫的人，却比他们赚得

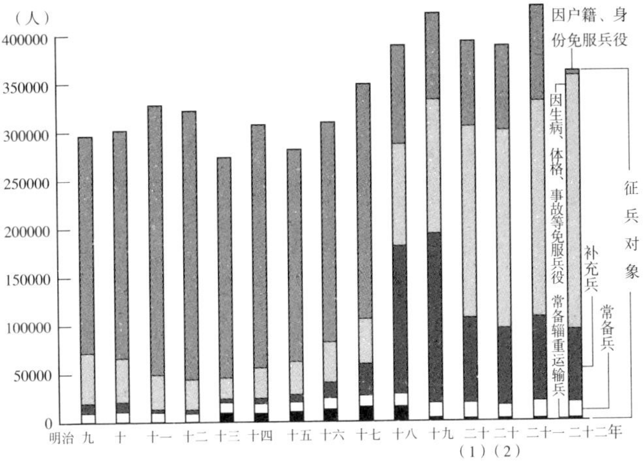

征兵对象与征召人员 明治十三年（1880）到明治十七年，免服兵役人员是作为第二预备役存在的，明治十八年到明治二十二年他们被延期征召。明治十三年有十一个月在征兵，明治二十年两次征兵（数据来自《陆军省年报》《帝国统计年鉴》）

更多，这令他们难以接受。西南战争时期的陆军体制，完全没有考虑到被征兵士卒的感受。

近卫兵从入营两年后服役五年，变为入营半年后经过选拔服役三年。虽然入营时间比镇台兵长半年，但能够换来“通过选拔护卫天皇”的荣誉，相信他们尚且可以忍受。通过此举，近卫兵虽然选拔自全国各地，但其熟练程度却与镇台兵相差无几。比起训练熟练的近卫兵，政府优先解决的是平等承担服役义务的问题。

通过修订，征兵制再一次成为容易被人民接受的制度。不管在什么时代，为了处理不同于最初构想的事态，或是解决最初即被忽略的问题，都需要调整制度。但在那个时候，直到人民通过竹桥事件来表达不满，政府才开始真正处理这个问题，这不禁让人感受到那时官民之间的遥远距离。

《军人训诫》

> 虽说陆军法制规则渐次就绪，但只关乎形式，至内部之精神则未发达之事犹多。

这是明治十一年（1878）十月，竹桥事件发生后不久，陆军内部颁发的《军人训诫》中的一段文字，它表现了日后被批判为“精神主义”的帝国陆军在这一时期对自身的认识。《军人训诫》由说明性的文字构成。

> 维新以来，幸逢开明之治，不论何种人民皆可列入军籍。此在三民，可谓庆幸。而今之军人，纵使非世袭亦与武士无异。故须习武家之道以示忠勇，此自不待言。

随着士族兵时代的逝去，政府开始要求征兵制军队的士兵具备武士精神。

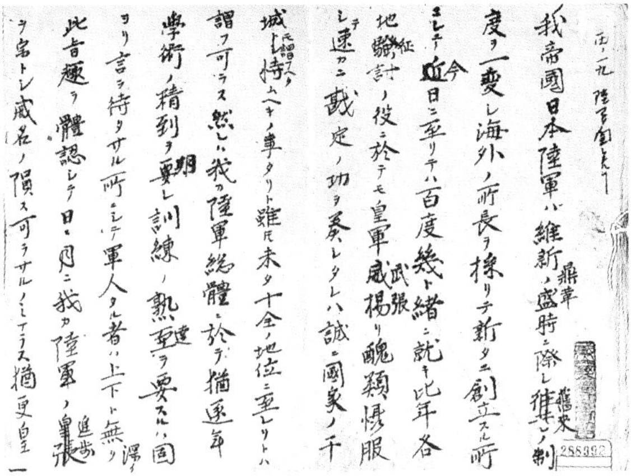

我帝國日本陸軍ハ維新ノ盛時ニ除シ舊來ノ制
度ヲ一變シ海外ノ所長ヲ採リテ新タニ創立スル所
ニシテ今日ニ至リテハ百度幾ト緒ニ就キ比年各
地征討ノ役ニ於テモ皇軍威武ヲ揚リ醜類慴服
シテ速カニ戡定ノ功ヲ奏シタレハ誠ニ國家ノ干
城ト侍ムヘキ事タリト雖氏未タ十全ノ地位ニ至レリトハ
謂フ可ラス然レハ我カ陸軍總體ニ於テ猶遂年
學術ノ精到ヲ要シ訓練ノ熟至ヲ要スルハ固
ヨリ言ヲ待タサル所ニシテ軍人タル者ハ上下ト無ク
此旨趣ヲ體認シテ日ニ月ニ我カ陸軍ノ皇張
ヲ旨トシ威名ノ隕ス可ラサルノミナラス猶更皇

《军人训诫》草案　由西周起草，明治十一年（1878）以《军人训诫》之名由山县有朋颁布。开头写道，陆军为“采海外之所长”新建而成（日本国立国会图书馆藏）

《军人训诫》以忠、勇、服从为军人之本，并将这三点定位为“三大元行”。《军人训诫》与《征兵告谕》都引用了西方谚语来说明“服从”：“正如西人所云，服从如建构大厦高堂时黏合砖块之石灰。”

《军人训诫》称：“遵守此规定之人，必能成为令人称誉之模范，得众人信赖钦慕，及自身之幸福。”《军人训诫》提出端正言行的目的是为了个人的幸福。这一点与《学制》相通，采用了明治初年以西洋为模板的启蒙主义式解说法。

《军人训诫》的执笔者是在《明六杂志》上倡导使用罗马字的西周，他比山县有朋年长九岁，时年四十八岁。西周为津和野藩医师之子，在幕府的蕃书调所工作后，留学荷兰，两年半后的庆应元年（1865）年末回国，担任幕府开成所负责人。幕府垮台后，他跟随德川家移居沼津，担任德川家兵学校的负责人。明治三年（1870）九月，经由胜海舟引荐，他进入兵部省任职，参与起草《征兵令》。在当时的陆军省文官中，他身居最高位——四等（相当于大佐），负责引进西方军制，建设征兵制陆军。

《军人敕谕》

《军人训诫》作为军人的基本精神存在的时间很短。明治十四年（1881），在开设议会的敕谕被颁布时，参议联名上书天皇，请求天皇亲自鼓舞振作陆海军。明治十五年一月四日，政府颁布《军人敕谕》，取代了《军人训诫》。

《军人敕谕》由山县有朋提议，西周起草，起草参议联名上书文的井上毅修改，最终由福地源一郎誊写了全文。拥有三次出洋经验的福地源一郎，理解西周的想法，加之他长期从事新闻写作，能够写出脍炙人口的文章。经过他润色的《军人敕谕》直到军队解散那天，一直发挥着重要的作用。

《军人敕谕》以“我国军队世为天皇所亲御”开始，提出“朕为汝等军人之大元帅”，强调军队是天皇的军队。随后谈及古代征兵制，因为“古之征兵者消灭于无形，转而为壮兵，以至于武士兴焉”，所以尽忠尽节与武勇并非武士独有的节操。

“夫既享生于我国，其谁复无报国之心”“故当毋为世论所惑，不为政治所拘，惟以守己本分之忠节为主。须知义有重于泰山，死有轻于鸿毛”，另有“夫武勇为我国古之所重，凡我臣民自非武勇不可”。《军人敕谕》认为忠节与武勇是日本人普遍具备的特质，必须保持下去。政府以四民之别消失为前提，创造了与新的国民军队相符的民族性神话。

过去引用西洋谚语说明的“服从”被改为“礼仪”，《军人敕谕》指出“须知下级者之承上命，实无异承朕命”，它打着天皇的旗号解决问题。

《军人敕谕》继承了《军人训诫》的忠节、礼仪、武勇三项，又加上信义、俭朴两点。在“信义”项中，后世难以理解的“苟一旦冒昧轻诺，以致进退维谷，莫知所从”“英雄豪杰，每因重私情之信义而遭杀身之祸以致遗臭万年者亦复不少，可不戒哉”，是为了提醒军人勿忘竹桥事件与西南战争的先例，谨言慎行。

那些过去被与个人幸福联系在一起、加以个人主义式说明的规则，在《军人敕谕》中被国家本位式的说明取代：

> 此五条为天地之公道，人伦之常经，易行且易守。愿汝辈军人善体朕意，谨守此道，以尽报国之忠。是此岂独日本全国苍生欢欣鼓舞，即朕亦为之欣慰焉。

遵守天皇所说的“天地之公道”是理所应当之事。这样一来，全体国民都会欢欣鼓舞。从这里“天地之公道”的用法可以看出，御誓文中所说的以“破除旧有之陋习”为标准的“天地之公道”，并非指一部分人所说的“国际法”，而是指世界共通的常识。

军人《读法》与民权

明治四年（1871）十二月以后入伍的军人，在宣誓时使用的是军人《读法》。与《军人敕谕》相对应，政府也修订了《读法》。原来的《读法》开头即指出军队“第一是为了发扬皇威，坚固国宪，保护国家万民”。修改后的《读法》则指出，军队是“为了发扬皇威，保护国家”而存在的。稳固“国宪”即国家体制，以及保护万民，成为内务省的职责，而军队存在的意义则是维护皇威、保护国家。

此外，修改后的《读法》在结尾处还增加了下述过去没有的说法：

> 除以上所提内容外，违犯法律规则，获罪于国家，有辱祖先，玷污家声，遗臭后世，不仅为其一人之耻辱。获重罪者将被剥夺天赋之公权，失去立身处世、待人接物之各项权利。

以此来严厉警告军人切勿违反规则。谋反自不必言，如果犯下严重的罪行也将会被驱逐出军队。初期，征兵主要担任下级士官，有些人害怕服役期限延长，便故意破坏规则或逃离部队。如果不利用法律限制人们的行为，那么政府将无法维持征兵制的军队。

一旦入伍就能获得“天赋之公权”这一点引人深思。人拥有天赋之公权是民权派的主张。正如《征兵告谕》所示，政府把征兵制解释成，人们想要拥有原来武士才享有的权利，甚至更大的权利所需付出的代价。既要让人们理解服兵役的义务，也必须让他们意识到其所享有的权利。实际上，在这样的背景下，多数民权派肯定了征兵制，批判了逃避服兵役的人。

壬午事变

政府在最初实施征兵制时，谨小慎微。一开始，征来的兵只负责守卫本辖区，伴随着许多免服兵役条款的出现，明治十年（1877）至明治十四年，征兵制开始扩张、加强。同时，当权者开始在一定程度上为被征兵者着想。明治八年修订征兵制时，“守卫所辖镇台，充当地方守卫”的表达被保留下来，而更加具体的“辖区内的守卫”的说明则被删除。另一方面，“外寇来袭或战时编入军队，或担任守卫，或为远征军”也被加入了国民军的说明，这使得成为“远征军”的可能性被隐晦地表达了出来。明治十二年的修订则只规定了常备军“负责所辖镇台”，征兵的目的不再受到限定。

然而，是否能够顺利按照制度组建征兵制军队，特别是能否让预备、后备军（明治十二年修订时分成上述两种）参加对外作战尚不明确。而壬午事变解决了这个问题。

壬午事变爆发于明治十五年（1882）七月二十三日，朝鲜军队杀害日本人军事顾问，发动政变，日本公使馆被迫全员撤离，十二名日本人死亡。日本政府得知这一消息后，八月允许召集预备军，由九州第六军管负责。这次明治政府不仅召集了编入常备军的预备军，也召集了没有接受过军队教育的预备辎重运输兵。政府内部出现了各种各样的看法：“必须报复朝鲜，为此清朝可能横加干涉”……在可能派兵海外和发生对外战争的背景下，征兵一事将如何发展变得备受关注。

明治十五年（1882）八月十六日，《东京日日新闻》刊登了征兵结果：

> 关于熊本镇台此次临时召集预备兵与辎重运输兵一事，本担心兵员托病，或假称失踪逃避征召，故与警察协商，严格执行，以期解决。未曾想召集之命下后，即刻前往镇台者络绎不绝，截至五日上午已达五百余人。

八月二十三日，《东京日日新闻》的“社论”指出，“日本固有之元气不曾为制度之改革所消耗，隐然存于人心，遇事乃知有发扬之处”，举出西南战争中官军英勇战斗，各县有志之士响应号召的事例，“今九州各县之预备兵又迅速应征，更为确证”“为我国家实为可贺之事”。

此事证明了征兵制军队可以被用于对外战争。同时，它也确认了在对外关系紧张之时，征兵制的范围能够被轻而易举地扩大。从此，日本开始梦想立足于征兵制，与世界各国并驾齐驱。从这时起，直到明治二十二年（1889）修订为止，日本政府不断地扩大了征兵制的范围。

因壬午事变引发的同清朝的紧张关系，使得日本意识到有必要扩充海军与商船队。陆军随着部队的扩大，也开始真正推进海岸炮台的建设。由于财政紧缩，各项预算不断被削减，只有军事费用不断增加。政府表示，节约经费是为了扩充军备，并以此来说服因削减预算而遭受损失之人。

第五章

整顿内政，增加民产

第一节 | 造船业与外国人

柯比之死

明治十六年（1883）十二月八日，一声枪响打破了横滨外国人居留地的宁静。查尔斯·爱德华·柯比（Edward Charles Kirby）亲手结束了自己的生命，享年五十七岁。柯比并非明治初年日本常见的“御雇外国人”，他是在日本经营企业的企业家。柯比在神户经营的造船厂——神户铁工所，正在建造日本海军第一次向民间造船厂订购的大和号军舰。神户铁工所是当时日本国内工人数量第二多的造船厂，仅次于横须贺的海军造船厂。神户铁工所在建造“铁骨木皮”的大和号的同时，也在建造日本国内的第一艘真正的铁制轮船。

日本率先在一战期间实现自给自足的重工业是造船业。二战后，日本的造船数量一度达到世界第一，并长期保持这一成绩。在日本造船业发展的初期，外国人发挥了重要的作用。不过，和同时代中国的香港、上海一样，外国人经营的造船厂林立在通商口岸的景象，对即便不是攘夷派的当地人而言也是噩梦一场。柯比之死象征着日本人与外国造船家之间的关系紧张起来。

希望能在日本经营造船业的外国造船家，第一次来到日本

大和号军舰 大和号与同在横须贺建造的姐妹舰武藏号作为测量船活动的时间较长，日本海的中央堆（海底浅的地方）上留有大和号的名字（出自海军文库《大日本帝国军舰帖》）

是在安政六年（1859），即日本开放通商口岸的那一年，地点是在长崎。两名英国造船工匠通过英国领事提出了建设船坞的申请。不论是轮船还是帆船，对于光凭人力无法将其拖至岸边的大船而言，若要打扫船底、维修检查，最好的办法即是把船拉进船坞，用坞门封锁入口，再用排水泵将船坞内的水抽干。在新开放的港口经营船坞，是一项非常有吸引力的事业。当时，香港和上海也陆续出现了外国人经营的船坞。

不过，幕府并未批准此事。尽管英国领事一再强调船坞的必要性，但幕府方面仍以“将自主修建船坞”为由，拒绝了上述申请。在此前的安政四年（1857），幕府从荷兰聘请了十一名技师和熟练的工匠，建设作为造船厂、修理厂的长崎制铁所。幕府主张在此修建船坞，无须外国人插手。横滨的外国人也屡次向幕府提出修建船坞的申请，但幕府方面也都以“将在横须贺造船厂修建船坞”为由，拒绝了他们。横须贺造船厂是庆应元年（1865）年在法国人的指导下建立的。

明治四年（1871）二月，日本国内第一个船坞在横须贺开业。翌年，工部省造船头平冈通义提出申请，希望能在长崎修建船坞、在神户建造修船架。平冈通义认为，居住在长崎、神户的外国人，企图拓展造船业务，开展大规模的建设，恐将独占相关业务，届时凭借日本人民的力量将无法与之抗衡。

在海运业、造船业近代化的过程中，船坞不可或缺，但日本民间没有修建船坞的能力，政府也不希望外国造船业者来修建船坞。因此，从幕府到新政府一直都有这样的想法，即依靠国家力量完善包括船坞在内的造船厂。如前所述，在新政府的职能机构中，负责处理这项事宜的是工部省。

工部省

除了造船，工部省还负责管理铁路、矿山、电信、灯塔等业务。美国曾提出要修建铁路的申请，但新政府此后一度决定要通过英国人雷筹措修建铁路用的资金，不过由于担心主导权被英方掌握，新政府后又解除了合约。最终，日本政府决定从英国系的东洋银行贷款，在政府的主导下推动铁路的建设。

矿山领域也出现了引进西式技术和依赖外国商人筹措所需资金的动向，比如佐贺藩与格洛弗商会合资开发了高岛煤矿。在电信领域，欧洲的通信线路铺设到了长崎，他们向政府申请“若日本方面不在国内铺设通信线路，希望把海底电线铺设到横滨”。此外，推进灯塔建设也是来自欧美的要求。

在这些领域，日本不得不在技术方面依赖欧美国家，不过，尽管外国技术专家、进口材料与机械设备必不可少，但新政府却可以通过全权管理推进建设，以此来防止主导权被外国掌控、权益被剥夺，以确保开化能在政府的主导下向前推进。从长期视角看，新政府这样做是为了促进国内经济的发展；从短期视角看，新政府这样的做法肩负着它向人们宣告新时代到来、提高威信的使命。新桥至横滨铁路的开通，便充分说明了这一点。

明治五年（1872）九月十二日铁路开通仪式之际，刚刚从“御亲兵”改名为“近卫兵”的部队，仅留下一个大队负责皇城警卫，其余人员全部出动，四大队在横滨，五大队在新桥，其余大队皆在皇居前列队。除此之外，东京镇台的步兵也列队在幸桥至新桥之间。近卫炮兵在日比谷练兵场前，鸣了一百发礼炮。明治天皇在近卫骑兵队的护卫下，乘坐马车前往了新桥站。

停泊在品川海面上的军舰鸣了二十一发礼炮，海军军乐队在新桥站演奏，大街上挂满了灯笼，烟花绽放。明治政府最大

新桥站 明治五年（1872），新桥—横滨的铁路开通（出自《东京汐留铁道馆蒸汽火车候车图》，日本国立国会图书馆藏）

限度地利用天皇与军队演出，庆祝象征着文明开化的铁路终于开通。明治政府希望借此表明其大力推进现代化建设的决心，并展示其所取得的成果。许多人为了体会何为文明开化，像天皇一样乘坐火车，享受着在新桥与横滨之间往来的乐趣。

当时，桦山资纪身在东京，他在为入侵台湾而四处奔走。在铁路通车仪式结束五天后的日记中，桦山资纪这样写道："午后四时，自新桥停车场乘火车赴横滨，购衣物，进午餐。午后六时，乘车返回东京。瞬间往返。"（《西乡都督与桦山总督》）桦山资纪第一时间乘坐火车，发出了由衷的感慨。他特地前往横滨购买的，想必是西装。午餐想来也是西餐。虽然有一些鹿儿岛士族批判火车是无用之物，修建铁路是一种浪费，但对桦山资纪而言，铁路、西装都是象征着新时代的好东西。这种感觉，或许正是他没有变成不满的士族，而始终站在政府立场上的原因。是否乘坐火车，成了开化与守旧的分水岭，铁路的新颖与便捷则成了现代化的助推力。

轮船的时代

在铁路之前，象征着现代化的是轮船。佩里率舰队叩开了大门后，日本国内开始尝试制造小轮船与西式帆船，并取得了一定的成果。但是在政治、军事上，产生重大影响的还是进口轮船。

截至庆应四年（1868），幕府与各藩进口了超过百艘的轮船，它们被用于运输包括军队在内的人员，这也是幕末维新时期政治局势迅速变化的原因之一。戊辰战争之后，各藩仍旧继续购买轮船。明治三年（1870）前后，军舰被进献给了新政府，统一收编海军。用于运输的藩属轮船，也大都在废藩置县后，同债务一道被上交给了新政府。

明治五年（1872），新政府组建了日本国邮便蒸汽船会社，把政府拥有的十几艘轮船出售给该公司，交由其运营。其中，多数船只已老朽不堪。废藩后，曾在土佐藩负责购买、运营轮船的岩崎弥太郎，购买了官方出售的轮船。岩崎弥太郎于明治六年创办了三菱商会。新政府为开展灯塔业务，进口了现在仍保存在东京海洋大学的明治丸等船只。与此同时，新政府还完善了开拓使的船队，用于开发北海道。另一方面，很多日本人也利用外国轮船往来于通商港口之间，如：得到美国政府援

明治丸轮船 明治九年（1876）七月十六日，天皇乘坐该船从青森前往函馆，二十日返回横滨。昭和十六年（1941），天皇归航的二十日被定为“大海纪念日”（东京海洋大学提供图片）

助的美国太平洋邮轮公司（Pacific Mail）就在函馆、横滨、神户、长崎之间开通了定期的航线。

明治七年（1874）入侵台湾之际，新政府使用了美国太平洋邮轮公司的纽约号与英国轮船。利用外国船只入侵台湾遭拒后，政府转而采取购买轮船的办法，一共购入了十三艘轮船。

蕃地事务局局长、推行轮船购买计划的大隈重信提议，最初购买的两艘轮船可在满载士兵驶往台湾后，继续在清朝本土、清朝治下的台湾岛，以及日本列岛之间航行，运载民间乘客、货物，以获取运费收益，推动贸易发展。随后，大隈重信意识到，清朝方面态度强硬，根本不是发展贸易的时候，于是他转而提出“出师海外之议”，主张在清朝做好准备前开战，先发制人。同时，大隈重信又以“就近日形势观，船舶之用为第一”为由，继续购买轮船。和谈成立后，“为备后日之用”，大隈重信也没有停止购买船只的步伐（日本邮船株式会社《近代日本海运生成史料》）。然而，最后十三艘船中只有七艘开赴台湾，其中三艘还只航行了一次。以入侵台湾为名，大隈重信购买的轮船数量超出了实际需求。

入侵台湾之事告一段落后，大隈重信购买的轮船队被移交给大藏省管理。大藏省照会各县，希望它们用轮船运输作为税金收缴上来的大米和其他商品，外国船只只能出入通商口岸，但日本船只只要地形允许，即可在全国任意港口停泊。此外，轮船比日本船的载重量大，如果不把货物摆放整齐，运送效率将变得很低。而如果能将货物与由政府负责搬运的贡米打包起来运送，则轮船的优势将得到充分的发挥。

大隈重信还利用这些轮船开通了前往上海的定期航线。明治八年（1875）二月三日，第一艘船从横滨出发前往上海。上海是中国的门户，同时也是日本与欧洲之间定期航线的中转站。正如古田和子的研究结论所显示的那样，来自欧洲的进口商品也是经由上海市场进入日本的。因此，开通前往上海的定期航线，是支持日本商人开展海外贸易的重要一步。大隈重信利用入侵台湾的政治需求，建立起了商船队，并以此作为发展日本国内现代化海运业、发展海外贸易的手段。和建立国立银行制度一样，这些政策也是为了先建立起“外墙”。

三菱

为入侵台湾而购买的商船队被委托给三菱运营。明治八年（1875）九月，政府把十三艘船无偿赠予三菱，并向其发放了运营补贴，但政府的条件是：发生战争之际，船只收归政府所有；保留上海航线；培养船员；无偿运送邮件等。此外，政府解散了业绩不佳的日本国邮便蒸汽船会社，收购了它的十五艘轮船，也将其无偿赠给了三菱。同时，政府借给三菱五十万美元，用以收购美国太平洋邮轮公司在上海航线上的设备和三艘轮船，因为它们在该航线上与三菱存在竞争关系。

三菱收购了美国太平洋邮轮公司的上海航线的第二年，三菱与新开通上海—横滨航线的英国半岛东方邮轮公司竞争并获胜，独占了通商口岸间的定期航线。西南战争期间，征用自三菱的四十四艘船只，成为政府军的运输主力。凭借政府支付的运费等，三菱在明治十一年（1878）获利超过一百二十万日元。通过向政府贷款，三菱又购买了十艘轮船。西南战争后，三菱在海运事业方面占据了垄断地位。三菱的活跃使得全国的流通体制迅速开始以轮船海运为主。明治十一年五月十四日，在被暗杀前夕，大久保利通提出，此前十年为“兵马骚扰”的时期，此后十年为“整顿内政，增加民产”的时期（《济世遗言》）。整顿内政的中心是“地方三新法”，增加民产的重点则是第四章所论述的通过创业公债所推动的一系列事业。不过，通过创业公债发展包括道路、水运、铁路、海运在内的全国性交通网络的构想，正是以兵荒马乱中发展起来的轮船海运为前提，逐步实现的。

另一方面，三菱此前是依靠与大隈重信的关系发展起来的，对三菱而言，明治十四年（1881）的政变之后，大隈重信的下台成了其发展的一个分水岭。

第二年的壬午事变使政府再次感到有必要在军事上发展轮船，但这次，政府没有选择援助三菱。因不满三菱独占海运，三井与涩泽荣一等人在明治十三年（1880）成立了东京风帆船会社。随后，政府整合了东京风帆船会社与购买了开拓使船队的北海道运输会社，由此成立了共同运输会社。政府采取的策略是，出资援助该公司购买新的船只。

明治十六年（1883）一月开业的共同运输会社，在经济不景气的情况下，与三菱展开竞争，为降低海运费用做出了贡献。明治十八年九月，这两家两公司合并成立了日本邮船会社。从表面上看，这似乎是由“大隈重信失势”这一偶然事件导致的，但人们对三菱的批判实际上是对“政商”（作为民营企业独占了利益的个体经营者）受到政府最大程度保护的批判。将民营企业转变成像日本邮船会社那样，任何人都能持股的股份有限公司，是开设议会之前，政府必须解决的问题。

小轮船与其建造

从日本国邮便蒸汽船会社、三菱会社、共同运输会社，到日本邮船会社，能够调拨大型轮船的公司虽不断变化，但轮船仍需依赖国外进口。由工部省的长崎造船厂建造、共同运输会社接手的小菅丸，是唯一的例外。小菅丸是一艘落后于时代的木船，它的造价高昂，所以此后再没有建造类似的船只。在此领域，国内造船厂的主要工作还是修理船只。因此，对于造船厂而言，完善用来修理船体的船坞是最重要的事情。

西南战争后，日本国内建造了大量的小型轮船，这些小型轮船主要被用于运输濑户内海上的人员。濑户内海的海运要求船只能在小港口之间频繁往来。因此，数十吨至三百吨规模的小轮船最为合适，这些船只即由日本国内的造船厂建造。大型轮船装载普通货物航行之余，返航时如果能顺便绕行欧洲，就可以解决费用问题，但小轮船绕行不仅十分危险，还必须装载超过承载量的煤和水，所以小轮船不能兼作商业航行使用。

日本国内的造船厂内设有机械工厂，还拥有很多习惯使用木材建造船体的造船工匠。因此，日本国内的造船厂采取以下两种方式建造了很多船只：在官营造船厂建造，或是在民间的小型造船厂建造，然后安装官营造船厂的发动机。就在濑户内海上的小轮船不断增加之际，经济危机来袭。明治十七年（1884）五月，五十五名船主联合创办了大阪商船会社。大阪商船会社旗下拥有九十二艘轮船，其中最大的轮船有五百三十五吨的吨位，而仅有两艘轮船被确认是进口船只。

加上后来新增的船只，如第252页的表格所示，截至明治十七年（1884）年末，在这些船只的生产厂家中，造船最多的是工部省的兵库造船厂和柯比经营的神户铁工所。大阪商船会社成立时，各船主用轮船实物出资，由中立的政府技师对每一艘船实施检查，给出评估价，平均一登记吨位（纯吨位）折合约一百零一日元，工部省兵库造船厂建造的船只，评估价为九十七日元，长崎造船厂建造的船只，评估价为一百一十四日元，而神户铁工所建造的船只，能达到一百六十八日元。由此可见，柯比造的船只备受好评。

九年后的明治二十六年（1893）年末，当初大阪商船会社的九十二艘小轮船，大部分被拆毁、转卖，最终只剩下了十九艘。神户铁工所建造的船只，绝大部分都被保留了下来。由此可见，其在大阪商船会社的口碑非常好。然而，也正是大阪商船会社，将柯比逼入了困境。

由于没有加入大阪商船会社的竞争者众多，大阪商船会社在清理公司内部船只的同时，还得投入比竞争船只性能更加优越的船只。因为缺少资金，大阪商船会社向政府寻求三十万日元的贷款。政府没有直接给予现金支持，而是将工部省造船厂建造的船只以分年付款的方式出售给了大阪商船会社。当时，

明治十七年年末在濑户内海上航行的小轮船的建造年代与建造地点

年度	至明治四年	五	六	七	八	九	十	十一	十二	十三	十四	十五	十六	十七	合计
兵库县	2	1		1		1	2	6	8	11	11	3	2	2	50
内　工部省							1	2	4	2	1	1		1	12
三轩荣太郎①									1	2	2				5
铃木清次郎											2				2
河野龟次郎													2		2
神户铁工所								2		4	5			1	12
大阪府		2						2	2	6	4	4	4	3	27
内　永田三十郎										1	2		1		4
八木新造										2					2
细谷丑松													2	1	3
川崎源二郎										1		1			2
大阪铁工所														1	1
外国人		1							2						3
长崎　工部省									1	1	1				3
阿波福岛										1	2		1		4
日本国内其他地区			1									1			2
进口	1							1							2
不详							2	1	1	2	3	1	1		11
合计	3	3	1	1		1	4	10	12	21	21	9	8	5	99

大阪商船会社最初有九十二艘船加盟，其中中村新次郎四艘，尼崎伊三郎三艘。①代表三轩荣太郎和三轩荣次郎（引自《明治的机械工业》）

工部省的造船厂正苦于订单不足，这样一来大阪商船会社就无法继续从柯比处购买船只了。

柯比的局限性与遗产

庆应元年（1865）柯比从宁波乘船来到横滨。他曾当过杂货商，做过面包，也曾从事过建筑业的工作。明治元年（1868），他进军神户，在西南战争时期开始经营神户铁工所。

明治十三年（1880），政府制定了出售官营工厂的方针，柯比曾前去打探能否购买兵库造船厂，但随后政府以“不许售予外国人一事自不待言”为由，在《工厂出售概则》中增加了禁止把工厂出售给外国人的条款。政府本就是为了阻止外国人扩大经营，才整顿官营造船厂的，如果让它们落入外国人之手，一切便都是徒劳了。在大和号之前，明治十三年（1880）六月，柯比从工部省铁道局接到了生产航行于琵琶湖上的小轮船的订单。政府作为订购方，恰当地评价了柯比的能力。但是，柯比的工厂并不在为兴建日本国内民间造船业而制定的造船奖励政策范围内，如果大阪商船会社能够用自有资金建造新的船只，那么柯比接到这些订单的可能性就会变得很高，想必他本人对此亦抱有期待。然而，由于大阪商船会社不得不仰仗政府的保护，因此满足造船奖励政策的要求被放在了首位。

实际上，此时柯比已经开始着手为大阪商船会社建造价格适宜的铁制轮船了。这是因为就算订单额再高，仅凭建造大和号这一项工作，工厂的经营也仍然难以为继。后来，在柯比死后，这艘船被大阪商船会社的竞争对手接手，被命名成了朝日丸。明治四十四年（1911）造船协会刊行的《日本近世造船史》对这艘船第一次航行的情况做了如下描述：

> 成绩颇佳，初次航行既已博得好评，船主接获诸多来自各地之贺电，令时人感动不已。

当时大阪商船会社的大部分船只都是木船，它们并没有规模这么大的铁船。凭借朝日丸，濑户内海的海运迎来了铁船时代。工部省的造船厂负责制造以分年折价方式出售给大阪商船会社的船只，但它们没有建造铁船的设备。兵库造船厂接受了因出现强有力的竞争对手而慌乱的大阪商船会社的请求，购齐了这些设备。以此种形式获得购买设备的预算，或许正是工部省采取分年付款方式的意图所在。

神户铁工所被海军省收购，因为在外汇不足的情况下，为了扩张军备，海军省在大和号之后，仍想建造其他的军舰。后来，神户铁工所所有的设备都被转移到了吴海军工厂[1]造船部。

---

1 吴海军工厂，二战时期日本海军最大的海军专用船厂。

上述的《日本近世造船史》评价了在英国技师的指导下，于建造铁船方面具有领先地位的神户铁工所的作用：

> 此等技师主要指导邦人工匠，讲授铁船建造技术，故对我造船界贡献颇大。在此处养成之工匠他日分赴各地，执斯界之牛耳。

明治二十年（1887）大和号完工，它被交到了第一任舰长少佐东乡平八郎的手中。昭和二十四年，在海军第二代大和号沉没四年后，大和号退役，其服役生涯比柯比的寿命更长。

外国造船家们的兴产

柯比的去世并不意味着外国经营者的绝迹。外国船只频繁往来的横滨就有很多外国人经营的造船厂。这些造船厂虽然没有船坞，但它们一度林立于外国人居留地的东端和堀川沿岸。明治二十年（1887），三家主要的造船厂合并，横滨造船铁工株式会社成立。横滨造船铁工株式会社邀请美国太平洋邮轮公司与半岛东方邮轮公司的代理人担任董事，直至外国船只到访量锐减的第一次世界大战期间，该公司才改为交由日本人经营。

曾在柯比手下工作的亨特，于明治十四年（1881）在大阪

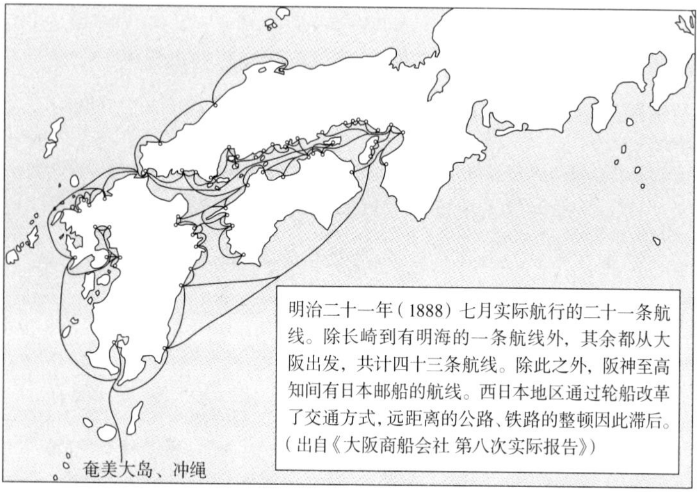

明治二十一年大阪商船的航线

成立了大阪铁工所，并于明治十六年建起了小型的船坞。亨特利用他与日本妻子所生之子的名义，使其产业看起来并非外国人在经营。但是，由于经营状况不佳，亨特的公司于明治十七年一度破产，第二年才重新开业，因为大阪商船会社需要这个位于其航路起点、拥有唯一一个船坞的机械修理工厂。大阪铁工所初期最大的客户正是大阪商船会社。

重新开业后的大阪铁工所雇用了日本的技师。通过从英国进口原材料、引入新技术，亨特活跃于造船界，他充分展示了自己的经营才能。大阪商船会社以分年付款的方式，从官营兵库造船厂购买了铁制轮船，其造价约为一登记吨位三百日元。明治十九年（1886），兵库造船厂被租借给川崎正藏，变成了川崎造船厂，即现在的川崎重工。但改为民营后的兵库造船厂造价继续上涨，于是承租兵库造船厂的川崎正藏调整了经营方针，如：让在官营时代八九点上班、下午三点半下班的办公室人员，与工匠一起于早晨五点三十分上班。因为继承了分年付款出售船只的合约，川崎造船厂无须降低价格为大阪商船会社生产铁船。

到了明治十八年（1885）年末，大阪商船会社的业绩开始有所提升，终于能够自主订货。亨特向大阪商船会社提供了一登记吨位一百五十日元的钢船，价格仅有川崎造船厂的一半，性能还比铁船更加先进。川崎造船厂不得不采取降价措施应对。至此，五百吨位以下的国产船变得比进口船便宜。被出售给三菱的长崎造船厂于明治二十一年购入了用于生产钢制轮船的设备。长崎造船厂以每吨两百日元的价格，卖了三艘六百吨级的轮船给大阪商船会社，但前提是三菱提供贷款作为造船资金。以建造大阪商船会社所需的最大规模、最先进的船只为竞争舞台，日本的造船业得到了发展。

三菱与外国人

明治十七年（1884），三菱从工部省接收长崎造船厂，并派遣在本公司修理厂工作的外国人对其实行改革。工部省时代的长崎造船厂，虽然开设了船坞，但在修理大型船只方面仍无法与香港、上海的造船业者抗衡。三菱的船只也需使用上海的船坞。此外，在制造中小型机械方面，因工期长、价格高，长崎造船厂的订单总被曾在此工作、掌握技术后独立的中小铁工业者抢走。而且，工部省内部的三池煤矿也独立建造了机械工厂。此外，在建造大型木船小菅丸时，因实际花销大大超过预算，三菱在经济不景气的情况下持续亏损。

明治八年（1875），三菱与外国人经营的、以上海为大本营的造船厂祥生船厂合资，在横滨成立修理厂。在三菱派往长崎造船厂的七个外国人中，有四人来自祥生船厂。三菱与祥生船厂的合作只持续了四年，此后这四人一直留在横滨，运用他们在中国积累的技术、经营方面的经验，以及指导日本工匠的实操经验，帮助长崎造船厂改革。经营方面最重要的工作即是预估船舶的修理价格，该工作由从祥生船厂、三菱转到大阪铁工所的经理科德负责，他建设的船坞为大阪铁工所打开了一条生路，其账本也由外国人按照西方簿记的方式记录。在建造第一艘钢船时，科德雇用了在神户铁工所积累过经验的日本工匠。

作为官营事业，造船业的设备得到了完善，加上人才的培养，以及技术、经营方面得到的富有企业家精神、经验丰富的外国人的支持，日本的造船业由此奠定了基础，并在明治二十年（1887）前后，迎来了企业成形。与中国不同，这些企业大半由日本国内的资本控制，这是政府直接介入并鼓励轮船海运业发展的结果。这不仅限于造船领域，各领域都出现了真正投入资本并参与自由竞争的企业。此后，日本进入了企业蓬勃发展的时期。

第二节　企业勃兴

松方通缩

明治十五年（1882）至明治十八年，日本的经济持续不景气，人们称之为“松方通缩”。“松方通缩”的名字，是为了强调这种经济不景气的情况是由大藏卿松方正义整顿纸币造成的。当然，这种结果并不是松方正义的个人责任，它也并非单纯由财政政策引发。

由于国立银行券等不兑换纸币的增发，明治十四年（1881）纸币贬值，一日元八十钱的纸币只相当于一日元银币。由于地租用纸币收缴，因此纸币贬值导致政府的年收入减少，这影响到了依靠定额公债利息生存的士族。为改善财政状况和救济士族，政府必须提高纸币的价值。到明治十八年年末，纸币几乎与银币等值。这是因为自大藏卿大隈重信的时代开始，日本推行的便是财政紧缩的政策。同时，明治政府通过提前收缴地租，消除年收入与年支出之间的时间差，节约了已发行的纸币。明治十四年，纸币流通量从一万一千八百九十万日元缩减至八千八百三十四万日元。

削减财政支出导致官营矿业与土木工程行业规模缩小，政府对士族授产事业的补贴减少，由此便引发了各行各业的不景气。根据室山义正的研究显示，因投机而高居不下的米价开始因为提前收缴的地租而下降。明治十三年（1880）、明治十四年高涨的米价从明治十四年年末开始走低，到明治十六年、明治十七年，米价几乎只剩明治十三年、明治十四年的一半。米价暴跌致使农民的消费减少，这一影响又继续波及了其他的各个行业。

另一方面，从明治十五年（1882）开始，法国的经济出现衰退。明治十七年，欧洲整体的经济也不景气。这大大影响了以养蚕、缫丝为首且在不断扩大的出口业。这种情况致使出口量减少，出口商品价格降低。出口商品的价格以银币计算，但银币只能在通商港口使用，因此生产者会把银币换算成纸币收取货款。政府整顿纸币后，纸币升值，生产者的实际收入便随之减少。此次经济不景气是多方因素共同作用的结果，因此当时的人们并没有真正弄清楚它产生的具体原因，但它招致的后果却是显而易见的。

由于米价高涨，明治十四年（1881）一度降低到 11% 的实际税率，到明治十七年又升高到了24%。考虑到近世“四公六民[1]”的地租水平，24%的税率并不算高，但因为人们在收入增加、生活水平提高后，收入又骤减了，这使得人们受到了很大的打击。在出口相关产业与农村需求的支撑下，不断发展的各产业生产者为扩大生产选择了贷款，另一部分人则因政府要提前收缴地租，通过贷款来纳税。最后，这些人都因无法还钱而陷入了困境。

日本银行券开始发行时的一日元银币
（日本银行金融研究所货币博物馆藏）

通货紧缩导致纸币升值，这对持有纸币的人而言并无太大的影响，但对于借入纸币必须偿还的人而言，他们的负担却大增。在米价与出口商品价格开始下跌的阶段，很多人认为这只是暂时的情况，因而想通过借钱来渡过难关。不料价格连续下降了三年，这一局面使得很多人无力应对。明治十七年（1884），尽管粮食歉收，但米价却仍然低迷，这导致农村人民的生活陷入了贫困。

1 四公六民，日本江户时代，令农民将收获的四成作为地租缴纳，留下六成作为口粮。

困民党

明治十七年（1884）前后发生了一系列被称为“负债农民骚乱”的事件。其中，政府出动镇台兵镇压的“秩父事件”最为有名。虽然这些事件并没有发展到武装起义的地步，但各地都还是发生了类似的事件与运动。长期以来，这些运动被认为是自由民权运动渗透到农民阶层的案例，但近年来，安丸良夫和贺卷孝雄否定了它们与民权运动的关联。安丸良夫和贺卷孝雄强调，虽然不能否认，农民们对自由党抱有期待，但这些运动却是与民权运动不同的、基于农民独特的价值观发生的运动。

这一系列的骚乱表明，为负债所苦的农民不满于袖手旁观、没有作为的政府，他们想要凭借自身的力量来解决这一问题。如前文所述，土地所有权在地租改革后被确定下来，这其中包括自由处理土地的权利。此后，政府始终根据契约与法律处理相关问题，若无法纳税和偿还借款，只要能通过民事诉讼手续，确定事实关系，原则上借款人的财产便可以被公开拍卖以抵偿债务。

然而，很多人对此不以为然。近世以来，人们普遍认为，困难时获得帮助是“人情”，负债越多的农民越发认为，把借款一笔勾销或只分年偿还本金，是政府的“仁政”。这一时期，农村中的很多借贷关系想必正是在这样的逻辑下被处理的。为此，有很多地主因借钱给农民而失去了土地，甚至破产。不过，也有人不认同这样的传统。

其中的代表之一，便是征收定额地租的国家，另一个代表则是被负债农民骚扰的目标——放贷公司。明治十年（1877）至明治十四年，国立银行迅速增加，几乎与此同时，放贷公司也出现了。一部分放贷公司由未能进入国立银行的士族，以金禄公债为本金创办，大部分的放贷公司由商人与富裕的农民设立。债务人如果拖延还款，放贷公司将立刻采取法律手段，或是威胁贷款者要采取法律手段以收回贷款。放贷公司遵循政府的方针做生意，但农民却认为他们的行为不合理，因而集体前去与他们交涉。若交涉失败，农民就会采取武力解决问题，如“武相困民党”事件便是如此。

政府也并非完全按照法律程序解决问题。据丹羽邦男的研究，从明治十五年（1882）到明治十八年，在民事诉讼中被判破产抵债的案件虽然超过了六万件，但在同一时期，通过调停达成和解的案件则多达一百七十九万件。

调停是裁判所采取的一种调解方式，由法官或三十岁以上的助理法官（根据明治十七年的规则）阅读书面证据，在听取双方的口头说明后，提出不让负债方破产抵债、采用其他方式偿还的条件。当然，债权人若不同意，可以起诉。不过，在这一时期，裁判所原则上还是会先进行调解，在调解不成功的情况下，双方才会付诸民事诉讼。一个人只能破产抵债一次，而通过调停达成和解，则没有次数限制。达成和解与破产抵债的案件数量，相差近三十倍。这也说明去裁判所并不意味着会被迫破产抵债。

针对农民缴纳地租困难的问题，明治十三年（1880）政府出台了“备荒储蓄制度”。各府县的府县会审议具体办法，利用从国库领取的资金及土地所有者的出资，自行储备。若农民因受灾到了不出售土地房产就无法缴纳地租的地步，政府可以动用这笔储蓄贷款给农民。明治十六年至明治十八年，共计二十一万人因无法缴纳地租，财产遭到拍卖。根据长妻广至的研究显示，明治十五年至明治十八年，共有二十万人通过该制度借到了地租钱，十五万人获得了补助。虽然该制度还不足以称为“安全网”，但为了不让农民的不满情绪动摇国家体制，政府采取了一定措施。经济不景气就是在这样的背景下出现的。经过这一过程，人们在经济方面加深了对新官民关系的理解。

“官”没有一味地对负债人实施仁政，而是通过建立备荒储蓄制度，采取调停等方法要求债权人让步，让经济上宽裕的民众根据自己的判断救济负债人。备荒储蓄制度由“民”在府县会审议，基本上维持该制度的费用由民众负担。“民”的财产权没有被“官”侵犯，经济活动由民众自己负责运行。官民之间达成的这一共识，成为人们投资新事业的前提。

企业勃兴

在国际银价持续走低的形势下，到明治十八年（1885）年末，银币与纸币之间不再有差价。日本银行于明治十八年五月开始发行能够与银币交换的兑换银行券。明治十九年一月开始，政府的纸币可以与银币交换，日本成为银本位制的国家。

当时欧美国家采取金本位制，而亚洲的贸易以银本位进行。通过确立银本位制，日本国内的货币价值得以稳定，人们能够安心地开展投资活动。在此前后，银价相对金价缓慢下降。到明治三十年（1897）日本从银本位制转换为金本位制时，金银的兑换率只有明治四年“新货条例”规定的二分之一，即新货条例下的一日元金相当于明治三十年的两日元金。经过半个世纪，日元汇率降低了一半，这种情况带动了出口的增长。

纸币能够与银币兑换后，日本的经济开始好转。明治十八年（1885）及其之后的两年，粮食持续丰收，这种情况本来会导致米价下跌，但由于粮食用于出口，日本国内的米价并未发生太大的变化。为此，农民的消费扩大，而在经济不景气时购买了土地的地主，也开始有余力在其他领域投资。

在这样的背景下，发生了一系列被称为“企业勃兴”的事件。在明治十八年（1885）至明治二十二年的四年间，日本

日本银行与最早的日银券 被称为“大黑札”的十日元纸币。（《日本银行落成之图》与纸币皆由日本银行金融研究所货币博物馆藏）

的矿业生产增加了 1.5 倍，出口增加了 1.9 倍，除银行外各种公司的公开资本增加了 3.4 倍。出口导向型的矿业生产规模扩大，该领域内更多的公司成立了。截至明治十八年，公司的资本金有一半以上属于以国有银行为中心的银行。而到了明治二十二年，非银行公司的数量达到了银行数量的两倍以上。从只有“外墙”——阪谷芳郎所说的银行制度，到开始在墙内盖房，日本建立起了公司形态的近代产业。

明治二十一年（1888）十月十六日，《朝野新闻》刊登了社论《于我邦作业上之二三观察》，这是昭和时期农相、工商相兼藏相的政党政治家町田忠治二十五岁时写的评论。这里的

“作业”用后来的话说，就是“产业”。町田忠治这样说道：

> 关于作业之政策非公平无私则不可，非确定不动则不可。不公平则难免利少数而害多数，不确定则民心迟疑，缺乏选择职业之基础。

要令需投资的事业繁荣，不能只给予一部分从业者特权保护，而要采取公平的政策，并且要使人们相信，这些政策将来也不会发生改变，政府应在大范围内长期投资那些能带来企业勃兴的产业。此外，不仅要稳定货币的价格，还要使人们相信，政府产业政策的公平性与稳定性。

株式会社之父——涩泽荣一

日本的株式会社制度引进自西方。明治四年（1871），大藏省向各府县下发福地源一郎节译的西方经济书籍《会社弁》，还有涩泽荣一以在西方的见闻为基础写成的《立会略则》，以督促设立会社形态的银行、商社。根据马场宏二的研究显示，幕府统治末期的荷兰学学者用“会社”一词指称“学会”“同业公会”等组织，到这一时期“会社”开始被政府用作“共同出资的企业”之意。明治五年年末的《国立银行条例》提出了新的会社概念，出资人只承担有限责任，即作为股东的出资人，在会社破产时，只损失本金，无须承担更大的责任。

率先尝试设立工业会社之人是涩泽荣一。一方面，他在大藏省负责普及会社组织。另一方面，明治五年（1872）六月，他与井上馨等人一起提出了设立抄纸会社的申请。这一时期，日本开始采用活版印刷，但和纸只适用于手写，不适用于油墨印刷，更难堪两面印刷的大任。因此，人们对西洋纸的需求高涨。

在平野富二等人的努力下，印刷机得以实现国产化。适逢政府需要印刷大量的通告，活版印刷事业飞速发展。但制造西洋纸需要昂贵的进口机械，于是涩泽荣一试图让当时负责兑换大藏省货币的小野组、岛田组、三井组与自己的代理人一起共同出资，成立资本金十五万日元的会社。在成立申请书上，该会社请求政府机关从自己这里购买所需的西洋纸。由此可见，涩泽荣一最初是希望建立一个与政府密切关联的特权工厂。

不过，明治六年（1873），涩泽荣一与井上馨等人一同辞官后，大藏省设立了纸币寮抄纸局，开始制造纸币及其所需的印刷用纸。因会社名称类似，抄纸会社于明治九年更名为制纸会社。因负责人的更换导致特权保护的愿望落空，这种情况与明治十四年的三菱相同。此外，明治七年政府突然命令货币兑换负责人增加抵押，未能满足这一要求的小野组和岛田组破产。

依赖政府开展经济活动，势必会因政府改变方针而受到影响。抄纸会社的资本金已经缴纳，于是涩泽荣一只好令其亲任行长的第一国立银行提供资金。明治八年（1875）十二月，抄纸会社勉强开业。第二年起，因接到改革地租所需的地券用纸的生产订单，抄纸会社开始赢利。此后，为了从外国进口大型机械，人们开始成立会社形态的工厂。但在这一阶段，如果不是涩泽荣一这样的政府相关人员，恐怕是无力开展这种事业的。

士族授产会社

明治十年（1877）前后开始，日本国内出现了一系列以士族授产为目的的会社，前文所述的国立银行有一大半都属于这种性质。士族们以金禄公债为本金，创建了这些企业，这些企业通过府县获得了政府的补助。

就出口生丝的缫丝行业而言，明治五年（1872）在涩泽荣一等人的努力下，官营富冈缫丝厂成立了。从法国进口的铁制缫丝台、锅炉、蒸汽机等象征着文明开化的机器，被摆放在官营富冈缫丝厂砖砌的工厂内。各地的士族也纷纷成立会社，在授产资金的援助下，与此类似的小工厂陆续建立。拿纺织行业来说，明治十一年大久保利通向内务省申请，建立了两个有两千锤规模的纺织厂。此后，在政府的援助下，又有十五个同等

官营富冈缫丝厂　为方便采光设计的高天花板和大玻璃窗、铁制的机器设备、宽敞的空间，官营富冈缫丝厂的构造极具官营工厂的特色（石黑敬章藏）

规模的纺织厂建成。政府保护这些行业，是为了士族授产，以及振兴地方的棉花种植业。

通过直接授产给出资人或从业人员，以及振兴养蚕、种植棉花等地方相关产业的间接授产行为，各地建起了会社形态的工厂，以此来救济士族。当然，士族以外的阶层也加入了这些工厂，地方产业的振兴同样使士族之外的阶层受益。不过，政府在一个地区只会补贴一家会社，政府并不打算振兴其他的会社，以使其展开竞争。在这一阶段，政府虽说在向全国各地分配资金这一点上做得相对公平，但对企业家而言，政府的行为还是称不上公平的。

华族的资金

如前文所述，在旧大名华族获得大笔资金的时期，涩泽荣一从中斡旋，计划集中二十五家华族的资金，收购新桥至横滨间的铁路。这一计划最终因金禄公债的发行而夭折，但涩泽荣一重新规划了自己已经筹措起来的资金。明治十一年（1878），他以六十万日元为本金，成立了东京海上保险会社。当时大载重量的西式帆船与轮船已被普遍用于航海，如果不购买海上保险，遭遇海难时，船主必将遭受惨重的损失，这令船主无法安心。此外，为加快资金周转，开展以货物为担保的押汇业务也变得必要起来，而这也需要保险。

海上保险将轮船这一新兴技术与经济活动做了结合，在这一点上，海上保险有着十分重要的意义。在三井和三菱的岩崎弥太郎，以及各港口海运业者资金的支持下，以华族的资金为主、不属于某个特定会社、没有公开发行股票的公共保险会社成立了。

已筹措到手的华族资金还有剩余，因此涩泽荣一于明治十三年（1880）开始计划成立本金为二十五万日元的纺织会社。明治十六年，大阪纺织会社开业。据高村直助的研究显示，该会社虽然在经济不景气的状况下开业，但它一开始就给股东发放了高额的分红，股东根据配额增资。到了明治二十二年年末，该会社的实缴资本已达一百二十万日元，成为引领企业勃兴的会社。

明治十九年（1886）三月，在大阪证券交易所上市的大阪纺织会社的股票，达到发行价格的三倍，原始股东们卖掉部分股票，用获得的利润增资，于是大阪纺织会社的股东增加。最初，大阪纺织会社的华族控股率可达38%，到了明治二十二年（1889）年末，华族的控股率已下降至11%。大阪纺织会社的成功，成了企业勃兴的绝佳先例。以大阪为中心，纺织会社相继成立。

铁路会社与纺织会社齐头并进，成为企业勃兴的中心。这一领域的先驱是日本铁路会社。明治十四年（1881）一月，安场保和等有志官僚，向右大臣岩仓具视提议，利用华族资金建设东京至青森的铁路，岩仓具视采纳了这一建议。同年十一月，日本铁路会社成立。

吉井友实从工部大辅（工部省次官）转任日本铁路会社的社长，他划分出五个施工区域，承诺如果明治十年（1877）至明治十五年间，日本铁路会社的利润达不到投资额的8%，则政府将补贴其中的差额。根据星野誉夫的研究显示，按照原计划，华族应出资二百五十八万日元，但是由于华族当时的资产大部分都集中在第十五国立银行，所以这其中的一百三十万日元由第十五国立银行出资。日本铁路会社以规划路线周边地区为中心，募集股东，其最初筹集到的资金并未达到预期的数额，但在开业后，从明治十六年下半年开始，日本铁路会社分红10%，股价逐渐升高。

明治十八年（1885）年末开业的阪堺铁路于明治十九年分红 7.3%。在福冈县县令安场保和的建议下，政府修改了长期以来干线需由官方铺设的方针。同年，两毛铁路会社、九州铁路会社获得了政府的认可。第二年，山阳铁路获得认可。根据同年五月公布的《私设铁路条例》，以会社形态推进铁路建设成为一项制度，由此铁路会社纷纷成立。

在企业勃兴期，会社形态的企业以由华族资本为主成立的会社为榜样，不断涌现。除垄断性质的铁路会社外，其他会社并未受到政府的保护。明治二十二年（1889）与宪法同时颁布的《会计法》规定，会社以政府筹措为原则，展开竞标。因财政紧缩政策而减少的士族授产资金，也在开设议会前以偿还或放弃的方式得以解决。以长崎、兵库的造船厂为首的官营工厂，也改出租成了出售。因即将召开议会，政府不得不采取公平的政策。以此为制度背景，以自由投资为支柱，企业勃兴起来。

企业勃兴的技术

除了制度框架的建立，技术的发展也是企业勃兴的背景。

根据玉川宽治的研究显示，在大久保利通的建议下成立的有两千锤规模的纺织厂，进口了适用于加工美国产长纤维棉的机器，但这些机器并不适用于加工短纤维的日本棉。由于没有聘请外国技师，纺织厂花了很大的工夫才发现这一问题。为此，大阪纺织会社聘请山边丈夫考察英国的纺织技术，进口了适用于加工较短纤维的印度棉纺织机器，并使用了比日本国产棉更便宜、纤维更长的中国棉。除此之外，山边丈夫还聘请了英国技师，让他们指导如何安装和操作这些机器。通过将工厂规模扩大到一万零五百锤，蒸汽机的效率得以提高。于是，纺织厂将更多的经费投入到了技术人员身上。

根据高村直助的研究，在大阪纺织会社开业前，就已有部分两千锤规模的工厂开始使用中国棉了。它们采用了日夜两班倒的工作制，这种工作制度能够成倍地提升机器效率，从而使得设备的投资回报率更高。大阪纺织会社获得成功后，多数两千锤规模的工厂也开始采纳上述工作制度。作为纺织企业，大阪纺织会社将经济利益摆在首位，在学习英国的同时，也汲取了两千锤规模工厂的生产经验，发展起了日本的纺织技术。明治二十二年（1889）年末，包括规模扩大到三万锤的大阪纺织会社在内，规模有八千锤的纺织会社已达十家。其中，由规模两千锤的工厂发展而来的会社有四家。此外，还有五家规模在一万五千锤以上的会社准备开业。在这十五家会社中，有八家会社都位于大阪。

在缫丝行业，机器缫丝得到了飞速的发展。采用机器缫丝的工厂招聘了很多的缫丝工人，工厂靠动力卷取生丝，用蒸汽加热浸泡蚕茧的水。如此一来，缫丝工人只需要专心找到蚕茧的线头，将它接到已有的线轴上，并不时操作阀门、调节锅炉的温度即可。水车、蒸汽机与供给蒸汽的锅炉在动力方面支撑了这一技术的发展。

多数利用士族授产的资金建立起来的会社，都做了与采用机器生产的富冈缫丝厂大致相同的尝试。许多农民模仿富冈缫丝厂，建设工厂，他们会将蒸汽动力更换成水车、人力，用大锅代替锅炉，使用木质缫丝台，等等。从向全国普及技术的层面上说，富冈缫丝厂做出了贡献。但从数量上说，后者的贡献则更大。农民的工厂最初使用的是做饭用的铁锅。明治十二年（1879），长野县松本的铜器制造者丸山弥平与缫丝家二木立造合作，他们使用进口的薄铁板成功制造出了西式的锅炉，该锅炉在全国范围内迅速得到了推广。

上述锅炉最多只能供六十名缫丝工人同时使用，因此它也限制了此后数年小缫丝工厂的规模。到了明治十九年（1886），这种锅炉被改良为多管半通式，它能够同时供三百人使用。在企业勃兴的时期，以諏访地区为中心，使用这种锅炉的缫丝工厂增加，这一情况推动了缫丝业工厂制和工业化的发展。

采取日夜两班倒的工作制后，纺织业的劳动时间虽然只有十二小时，但深夜工作与日夜轮班致使劳动者的负担加重。人们把机械效率放置在首位，并据此决定了人的工作方式。除纺织业之外，缫丝业的工作时间同样很长。明治十九年（1886），甲府的缫丝工厂爆发了日本历史上的第一次工厂劳资纷争。这源于该缫丝工厂把山梨县蚕丝业公会规定的十五小时工作时间——凌晨四点半到下午七点半，延长了一小时且还不向工人支付相应的报酬。当时，甲府有三十八家职工在三十人以上的缫丝工厂，其中有三十一家的工人每年工作一百五十天。上述引发纷争的工厂想让工人像在短暂的农忙时期那样拼命劳作。

两种产业类型的意义

以纺织业与缫丝业为代表，两种充分利用新技术的产业类型同步发展，这是日本企业勃兴与以此为起点的产业革命的原动力。纺织业界进口了适合日本使用的西方机械，并采用会社的形态发展，从“直接照搬西方”这一点看，纺织业可被称为“移植产业”。造纸业、铁路业、外国航线海运业等也属于此种类型。缫丝业借鉴了西方工厂的模式，使用日本国内能够制造的机械，主要以私人企业的形态运营。产地织物业与集中在大阪商船旗下的濑户内海的轮船海运业与此类似。煤炭业则两种类型兼而有之。

煤炭业导入的新技术主要是蒸汽泵与卷扬机。蒸汽泵用于排出矿坑内涌出的地下水，卷扬机用于搬运沙土、煤炭。明治初年，与外资合作开发的高岛煤矿率先引进了这些机械。明治十年（1877）至明治十九年，在工部省的推动下，这些机械逐渐国产化。明治十八年年末，在工部省被撤销后，三池煤矿被移交给大藏省管理。为获得外汇，三池煤矿增加了产量，并引进了功率更大的进口机械，以“移植产业”的形态发展。同一时期，筑丰煤田则主要依靠国产蒸汽泵、卷扬机和当地人开发煤矿。

当时，可以设置在矿坑内的小型泵，开始取代自瓦特发明蒸汽机以来安装在竖坑坑口的大型泵。筑丰地区大规模使用这种小型泵，使得资金不足的人也可以从事煤矿开发事业。中小煤矿一般需要一台卷扬机和几台泵。泵的数量必须根据采掘的进度、突然漏水等情况随时追加，所以采煤地区如果需要保证泵的供应顺畅，就必须聘请那些在工部省的长崎造船厂，阪神、东京地区的官营或外商经营的大工厂积累了丰富经验的熟练工匠，以满足生产需求。

在诹访的缫丝业界，会有熟练的工匠自己开业制造锅炉。官营工业培养了很多这种类型的熟练工匠。以此为背景，在这一时期，传统的产业也开始导入机械生产。诹访最大的缫丝家片仓家与筑丰当地的煤炭业者贝岛家，召集来大批工匠，这些工匠率先在当地定居、开业。由此可见，深知熟练工匠的重要性并有能力把他们召集起来的地方有志之士是何等重要。

同一时期，中国和印度也在通商港口建立起大规模的缫丝工厂和纺织工厂，但只有日本把技术加以改进并迅速推广，使其运用于各行各业。国家间之所以会出现这样的差别，是因为日本具有以下的条件：机械工业部门官营事业先行发展；信息在全国范围内普及；出口产业亦是传统产业，生产者与通商港口之间联系紧密。在当时的日本，纺织业的原料和机械，以及铁路业的车厢和轨道都依赖进口，如果缫丝业和煤矿业等能获取外汇的产业，没有以这样的形式发展起来，日本将不可能出现后来的产业革命。

第三节 | 贯彻维新

“华丽江户”的终结

明治十年（1877）至明治十九年，这一阶段已很难使用“维新”一词描述，因为该阶段已不再是需要从根本上改变旧体制的阶段。但要做到大久保利通所说的“整顿内治”“贯彻维新之盛意”，仍有诸多问题需要解决。那时，官民之间虽已划分了职责，但仍需等待明治二十三年开设议会，从根本上改变两者之间的关系。在这样的框架中，那些根据维新以来的实务经验培养出专业素养的官员，构思了许多的方案来解决剩下的问题。然而，一些有足够批判能力的民众也意识到，自己也承担着维新的重任，于是他们开始反对官员的构想，并质疑这些构想是否同已经付诸实践的其他构想保有内在的一致性。而这就要求官员为了实现构想，一方面须提高专业能力，另一方面还要具备更开阔的视野与更出色的协调能力。

东京地区遗留下来的最严重的问题便是如何应对火灾。

以导致十万人死亡的明历大火为代表，江户时代的江户曾多次遭受大火的侵袭。就算家有余财，一旦遭遇火灾便将一无所有；相反，只要身体健康，灾后重建也可大有作为。因此，江户庶民形成了一种“不留隔夜钱”的风气。为了在几年内收回成本，用于出租的房屋都是劣质的建筑。巨贾富商们认为，比起精心修建房屋，在深川一带囤好木材，以便火灾后能迅速重建才是上策。

进入明治时期，东京的大火依旧不断。在银座的建筑改为砖砌建筑后，其他地区仍不断发生火灾。尤其是明治十三年（1880）、明治十四年，东京接连遭遇大火。此后，火灾明显减少。减少的火灾逐渐改变了东京人的生活习惯。

关于明治十三年（1880）、明治十四年火灾频发的原因，小木新造指出，贫民为了赖账、获得补助、多些活干，他们希望发生火灾；牧原宪夫则指出，除上述原因之外，人们为了惩戒抬高米价的奸商有时也会放火。关于此后火灾减少的原因，藤森照信指出，这是因为府知事松田道之于明治十四年制定的《东京防火令》发挥了作用。

松田道之工作繁忙，在地方官会议上大显身手之后，他又在新任内务卿伊藤博文的命令下，再次出发前往琉球。明治十一年（1878）十月，在琉球的推动下，清朝公使就琉球问题向日本外务卿提出了抗议，日本政府因此加快了处置琉球的步伐。明治八年，日本政府曾要求琉球停止隔年向清朝派遣朝贡使的行为；明治九年，日本政府要求琉球上交审判权。这些要求均遭到了琉球方面的拒绝。

明治十二年（1879）一月，松田道之前往琉球，要求琉球落实新政府的政策。在其要求被拒后，松田道之于二月返回东京。三月，他又带着废藩置县的法令再次赶赴琉球。这次他带来了三十二名内务省官员、一百六十余名警察，以及熊本镇台半个大队（三百八十名）的士兵。三月二十七日，他命令琉球交出首里城。三月三十一日，政府接收了首里城。一月，松田道之前往琉球时，政府给松田道之的命令是“此番前往琉球，以上述之宗旨妥善处理”，而到三月，政府的命令则变成了“以上述之宗旨进行处分”，这就是历史上所说的“琉球处分”。随后，首里城成为陆军分遣队的兵营，藩王尚泰于五月二十七日乘船离开那霸前往东京。此后，尚泰一直居住在东京。

松田道之在琉球停驻到六月，见证了冲绳县的起步。同年十二月十二日，松田道之就任东京府知事。两周后，东京日本桥区箔屋町发生火灾，一万零四百三十栋房屋被烧毁，这是维新后发生的最严重的火灾。松田道之计划在废墟上修建由道路、运河、砖砌仓库构成的防火带，这一计划得到太政官的许

银座砖瓦街　不光是主干道上的建筑，后面的房屋、土仓结构的建筑等都是防火建筑，银座由此成为东京最有代表性的街区。虽然这些建筑物在关东大地震中都被摧毁了，但银座象征东京的地位并未遭到动摇（《东京银座炼瓦石造繁荣之图》，东京都立中央图书馆东京志料文库藏）

可，但没能得到负担相关费用的府会的同意，最终夭折。明治十四年（1881）二月，松田道之与警视总监桦山资纪联合制定了《东京防火令》，并将其作为东京府的布告发布。当时的府会没有条例制定权，只要太政官批准，他们即可根据自己的判断制定条例。藤森照信曾详细研究过该条例诞生的过程。

《东京防火令》要求用砖砌、石造或土仓结构的耐火建筑，加固中心街区的主要街道和运河沿岸地区，使之成为防火带；用瓦片等耐火材料覆盖市中心所有房屋的屋檐、厢房、杂物间、厕所。《东京防火令》与现在城市规划中的《防火规则》以及过去的《建设砖砌街道》命令有所不同，《东京防火令》不仅要求改建新房屋，同时还要求改建既有的房屋。如若期限内未加以改建，则“立即拆除，并补征其费用”。

防火带范围内约有三千栋房屋，需要更换屋檐材料的房屋约有六万四千栋。在这其中，有将近一半的房屋需要改造，而改造费用由房主承担。明治十五年（1882），东京府表示，暂时无力负担费用之人，可按月缴纳改造费。但每月缴纳的额度与缴纳期限，将由东京府规定。如果无法缴纳，警察将会出动；如果持续滞纳，房屋将会被拍卖。

这一制度出台后，不待官方强行拆除，东京居民就在明治二十年（1887）八月前完成了房屋的改造、拆除工作。遗憾的是，松田道之于明治十五年（1882）七月逝世，享年四十三岁，他没能目睹面貌一新的东京城区。而尚泰出门时，正巧看到了松田道之的送殡队伍。

消防的近代化

除了改造房屋，使之不易起火，政府还同时推进了消防近代化的建设。当时，东京的消防工作归警视厅下辖的消防组负责，消防组则由江户时代以来的市内灭火队更名而来。大警视川路利良意欲推进消防改革，重组消防组，并增加手持泵作为消防设备，但川路利良在明治十二年（1879）十月去世了。鉴于后来大火频发，明治十三年，当时的警视局东京警视总署便在消防组之外又组建了新的消防队。

东京市改造蓝图 （《东京市区改造预想图》，国文学研究资料馆藏）

警视总署要求消防队队员和巡查一样，要把一切与工作相关的内容记录在册。消防队队员以士族为中心，据说是“士族与书生出身”，而消防组则由江户时代以来各町担任警备、搬运工的人组成。这两个团体的性质完全不同。消防组虽然也用泵，但主要采用传统的消防方式灭火：消防组的人会身穿刺子[1]，手持消防钩，把燃烧的建筑物当场拆毁。与此相对，消防队的人则身穿西式制服，用手持泵喷水灭火。传统的灭火方式需要消防员会使用消防钩，而消防队则按照和手持泵一起从法国引入的方法训练。

大火往往出现在冬季。明治十三年（1880）至明治十四年的冬天，传统的消防组与新建的消防队一起出现在火灾现场。

1 刺子，衲缝衣料。将多层棉布整片密实地缝在一起，因能保温且结实，故用于柔道服、消防服等。

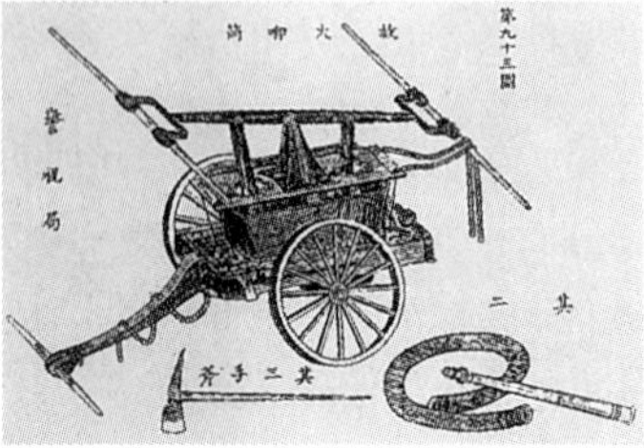

消防泵 川路利良在日本国内仿造了他在法国见过的泵。江户时代的龙吐水仿照的是17世纪荷兰的泵。两者的制动原理相同，但前者的喷水强度更大，用吸管吸水，用软管放水，这样使用起来更加方便（甲号泵，出自《明治十年内国劝业博览会展品解说》）

但这个冬天不断有严重的火灾发生，火灾的次数甚至比前一年冬天还多。消防组与消防队出现了反目，双方甚至在明治十四年的新年消防演习会上爆发了群殴事件。由此可见，双方很难携手合作灭火。

最终东京府会解决了这一问题。以《东京横滨每日新闻》为阵地的民权家沼间守一担任议长的府会区部会，以“未经府会审议而建立的消防队无所作为，而传统的消防组更有用”为由，于明治十四年（1881）否决了消防队预算，撤销了消防队。这令警视厅颜面尽失。府会在充分了解东京实情的基础上，做了这样的行政决定。或许因为频频发生大火，引发重大火灾的场所减少，第二年冬天没有再出现大火。

引进蒸汽泵

此后，警视厅经过进一步研究，提出了以传统的消防组为中心改进消防的措施。如：明治十七年（1884），警视厅引进了更小巧、更适合在东京使用的手持泵，并在上水道设消防井，在各区设屯兵处，安排消防组员轮流值班，等等。之后，府会采纳了这些建议，同时通过了沼间守一提交的引进蒸汽泵的议案。明治四年（1871），蒸汽泵曾被引进过，但由于当时蒸汽泵还需要被马匹牵引，很难在东京通行，缺乏实用性，因而遭到了避忌。府会认为，随着道路与消防井的完善，蒸汽泵已具备了实用性。

明治十八年（1885），府会又审议增加了两台警视厅草案中没有的蒸汽泵。明治二十年，涩泽荣一等有志之士捐赠了一台蒸汽泵。人们认为如果桦山资纪总监还在任，他或许会积极支持导入蒸汽泵一事，可惜他在明治十六年被调离警视厅。警视厅不愿与消防组起正面冲突，所以警视厅并没有把蒸汽泵列入预算草案之中。

从明治二十年（1887）的年度预算开始，警视厅的方针突然转变，开始提议购买蒸汽泵，到明治二十二年，警视厅共购买了八台蒸汽泵。这是因为三岛通庸担任了警视总监，他购买了蒸汽泵，雇用专人操作，并让他们穿上西式制服，在喇叭的指挥下进退。与此同时，三岛通庸还废除了一直以来作为新年消防演习会压轴节目的梯上表演，取而代之的是用蒸汽泵进行的喷水演练。

此后，消防事务主要还是由消防组员负责，梯上表演后来虽在三岛通庸任职期间被恢复，但蒸汽泵却逐渐成了火灾现场的主角。负责操作蒸汽泵的职员，从消防组员或一般人中招聘，现在东京消防厅的消防员即起源于此。可以说，以展示新式机器威力为中心的新年消防演习会，以及三岛通庸本人，推动了消防员的诞生。

由沼间守一、福地源一郎、田口卯吉等带领的府会，为了纠正警视厅的失策，将有头有脸的城市有产阶级的意愿表达出来，对消防近代化做了规划。在重视机械力量这一点上，他们与喜欢推进有效改革的三岛通庸产生了共鸣。

工部省、农商务省与道路

明治十六年（1883）、明治十七年间，如何修建、利用道路，成为政府亟待解决的问题。因官营事业的不景气，工部省不断出售工厂、矿山。明治十六年，工部省多次提出以土木取代矿产工业作为核心业务。由内务省管理的道路建设事业被交给府县负责，但因技术的不成熟，全国性的道路网络并未形成。因此，作为技术部门的工部省提出，要投入官费整修全国的道路与河川，这样一来，像福岛事件那般，会引发县令与县会、居民对立的事件便不会发生了。

另一方面，同年农商务省要求制定《驿传法》。明治八年（1875），各驿站的陆运会社解散后，道路运输一直处于自由营业的状态。由于没有政府部门监管从事陆运的人，所以他们“放恣傲慢”，给“人民交通”造成了不便。为此，农商务省提议，在各驿站设立监管所，统一运费。

概言之，这就是要否定自由营业，恢复江户时代以问屋场[1]为中心的宿驿制度。在经过太政官讨论后，农商务卿与内务卿联名向府县下达了《驿传营业管理准则》，要求地方官以此为基础制定细则。据此，从明治十八年（1885）到明治十九年，几乎所有府县都以辖区内主干道的驿站为中心，划分出了十几个区域，要求区域内的陆运业者与客栈，服从各驿站行会的管理。由此，运费得到统一，同时遭遇事故时的赔偿制度与用于改进搬运工具的储蓄制度被建立起来，陆运事业逐步完善。这一时期，适逢经济不景气，旅客和货物运输需求的减少，导致竞争激烈，在主干道沿线谋生的人们日子过得十分艰难。倘若能通过管理所得到定额的工作，于他们而言也有好处。但从明治十九年开始，随着旅客、货物运输需求的增加，管理所效率低下、征收税费引起从业者不满的问题，最终致使该制度于明治二十年被废除。

明治十九年（1886），内务省制定了与陆运相关的各项营业管理准则，府县据此制定了具体的规则。陆运业由此转变体制，遵守这些规则的从业者自此开始自由竞争。而自从有了以地域为单位掌握从业者情况的驿传行会，管理各行业才成为可能。驿传行会建立起储蓄制度，并将其用于从业者受灾时的赔偿与改良工具时的花费，它开展的各项活动成为陆运业近代化

1 问屋场，在主干道的驿站换乘驿马的地方。

的前提。另一方面，驿传行会的垄断与死板也妨碍了经济的发展，这导致其最终被解散。

工部省与农商务省的上述尝试，也可以说是专业官僚进行体制改革的尝试。工部省强调土木技术的专业性及其在全国性计划中的优先地位。同一时期，农商务省则把在监管各行业产品粗制滥造问题上卓有成效的同业行会制度运用在了道路运输行业上。在行政上分工专业、积累了一定经验的官员，凭借他们的专业水平，尝试从各自的立场出发，贯彻维新的理念。遗憾的是，实际情况并不如他们想象的那样发展。

三岛土木局长

处理完福岛事件，修建完三方道路后的三岛通庸，于明治十六年（1883）十月调任枥木县令。此后，他开展了一系列的工作，如：推进与三方道路相连的盐原大道的建设，将县厅从枥木迁移至宇都宫，建立起宏伟的县厅大楼，等等。当时，其他府县的县厅建设已经告一段落，三岛通庸应地方的要求，迁移了县厅，这为新建符合他喜好的三层楼的县厅，找到了最好的理由。

为报福岛事件之仇，河野广中的外甥广体等人计划在县厅落成仪式上投掷炸弹，暗杀三岛通庸。然而，落成仪式后被延期，加之广体等人为筹措资金袭击当铺，炸弹发生破裂事故，他们遭到警察的追捕，这十六人在加波山宣布举兵。翌日，他们袭击警察分局失败。最终，他们因杀害巡查与强盗罪被判刑。这就是人们所说的“加波山事件”。这一事件可以说是民权运动中最激进、直接的抗争行动。

明治十七年（1884）十一月，三岛通庸以内务省土木局长的身份重返东京。在担任土木局长期间，三岛通庸公布了全国的国道线路，制定了《土木费准备法案》。明治九年，政府制定了国道线路要连接东京与各府县厅、通商口岸的方针，但却没有选定具体的线路。因关联军事问题，政府也征求了陆军的意见。不过，负责协调的太政官裁定，按照内务省的草案实施，太政官并未采纳陆军意见。

内务省原计划修建四间宽的道路，但陆军要求修建六间半宽的道路以便野战炮在任何地方都能调头。这属于军事技术上的要求，没有考虑道路的运输能力。况且，参谋本部没有负责运输的部门，陆军也无法从专业角度在路面修筑方式、曲线部分半径、倾斜度等方面提出具体的要求。担任内务卿兼参谋本部长的山县有朋最清楚这一点。不过，陆军省对于道路路线的要求，考虑到了镇台、分营与辖区内各地的联系需求。相比内务省计划以东京为中心修建放射状道路网的方案，在构建全国性道路网的问题上，显然陆军省的道路计划更为合理（参照第291页地图）。但内务省对此加以反对，提出要改变明治九年（1876）的方针，就必须增加其他内容。

此后，政府开始以铁路网为依托规划全国性的交通网，结果直到汽车交通进入人们视野的大正时期，政府才重新规划了国道路线。在这一时期，选定线路是内务省为了回应“没有考虑全国性的道路体系”的批判，应对下文所说的缩小国库补贴范围而采取的措施，所以路线不能无限制地扩张。另一方面，明治十七年（1884）五月，内务省建立起与工部省、海军省一样的技术官员制度，从制度上认可了土木技师的地位。明治十九年，政府制定了详细的国道修建标准，要求据此整修道路。在土木工程方面，内务省承担起了技术机关的职能。

工部省与陆军的要求之所以缺乏说服力，最重要的原因是缺少经费。官费无法提供支持，只能依靠地方税、协议费、捐款，而这些费用的支出都要经过地方官与居民协商。一直以来，道路、河流的施工费用要在府县会决议支出地方税的基础上，再由地方官申请国库补助。三岛通庸任职期间，确定了给予各府县国库的补助额并制定了《土木费补助法案》。该法案允许地方官使用国库补助三分之一的施工费，在此前提下，地方官可以向府县会提交整修国道、河流的议案。三岛通庸试图借助这一制度，让县令更好地控制县会。

法案本身未获通过，但这一年，内务省向八位县令承诺，只要县会同意，整修国道费用的三分之一将由国库支出。因此，各县会通过了由地方税负担道路修建费用的议案。根据在

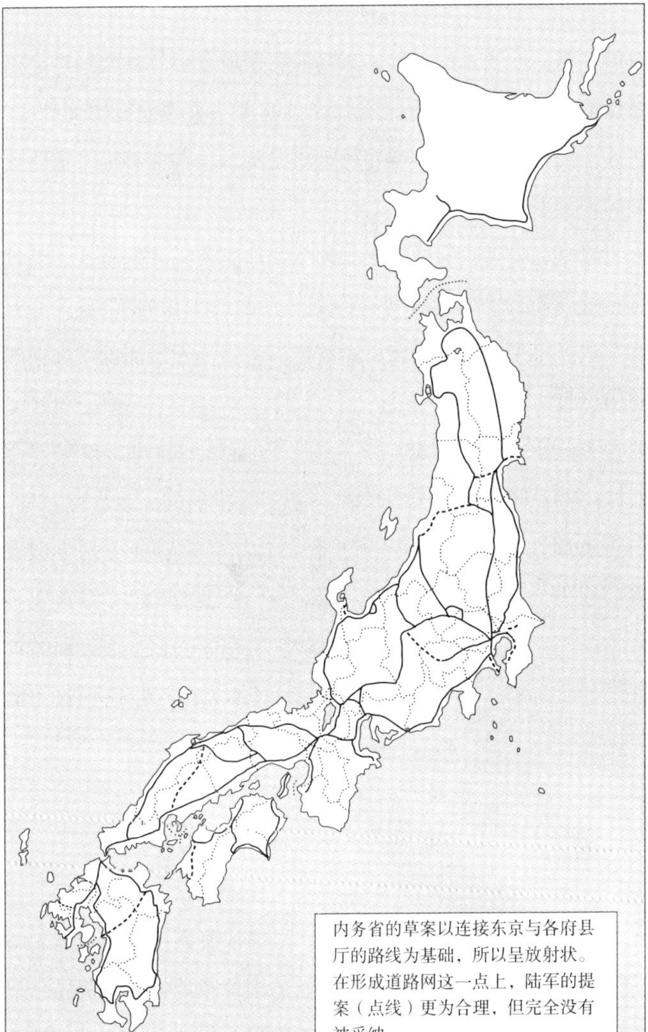

明治十八年规划的国道与明治十七年陆军省要求修建的国道联络线

山形、福岛、栃木的经验，三岛通庸采取了引导县会推进道路建设的策略。国费有限，不开议会就无法大规模地增加税收，在这样的背景下，三岛通庸的策略是唯一一种能够推进道路建设的现实手段。

当时，中央政府的构想必须依赖地方负担才能实现，管理府县的内务省更容易掌握主导权。但是，一旦将三岛通庸的方案立法，将来的支出固定，财政将失去灵活性，因此三岛通庸的构想最终没能成为制度。

明治十八年（1885）十二月，内阁制度起步，伊藤博文就任内阁总理大臣。与一直由三条实美担任的太政大臣不同，内阁总理大臣并没有由公卿担任的传统。这意味着站上国家政治权力的巅峰之人可以不问出身。这是维新的一个重要成果。内阁制度强化了各省大臣的权力，确立了大臣级别的管理层的主导权，它能够制约那些割据各省、不断扩张势力的专业官员。

修改条约

明治十八年（1885）十二月，三岛通庸调任警视总监。明治十九年七月起，他兼任临时建筑局副总裁。临时建筑局总裁由井上馨担任，他是三岛通庸任土木局长时的上司。正如内务卿三县有朋配合同乡伊藤博文制定宪法以及与之相符的地方制

内阁制度起步（明治十八年十二月）前后的大臣、参议

姓名（出身）	（卿）职务名称（大臣）		姓名（出身）
三条实美（公家）	太政大臣	总理大臣	伊藤博文（山口）
有栖川宫炽仁亲王（皇族）	左大臣		
——	右大臣		
井上馨（山口）	外务		井上馨（山口）
山县有朋（山口）	内务		山县有朋（山口）
松方正义（鹿儿岛）	大藏		松方正义（鹿儿岛）
大山岩（鹿儿岛）	陆军		大山岩（鹿儿岛）
川村纯义（鹿儿岛）	海军		西乡从道（鹿儿岛）
山田显义（山口）	司法		山田显义（山口）
大木乔任（佐贺）	文部		森有礼（鹿儿岛）
西乡从道（鹿儿岛）	农商务		谷干城（高知）
佐佐木高行（高知）	工部	递信	榎本武扬（旧幕臣）
伊藤博文（山口）	宫内		伊藤博文（山口）

度、陆军编制一样，井上馨作为外务卿，也希望能贯彻维新盛意，在外交上即修改条约方面取得成果。明治十二年开始担任外务卿的井上馨，于明治十四年开始着手修建鹿鸣馆，以使其成为与外国人交际的场所。明治十六年十一月，鹿鸣馆开馆。另一方面，明治十五年，井上馨召开了修改条约的预备会议，为修改条约做准备。

日本方面希望能够获得关税自主权，废除治外法权。在不平等条约的限制下，日本只有一张王牌——开放内地，或曰内地杂居，即允许外国人在居留地以外的地区开展原本只允

鹿鸣馆 位于现在的千代田区内幸町一丁目，与东京府厅并列而建。宪法颁布仪式翌日，黑田首相把来到东京的地方官召集到这里，做了超然主义的演讲，表明了政府不会为议会政党动向所左右的方针（出自《东京名胜图绘》，国文学研究资料馆藏）

许在居留地以内开展的活动。此前，外国人借口日本的法律和审判制度不完善，称遵守这样的法律令人心中不安，因此才获得了治外法权。如果日本的目标是建立和欧美诸国相同的国家，那这一问题便可以得到解决。况且，废除治外法权，也能够更好地展示制定宪法的成效。

完善法典与建立审判制度需要日本国内达成一致。除此之外，培养能够灵活运用法律的法律工作者也需要时间。因此，此时日本只能使外国接受日本正往这一方向发展的现状，设法使他们同意修改条约。欧化政策填补了这段时间的空白。穿西式服装，跳西洋舞蹈，展示了日本欧化的决心。临时建筑局计划在鹿鸣馆周边修建新的政府官厅街，因此他们推进了聘请德国技术人员的计划。

明治二十年（1887）四月，政府通过井上馨的草案。井上馨的草案包括以下内容：在两年内开放内地；依据“泰西主义”，完善以英文为原文的法典及审判制度；在与外国人有关的诉讼中，半数以上的审判由外国法官负责的八个地方裁判所，将采用日语和英语作为通用语言；以此为条件，五年后废除治外法权。但这一草案成为以集结反政府势力为目标的大同团结运动的攻击目标，加之政府内部的谷干城、胜海舟等人也反对，该草案于明治二十年七月被迫延期。同年九月，井上馨辞去外务大臣与临时建筑局总裁职务，修建政府官厅街的计划中止。司法省与裁判所的建筑已经动工，司法省的建筑至今仍在使用。

保留至今的司法省的建筑（东京都千代田区霞关的法务省）

《保安条例》

明治十八年（1885）年末，东京掀起了目标是在帝国议会上结成民权党的政治运动。特别是在井上馨辞职后，人们认为井上馨辞职正是上述运动引起政府动摇的表现。于是，以“减轻地租、言论集会自由、挽回外交”三大事件为核心的建白运动展开，各地代表或是自诩为代表的人陆续涌向东京。有鉴于此，政府于明治二十年十二月二十五日公布了《保安条例》。《保安条例》要求危险人物不得进入皇居周围三里范围内，即日执行。

三岛通庸认为，如果不能严格执行该条例，反而有损政府威信，于是对此提出了反对意见。但在政府决定实施该条例后，三岛通庸立刻在芝公园弥生社召开忘年会，对前来参会的署长、干部说明缘由，并于翌日清晨逮捕了相关人员，将他们驱逐出京。最终，三千余人被逮捕，四百五十二人遭到驱逐，其中高知县人多达三百四十四人。那些被驱逐的人主要是自由党派的壮士。星亨、林有造、中岛信行、片冈健吉等人也在被驱逐之列。条例公布当日立即实行，因此很多人莫名其妙就被驱逐出了东京。身为《朝野新闻》记者的尾崎行雄，甚至在震惊之余，把自己的号由“学堂”改成了“愕堂”（后改称咢堂）。

民权家们因此更加憎恶三岛通庸。这本来是一场全国性的运动，但把相关人员驱逐出东京，反倒成了有效的对策。这一点极具象征性，它表明不同于西南战争以前的情况，人们已默认中央集权的现代化是以东京为中心向前推进的。正因为争夺围绕主导权展开，所以反对派才会集结到东京。

明治二十一年（1888）二月，政府任命大隈重信担任外务大臣，负责修改条约的交涉。大同团结运动不再是旧自由党与改进党的联合运动，明治二十一年，后藤象二郎游说地方，成为该运动的象征。《保安条例》颁布后，大同团结运动转变为以开设议会为目标的地方选民组织，开始发挥作用。

明治二十一年（1888）四月，黑田清隆取代伊藤博文成为内阁总理大臣。三岛通庸提出想担任北海道长官，希望能修建一条贯穿札幌与根室的道路，在道路沿线设屯田兵村，使北海道全岛成为皇室的御用地。然而，吟咏着“此身与雪共消融，为君深入虾夷地”的他，却在十月二十三日病危，亲朋好友纷纷赶赴他的病榻前。根据十年后问世的三岛通庸的传记所载：自萨摩藩士时代以来的同志、东京府知事高崎五六紧握三岛通庸之手，为他鼓劲。三岛通庸睁开眼，在“口呼两声‘二十三年’‘二十三年’后辞世”。议会开设后将迎来怎样的时代？直到人生的最后一刻，三岛通庸惦记的或许还是这件事吧！

第六章

颁布宪法

第一节 | 宪法颁布仪式

宫城

明治二十二年（1889）二月十一日早上，前一天夜里开始下的雨在夜半时分转为雪，东京一片银装素裹。上午八点，白雪纷飞，马车、人力车在泥泞的土路上飞奔向昔日德川将军家的居城——改名为“宫城”的江户城。人们终于迎来了《大日本帝国宪法》颁布的时刻。

从德川家手中继承来的江户城西之丸的宫殿，于明治六年（1873）五月被大火烧毁。从那以后，天皇便居住在现在的赤坂迎宾馆、东宫御所附近的临时皇居。明治七年一月，刚离开临时皇居的岩仓具视，因意见分歧遇袭。明治十一年五月，大久保利通在前往临时皇居内的太政官上班途中，殒命于纪尾井坂。新的宫殿在明治二十一年十月落成，它被命名为“宫城”。

现在，人们很容易把“宫城”读成“miyagi”，其实它应该读作“kyujo”，这才是宪法规定的皇居的名称。宫城县知事很快提出，更改县名以避讳，但被告知没有必要这么做（《朝野新闻》二十一年十二月二十八日）。由此可见，当时的人们也认为，皇居与县名读音相同，容易造成混淆。

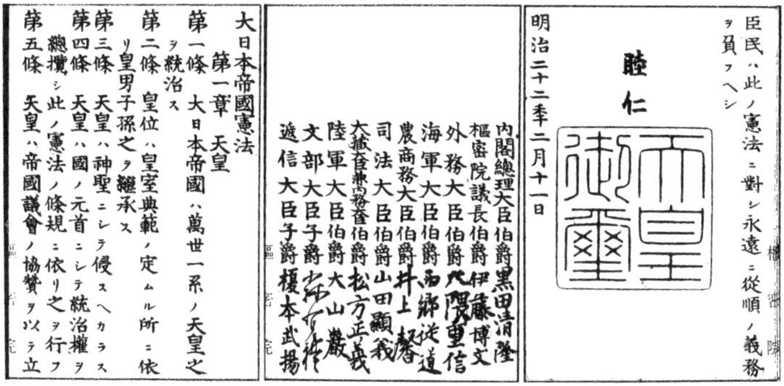
臣民ハ此ノ憲法ニ對シ永遠ニ從順ノ義務ヲ負フヘシ
睦仁
天皇御璽
明治二十二年二月十一日
内閣總理大臣伯爵黒田清隆
樞密院議長伯爵伊藤博文
外務大臣伯爵大隈重信
海軍大臣伯爵西郷従道
農商務大臣伯爵井上馨
司法大臣伯爵山田顯義
大藏大臣兼内務大臣伯爵松方正義
陸軍大臣伯爵大山巌
文部大臣子爵森有禮
遞信大臣子爵榎本武揚
大日本帝國憲法
第一章 天皇
第一條 大日本帝國ハ萬世一系ノ天皇之ヲ統治ス
第二條 皇位ハ皇室典範ノ定ムル所ニ依リ皇男子孫之ヲ繼承ス
第三條 天皇ハ神聖ニシテ侵スヘカラス
第四條 天皇ハ國ノ元首ニシテ統治權ヲ總攬シ此ノ憲法ノ條規ニ依リ之ヲ行フ
第五條 天皇ハ帝國議會ノ協贊ヲ以テ立

《大日本帝国宪法》（独立行政法人日本国立公文书馆藏）

宪法颁布仪式在外观为日式风格、内部装潢为西式风格、已焕然一新、木香四溢的宫殿内举行，人们由此感受到了新时代的来临。

这一天（二月十一日）是纪元节，即现在的建国纪念日。修改历法后，人们把被视为神武天皇登基日的公元前660年的元旦，换算成太阳历的日期。一边提倡回到神武创业的时代，一边采用太阳历——作为文明开化标准的西洋历法，充分体现了明治政府的特点。明治初年，明治天皇的诞辰即天长节是在九月二十二日。明治六年（1873）采用太阳历纪元后，天长节被改定成了十一月三日，也就是日本现在的文化日。

上午九点，宫中三殿举行纪元节御亲祭，仪式开始。雪恰好在这个时候停了。每年宫中都要举行纪元节御亲祭，这一次天皇在献上玉串亲自参拜后，宣读告文“朕宣誓现在及将来带领臣民履行宪章”，宣布宪法正式颁布。这一年的纪元节御亲祭也因此被视作宪法颁布仪式的一环。

纪元节御亲祭

官僚中的干部、华族、府县知事等皆出席了御亲祭。天皇在群臣面前宣誓的情况，和庆应四年（1868）的天神地祇御誓祭相似。公卿、诸侯、征士等参加了天皇宣布《五条御誓文》的天神地祇御誓祭。这两次祭典的人员构成并没有什么差别，实际上有很多人两次祭典都参加了。

不过，参加者的地位却发生了改变。御誓祭时，天皇与公卿、诸侯各自宣誓，违犯誓约者将受到天神地祇的惩罚；而在御亲祭中，只有天皇宣誓，其他参加者作为天皇的臣子，叩拜行礼。御誓祭时，天皇只负责进献玉串，祭文和《五条御誓文》皆由副总裁宣读，而御亲祭正如其名所示，天皇亲自宣读了告文。

另外，宣誓的对象也发生了变化。御誓祭时，天皇是在“天神地祇面前”宣誓的，而此次，天皇仅向始于神话时代的天皇祖先宣誓。宫中三殿由贤所、皇灵殿、神殿组成。其中贤所自古就有，用以供奉天照大神的牌位神镜；皇灵殿被用来祭祀历代天皇、皇后和皇亲；神殿则被用来祭奠天皇的守护神八神[1]等天神地祇。天皇只在贤所与皇灵殿宣读了告文，即天皇只对皇祖皇宗宣读了告文。除此以外，天皇还参拜了祭祀其他神灵的神殿。

贤所自古以来就在宫中。神殿的前身八神殿自中世废除神祇官以来，一直由白川家与吉田家负责祭祀。天神地祇御誓祭由担任神祇事务局督的白川资训主持。明治二年（1869），神祇官从太政官中独立出来，八神殿被并入神祇官的神殿，天神地祇与皇灵也被合并在一起祭祀。明治四年九月，皇灵从神祇省转移至宫中的贤所。明治五年四月，神祇省被废除后，神殿被迁移至宫中。祭祀活动集中在宫中的做法，缩小了新政府中以祭神为职务的神道系人员的活动范围。虽然在倒幕阶段，神道系的保皇派出力不小，但新政府不愿给予他们政治权力。

举办了这一天祭奠的宫中三殿，是随皇居迁移的新建筑，它们在一个月前刚刚被修建好。这是宫中三殿第一次作为独立的建筑被分离出来。宫中三殿至今仍在使用。

一年前的六月十八日，伊藤博文开始在枢密院审议宪法草案。他指出，欧洲与日本的不同在于：欧洲有宪法政治的传统，而日本没有。在欧洲，宗教即基督教深入人心，是国家的中心。而在日本，宗教没有这样的力量。皇室才是国家

1 八神，即神产巢日神、高御产巢日神、玉积产日神、生产日神、足产日神、大宫卖神、事代主神、御食津神的总称。

的中心。所以说，祭祀集中于天皇一身，在此被赋予了新的定位。

宪法颁布仪式

正式的宪法颁布仪式于明治二十二年（1889）二月十一日上午十点四十分在宫殿的正殿举行，这是一场我们常在绘画中见到的西式仪式。

宪法颁布仪式与御亲祭一起举行。这样做一方面是为了展现天皇向祖先宣誓将遵守宪法的场面，另一方面是为了向全世界昭示，在宪法中被称为“臣民”的人面前，天皇颁布了宪法。除了参加御亲祭的人员，获得三等勋章以上的人，在京三等以上的奏任官、四等以下的奏任官代表，各国公使，还有各府县会议长也出席了宪法颁布仪式。政府聘请的“御雇外国人”和报纸杂志的记者同样在场。

根据帝国大学的御雇外国人巴尔茨留下的记录显示，他在身穿玫瑰红色拖地礼服的皇后身后，看见了同为德国人的女官冯莫尔夫人，他还看见了岛津忠义身穿洋装却梳着发髻的“奇妙情景”。许多外国人都见证了这场全员身穿洋装举行的仪式。明治政府这样做的目的，是为了向西方各国宣告日本正在向西方的立宪制过渡。不过，正如岛津忠义身穿洋装却梳着发髻所昭示的，很多人虽然赞同颁布宪法，但却很奇怪为什么要穿着

宪法颁布仪式图 （东京大学法学部附属明治新闻杂志文库藏）

洋装举行仪式。

最初，政府要求府县会议长“参观”仪式，后来在埼玉、三重、大阪、兵库府县会议长的请求下，政府改为邀请他们“出席”仪式。关于这一点，当时的报纸做了如下的报道：

> 事关代表人民之府县会议长，待之与诸官吏不应有厚薄，右之府县会议长得此荣光不仅本人颜面有光，亦可由此推知万乘之君为四千万平民计之心，实令万民悼恐，欢喜不知该如何计。（《朝野新闻》二月九日第二版）

府县会议长是人民的代表，无位无官之人因为代表人民而与官员平起平坐，出现在天皇面前，这是前所未有之事。每个府县仅限一人参加，其中包括未能等到帝国议会召开、翌年便过世的东京府会议长沼间守一，以及在第一次总选举中当选为众议院议员而后辞职、倾注后半生在足尾铜矿事件上的栃木县会议长田中正造。想必当时他们一定都无比满足吧！

内大臣三条实美手捧宪法进入仪式现场，随后天皇将宪法授予了内阁总理大臣黑田清隆。

宪法的起草者

仪式结束后，天皇在凤凰宫亲自将旭日桐花大绶章授予枢密院议长伯爵伊藤博文。晚上七点开始，天皇在丰明殿举行宴会，招待一百一十九名亲任官以上的官员。据说枢密院书记官井上毅、伊东巳代治、金子坚太郎作为宪法调查委员，在宴会上接到了特殊的命令。当时，人们已知道宪法虽然名义上是天皇制定的钦定宪法，但实际上它是由以伊藤博文为首的上述人员制定的。

这一天，感慨最深的当属伊藤博文。天保十二年（1841）出生在山口县熊毛郡农民之家的伊藤博文，这一年四十八岁。伊藤博文十四岁时，他的父亲成了藩中足轻的养子，他也由此摆脱了农民的身份。文久三年（1863）因在尊王攘夷运动中表现出色，伊藤博文获得了士族身份（仅限伊藤博文本人）。同年，他与井上馨等人前往英国。随后，伊藤博文听说长州藩炮击了外国船只，开始攘夷。于是，伊藤博文匆忙回国，投身于幕府统治末期的动乱之中。

庆应四年（1868）五月，伊藤博文担任兵库县知事。明治二年（1869）七月，他被调往大藏省，作为开明派官员在大隈重信手下工作。当时的工部没有工部卿，伊藤博文便以工部大辅的身份担任工部负责人，加入岩仓使节团。从这一时期开始，比起山口人的领袖木户孝允，伊藤博文与鹿儿岛人大久保利通走得更近。大久保利通去世后，伊藤博文继任内务卿一职。在明治十四年（1881）的政变中，伊藤博文把大隈重信赶下台，并成为在政府内与鹿儿岛人黑田清隆并驾齐驱的实权人物。黑田清隆不适合从政，他因嗜酒、酒品不好等原因，声名日下。而伊藤博文与大久保利通一样，不拘泥于同乡关系，广泛与人交往，提拔人才。因此，他获得了政府内部多数人的支持，并得到了天皇的信任。伊藤博文曾请求天皇也赐予黑田清隆旭日桐花大绶章，但天皇只将绶章赐给了伊藤博文。

在丰明殿受到天皇犒劳的井上毅、伊东巳代治、金子坚太郎等人，从明治十九年（1886）起便与伊藤博文一同负责起草宪法。

宪法既是对未来的设想，也是对明治政府成立以来诸多构想实施后的总结，即大久保利通所说的“贯彻维新之盛意”。有一点是无须多言的，即制定宪法并不是对此前维新与开化过程的否定，而是为了开设议会。因此，在实际起草宪法的过程中，宪法能够展开新设想的余地其实很小。

天皇是国家元首，统帅权掌握在天皇手中。开设议会、司法权独立、征兵和纳税的义务，以及在某种程度上规定国民的权利，这些内容都是宪法中不可或缺的内容，而问题正在于如何才能在条文中，把它们准确地表述出来。对于一直关注宪法制定进展的人而言，宪法的大体内容是可以预测的。问题是，宪法由谁，在什么时间，如何起草。

明治八年（1875）召开的大阪会议决定设立元老院。明治九年，元老院开始起草宪法，明治十三年草案完成。但是，该草案最终并未得到参议们的审议。据鸟海靖的研究显示，这并不是因为草案中的民主要素太多，而是因为草案是由引起政府首脑不满、成为他们绊脚石的元老院起草的。

英国模式？普鲁士模式？

正如第四章所讨论的，在自由民权运动兴起的过程中，设立民选议院的要求自然转变成了制定宪法的要求，民间也制定了宪法草案。特别是在明治十三年（1880）十一月，以河野广中为议长的国会期成同盟第二次大会上，来自全国各地的民权家代表们决议，在第二年十月召开下一次会议前，各自拟定宪法草案。各地的个人、团体制定了许多被称为“私拟宪法”的民间草案。从个人构思国家的发展方向这一点看，私拟宪法在日本历史上是一个特殊现象。当然，在内容上，绝大部分的私拟宪法都与上述由国家拟定的草案总体框架一致。

争论的焦点集中在让议会拥有多大的权力，以及何时实施宪法上。政府内部的大隈重信等人与在野的福泽谕吉等人主张，早期宪法应以议员内阁制为原则，采用英国模式，强化议会权力，由在议会占多数席位的政党组阁。与此相对，岩仓具视希望能走逐步推进的路线。井上毅拟定了符合岩仓具视要求的草案。

戊辰年，井上毅二十五岁，他出生于熊本藩家老的家臣之家，在藩校学习汉学后，他参加了戊辰战争。战争前后，他在江户、长崎学习法语。明治三年（1870），井上毅加入新政府，与川路利良、沼间守一等人一同被派往法国学习法律。身为陪臣的井上毅之所以能进入藩校学习，得益于他在汉学方面过人的才华。掌握了法国法学知识的井上毅，曾跟随大久保利通，前去同清朝交涉。此后，井上毅在新政府中负责起草各种奏请书、诏敕案。据木野主计的研究显示，明治八年颁布的、作为大阪会议结果的《渐次立宪诏书》也是由井上毅起草的。

井上毅的构想采纳了德国顾问劳斯乐的意见，他决定在初期制定普鲁士模式的宪法。较之英国模式，普鲁士模式的宪法拥有更强大的行政权。但伊藤博文并不喜欢井上毅的做法，因为身为书记官的井上毅，不仅提出了如此构想，而且还开始着手协调政府首脑间的关系，试图将构想付诸实践。

如果采取议员内阁制，今后便可以把制定政策的事交给政党。因为从理论上说，只要提出政策构想的政党参加选举并获胜，那么该政党即可组阁，实施其构想。根据大隈重信的方案，太政大臣、左大臣、右大臣与军队、警察、司法官，以及一般官僚，原则上终身为中立官，参议与各省的卿至局长为政党官。最终谁掌握政治实权，交由选民与政党决定。

但如果不采取议员内阁制，而选择把行政从议会中独立出来的路线，那么“谁掌握行政主导权”这个问题就会变得比任何时候都重要。也就是说，掌权者既要有能够经得起议会批判的权威性，又要具备能在议会答辩的实际能力。

奉还版籍前，政府曾在主要的行政官中实施过公选，以使得被选上的行政官能获得与公议所的公议对抗的权威性。在开设议会前，政府必须做好比前者更充分的准备，而这需要时间。

立宪领袖

为了确保在宪法的指导下，行政指导者能够从议会中独立出来并获得权威性，最好的方法便是由指导者本人或其所属集团来负责制定宪法。

大隈重信因明治十四年（1881）的政变下台。负责将大隈重信提出的《宪法意见书》付诸笔端、同时参与福泽谕吉门下交询社制定私拟宪法草案活动的矢野文雄，以及掌握邮政行政大权的前岛密等大隈派官僚也随之下野。他们与沼间守一、岛田三郎等嘤鸣社成员，共同创建了立宪改进党。大隈重信本人认为，若能够按照他的构想开设议会，由福泽谕吉和过去曾在他手下推进开明政策的伊藤博文及井上馨等人组成的政党，就能在议会占据多数席位，成功组阁。谁知伊藤博文和井上馨反而调转枪头，把他赶下台了。

随后，政府宣布，九年之后再开设国会。这令建设有权威的、权力超过议会的行政部门的工作，有了足够的时间。各方力量同意，在新晋政府首脑伊藤博文的主导下，起草宪法。

第二年，即明治十五年（1882），伊藤博文为考察宪法前往欧洲。他与德国皇帝威廉一世交谈，也听了法学家格耐斯特讲课，并做了种种的调查。西园寺公望为研究宫中制度随行。驻德国公使青木周藏担任陪同翻译，随行的伊东巳代治负责记录。伊东巳代治是长崎人，修习过英文，明治四年来到东京，进入工部省的电信修技校学习。毕业后，他先任报社记者，后又成了兵库县的翻译官。明治九年，伊东巳代治回到工部省，辅助工部卿伊藤博文。此后，他随伊藤博文辗转任职，成了一个有才干的秘书。

威廉一世与格耐斯特认为，在无须议会同意的前提下，应该是能够执行预算的。但伊藤博文却采纳了德国非主流的斯坦因的学说，禁止削减在法律上已通过的支出预算。议会拥有对预算的决议权，如若预算没有通过，则可以按照上一年度的预算执行，因为这样有府县会的先例。此外，岩仓具视也认为，能执行上一年度的预算标准即可。伊藤博文并没有完全照搬在德国考察的成果，他以本国目前的发展状况为前提，做出了灵活的选择。

不是说伊藤博文等人不前往欧洲考察，就无法制定宪法条目。伊藤博文此次考察最重要的目的是，通过直接学习，让自己同那些依赖书籍获取信息的民权家、政府内部人员拉开差距，以获得作为宪法起草者的权威性。坂本一登称伊藤博文是“立宪领袖”。自由党的板垣退助、后藤象二郎，不顾党内部分人士的反对，也毅然在伊藤博文之后前往欧洲考察。由此可见，伊藤博文此行应该给人们造成了很大的冲击。不过，没有政府当后盾的板垣退助等人，并没有获得伊藤博文那么好的学习环境。

伊藤宫内卿

明治十六年（1883）八月回国后，伊藤博文率先着手实施了宫中与华族制度的改革。在华族与宫中问题上，拥有极大发言权的岩仓具视，于同年七月逝世。翌年三月，伊藤博文成为宫内卿，他在宫中设制度调查局，亲自担任长官，并以井上毅、伊东巳代治、金子坚太郎为中心，开始制定新的制度。天皇要制定钦定宪法，因此需要在宫中做调查，只有以此为名，草案才有可能不被大臣、参议主导，而是转由伊藤博文单独带领有能力的属下拟定。这样一来，草案将无须经由审议一般法律的元老院讨论，即可通过。

废藩后不久，金子坚太郎得到了旧福冈藩主黑田家的经费支持，与团琢磨一同留学美国，在哈佛大学学习法律。明治十一年（1878），金子坚太郎回国。回国后，他在东京大学担任预备门教员。在嚶鸣社成员、元老院书记官沼间守一等人的推荐下，他被任命为元老院书记官。当时，沼间守一与田口卯吉、岛田三郎等人正在起草宪法草案。沼间守一下野后，金子坚太郎仍留在元老院，负责起草元老院对宪法的意见。此时，金子坚太郎的立场从制定私拟宪法转变成了制定钦定宪法。

伊藤博文制定了由公、侯、伯、子、男五个爵位构成的华族制度，他自己担任伯爵。该等级划分重视家世门第，因此获得了这部分人的支持。伊藤博文从旧日的武家中，挑选华族中地位最高的公爵，德川家和在维新上有功的岛津家、毛利家并列公爵之位，他们恢复了被新政府剥夺封地以前的地位。据坂本一登的研究显示，伊藤博文特别重视宫内省的高官与深受天皇信赖的武官，并得到了他们的支持。对伊藤博文的开化路线持批判态度、深得天皇信赖的侍讲元田永孚，也赞成这一爵位制度，元田永孚因爵位名称合乎《周礼》而感到高兴。当然，伊藤博文这么做，是因为这一制度是构成议会上院的前提，这样做也能使日本的华族制度被翻译成欧洲贵族的爵位制度。

明治十七年（1884）八月七日，“授爵奉告祭”在宫中三殿举行。随后，宫中第一次于夜间举办了由天皇、皇后亲自参加的舞会。包括雇用的冯莫尔夫人在内，宫中之人的着装、仪式等也逐渐西化，在形式上日本皇室达成了同欧洲各国王室的统一。与制定宪法一样，皇室这样做是为了推动不平等条约的修订工作，并为建立足以同欧美列强抗衡的国家做贡献。

身为宫内卿的伊藤博文，还通过移交日本银行、横滨正金银行的股份，努力为皇室增加财富。虽然从当时的情形看，议会不可能不批准皇室所需的经费，但是伊藤博文仍然致力于让皇室拥有独立的财政来源。因为这些钱不仅能被用于维持皇室运转，它们还能支持皇室采取符合其“国家支柱”地位的行动。

明治二十年（1887）三月十四日，皇室从其财产中下拨三十万日元海防内帑金，以此为契机，海军共收到两百零三万八千日元的捐款。当时，甲申政变引发中日关系紧张。中法战争爆发后，被履行中立国义务的德国所扣押的清朝海军的主力舰定远号和镇远号，终于到达中国，这导致日本海军与清朝海军的差距进一步扩大。于是，加强海军实力成为日本政府的当务之急。但政府财政吃紧，海军不得不通过发行公债与募集捐款的方式筹措资金，这需要得到家有余财的国民的支持。皇室在此过程中起到了表率的作用。根据《明治天皇纪》，这是伊藤博文阅读意大利首相传记，看到类似事例后想到的办法。

从明治十九年（1886）到明治二十二年，政府共发行了一千七百万日元的海军公债。在皇室内帑金下拨两天后，第二期海军公债开始发售，发售期共持续十天。三月二十四日，依田学海也积极响应，前往日本银行购买海军公债。很多人以一百一十日元购买票面价格一百日元的公债来支持海军。依田学海为聊表心意，按一百零一日元申购，共购买了一千日元的海军公债。

宪法草案

此后，政府对如何强化行政体制做了探讨。明治十八年（1885）十二月，内阁制度起步，伊藤博文担任第一任内阁总理大臣。内阁制度彻底将宫中与府中，即皇室与行政部门分离。这种情况一方面使天皇不用承担政治上的责任，另一方面说得极端点，纵使与天皇意见相左，也可依靠行政部门的决定，治理国家。

明治十九年（1886）十一月，伊藤博文在德国顾问勒斯勒尔、莫泽等人的建议下，开始着手起草宪法草案，明治二十一年四月，草案完成。为审议草案，政府设立了枢密院。伊藤博文将内阁总理大臣之位让给黑田清隆，自己出任枢密院议长，负责审议宪法草案。在本书的登场人物中，川村纯义、胜海舟、副岛种臣、福冈孝弟、元田永孚等人被选为枢密顾问官。枢密院以宫中顾问官、宫中官僚与元老院的议官为中心，文部大臣森有礼、外务大臣大隈重信等大臣参与议事。天皇亲临审议现场，由井上毅说明草案，伊东巳代治等人负责记录。明治二十二年二月五日，枢密院通过了修改后的《宪法》《皇室典范》《议院法》《众议院议员选举法》与《贵族院令》。

在枢密院通过审议，这意味着上述法规乃是宫中与当时的立法审查机关——元老院的代表齐聚一堂，充分讨论后的产物。

《宪法》第五十六条规定，枢密院乃“回答天皇垂询，审议重要国务”的机构，负责审查天皇有权采取的行政措施，如缔结条约、发布紧急敕令等。依据宪法，纵使是天皇做出的决定，也无法对天皇问责，因此便需要枢密院这样一个负责做出实际决定并能承担责任的机构。

第二节 | 东京与地方

东京市内的庆典

巴尔茨明治二十二年（1889）二月九日的日记经常被引用来说明《大日本帝国宪法》颁布时的情景：

> 东京全市为迎接十一日之宪法颁布仪式，热闹非凡，难以用言语描述。所到之处皆在讨论奉祝门、照明（灯饰）、如何列队。然而，滑稽的是竟无人知晓宪法内容。

这一时期的各大报纸都在报道即将成为“开天辟地以来未曾有之盛典”（《朝野新闻》二月六日第二版）的宪法颁布仪式的庆祝计划。颁布仪式当日，到处都是前所未有的热闹景象。颁布仪式结束后，宪法颁布。

直到仪式前不久，人们才知道宪法将在这一天颁布。《朝野新闻》一月五日仍在报道宪法颁布的具体时间不详，直到十三日才报道宪法将于二月十一日颁布，那时准备时间已不足一个月。

二月五日，东京的郡区长叫来辖区内的地主、负责人，下达“当日各町每户悬挂国旗，在屋檐下挂上日之丸灯笼，出动彩车，并于十日、十一日、十二日将彩车运入本丸内”（《朝野新闻》二月六日）的指示，紧急决定了市内庆祝活动的日程安排，要求各町在七日前决定举行怎样的庆祝活动，八日在府厅协商，引导各町主动提出要举办某种形式的庆祝活动。各町要在两三天内做出决定，并在五天内做好准备工作。日程安排十分紧张，但这很符合江户人喜欢临时起意的风格，使得节日的气氛更加浓郁了。

这个季节本来就很空闲，各町利用祭祀时使用的彩车，动员各行各业的工匠准备。截至八日，各区表明要参加庆典的彩车达到了九十七辆（《东京日日新闻》二月十日）。因订货量大增，樱花灯笼制作粗糙，工匠的工资也从平时的每天三十钱涨到了每天五十多钱。东京产的小红灯笼供不应求，只好用出口用的岐阜灯笼代替，其价格比平日贵两成以上。“国旗销量猛涨，几近断货”（《朝野新闻》八日第三版）。日本铁道、日本邮船、东京马车铁道、东京电灯等在开化过程中逐渐成为主角的会社，也挖空心思装饰起来。

当天，“街道拥挤程度有如神田山王两大祭典合并，盂兰盆节与用人请假回家的日子重叠在一起”（《东京日日新闻》十三日第六版）。依田学海的女儿表演了舞蹈，早已辞官的他，悠闲地观看了女儿的表演。东京府的小卖店从十日开始的三天内，销售了约三万四五千樽酒（《东京日日新闻》十五日第三版）。这里的“樽”指四斗樽，共计一百三十六万升。就算用全东京府的人口平均计算，每人也喝了一升多的酒。十四日的《东京日日新闻》（第三版）报道："从前日到昨日，东京府中酩酊大醉者甚众，虽未闻总数，恐超三百人。"据报道，横滨十一日，"一百三十人醉卧港内道路之上，无一人因此被处违警罪"（《东京日日新闻》十三日第六版）。穷人也到处吃美食，喝美酒，做了一场美梦。

很多人从各府县赶往东京。负责运营仙台（盐釜）到高崎间线路的日本铁道从九日起增发临时列车，以应对不断增长的客流。十日，日本铁道共运送一万零两百余人前往东京。即便如此，仍有人滞留小山一带，无法于当日抵达东京（《朝野新闻》十二日第三版）。东海道线也加紧施工，希望能赶在议会开会前开通全线，但这时静冈至滨松间的线路尚未开通，于是有很多人选择乘坐轮船从关西赶赴东京。

权利自由与大赦

如前所述，宪法的总体框架明确，华族与内阁制度也得到了完善，因此宪法内容在很大程度上是可以预测的。《朝野新闻》在十日前准确报道了宪法条文共计七十六条，以及帝国议会由两院构成，众议院议员选举法规定的选区如何划分，修改宪法的必要条件等内容。人们并非像巴尔茨所说的那样，对宪法一无所知。

那么，不关心政治的普通民众是如何理解宪法，参与这场狂欢的呢？

政治色彩浓厚的《东京日日新闻》称，颁布宪法是“陛下将权利自由赐予人民，乃古今未有之仁政”（八日第二版）。《东京日日新闻》认为，宪法以保护人民的权利为中心。尽管较之《日本国宪法》，特别是从昭和战前时期压抑人权的记忆来看，现代人更强调《大日本帝国宪法》对权利的保护并不全面，但是《大日本帝国宪法》的上谕称：

> 朕以我臣民之权利及财产安全为重，予以保护，宣言在此宪法及法律范围内，保证臣民完全享有上述权利。

它强调了保护权利的方面。这明确表示，限制权利的是“法律”，法律不通过民选的众议院审议则无法生效。因此，其拥有依据民意限制权利的原则。

最让民权派满意的是为了纪念宪法颁布而进行的大赦。与此相关的内容也事先通过报纸得到了报道。八日，《朝野新闻》（第二版）的报道如下：

> 十一日当天将得到沉冤昭雪的主要人物如下：河野广中等人（政治犯）、大井宪太郎等人（准政治犯）、大石正巳等人（违反报纸条例）、片冈健吉等人（违反保安条

例)、星亨等人(违反出版条例)、渡边小太郎等人(侮辱官吏)。以上人等获准特赦，不仅免遭刑罚之苦，出狱后即可得见宪法颁布，了却平生夙愿。诸氏之感怀，实非吾等可轻易料想。

此次共有五百四十名政治犯被释放，尽管他们之中有些人没能来得及在十一日出狱。其中，许多恢复公民权之人，在第二年的大选中当选。在激进的民权事件中犯了罪的一部分人，因被判为杀人犯，而没有成为大赦对象。不过，当时言论界重要的民权家都悉数被释放，其中包括竹桥事件、秩父事件的相关人员。那些因竹桥事件被处死、埋葬在青山墓地里的人，他们的墓碑上刻下了这一天的日期。他们的家人认为，他们的罪行也在这一天得到了赦免。

这一天，有功于维新的佐久间象山、吉田松阴、藤田东湖被授予从四位，西乡隆盛被授予正三位，获得赦免。没有人再因为西南战争以前的士族造反，被关押在监狱之中。因造反而被剥夺士族地位的人，也重新回到了士族阶层。这一次，只有西乡隆盛获得了追封，虽说这是因西乡隆盛受人民敬仰而采取的特殊措施，但它也象征着在原则上所有造反的士族都被赦免了。

大赦的逻辑

关于这些人为什么被大赦，政府只说是为了庆祝宪法颁布，但《东京日日新闻》报道即将实施大赦后，又在八日刊载了名为《恳求大赦恩典》的社论，指出政治犯受罚皆因“于今日举行盛典，授予国民完全之国宪之际，恐其煽动事变，破坏难得之大计”，现在已经没有这样的顾虑，所以恳请特赦这些人。

《大日本帝国宪法》的上谕称“履行明治十四年十月十二日之诏命，兹制定此大宪”，这表明宪法是根据明治十四年（1881）开设国会的诏敕制定的。明治十四年的诏敕承袭了明治八年元老院开设以来一贯的理念，而下令开设元老院的明治八年四月十四日的诏敕则是对庆应四年颁布的《五条御誓文》的一种扩充。

这样追溯起来，从御誓文到此次颁布的宪法，明治政府的方针始终保持一致。此前之所以会爆发各种叛乱与反政府运动，是因为一部分人虽然赞成政府的基本方针，但他们却对现实政治产生了误解，并对缓慢的进程感到不满。明治政府实施大赦的目的，正是想让人们产生这样的想法，当时的人们也是这样理解的。

在许多人看来，维新以来所有的对立都是在这个时候消除的，之后便迎来了新的时代。政府传递给庶民的信息是“民权派与不满士族被赦免，西乡得以挽回名誉，实在可喜可贺”。在开设议会前，政府下令释放了这些极有可能批判自己的人，是因为当权者认为“比起运营议会的困难，获得大多数人对新体制的支持更为重要”。明治政府的威望自维新以来达到了巅峰。在当时的形势下，这恐怕是最好的选择。

文久二年（1862）十二月二十一日，伊藤博文与日后的工部卿山尾庸三一起暗杀了幕府的和学讲谈所[1]御用挂塙忠宝（次郎）。塙忠宝是著名国学家塙保己一的第四子，当时有传言称他正在调查关于废帝的典故。伊藤博文采取的行动虽然是尊王运动的一环，但在幕府与塙忠宝身边的人看来，却是杀人之举。庆应四年（1868）一月十五日，为庆贺明治天皇成年实施大赦，“除朝敌之外”，江户时代的一切罪行皆被赦免，伊藤博文因此被判无罪。伊藤博文对因政治动机而犯罪的人持宽容态度，或许是其出于良知的必然。

不可否认的是，此次大赦使这个国家的人民认为：“只要日后他的理念被认同，政治犯不管犯下怎样的罪行都可以被宽恕。”在这样的背景下，人们日后为了昭和维新，或是采取了直接的行动，或是支持了采取行动的人。

---

1 和学讲谈所，江户幕府统治后期的日本学研究所，宽政五年（1793）塙保己一经幕府批准创设。

万岁、万岁、万万岁

宪法颁布的第三天，即明治二十二年（1889）二月十三日，《朝野新闻》第三版留下了这样的记录："陛下经过时，臣民以挥帽、拍手、高呼万岁表达祝贺之意，实以此次大典为嚆矢。"在庆应四年（1868）的京都，天皇经过时，也会有很多人拍手。我们已不得而知，这位记者是不知晓此事，还是认为神道式的连拍两次手与欧美式的连续拍手不同。不管怎么说，欢呼迎接天皇的习惯自古以来便是没有的。二月九日，《东京日日新闻》刊登评论指出，英国等国的人民在迎接元首时："挥舞帽子、手绢，齐声高呼'陛下万岁'或'女皇万岁'；在法国人们则会高呼'共和万岁'或'法国万岁'"。《东京日日新闻》指出，日本也应该设计一些类似的语言和动作。

颁布仪式结束后，天皇将前往观看纪念阅兵式。出于上述想法，与学生一同站在民众前方迎接天皇的帝国大学的教授，经过商议，决定以"万岁、万岁、万万岁"作为欢迎词。据担任帝国大学校旗旗手的若槻礼次郎回忆，实际上当天因迎接群众一起发出的声浪巨大，致使天皇乘坐马车的马匹受到了惊吓，最终他们并没有喊出最后的"万万岁"。自此以后，不断高呼"万岁"成为一个习惯。

民众对天皇高呼"万岁"与宪法一同登上历史舞台，成为一个新的习惯。正如上述社论所言，这一习惯是模仿西方立宪

第一高等中学校庆祝宪法颁布 日后的第一高等学校、现在的东京大学教养学部的学生聚集在宫城前。古风的旗帜与英文的旗帜并存，代表了这所学校的风格

制国家迎接王室或元首时发出的欢呼而设计的。“万岁”是象征着模仿西方立宪制与文明开化的呼喊声。

东北某两县之知事

上述二月十三日的《朝野新闻》的报道接着写道，在对天皇高呼万岁之余，人们顺便也对报社与信赖的人高呼万岁。

> 不知何故，听闻东北某两县知事住处附近绝不闻万岁之声，反有破口大骂之声。若言值此庆贺大典之际不应有谩骂之声，或为听者之耳病。然闻祝声者，且无四面楚歌之感乎？

上述报道意有所指，其中提到的被破口大骂的东北某两县知事指青森、秋田两县的知事。

青森县知事锅岛干在明治二十一年（1888）七月二十八日《官报》刊登的《府县事务并景况》中称，由于发生了剧场被积雪压塌的事故，县里出于安全考虑制定了《演剧座设置规则》，而“即便如本县缺心眼之人民亦觉欣喜”。由于把县民称为“缺心眼”之人，锅岛干遭到批判。青森县的有志之士在辞职劝告书中写道：

> 夫地方乃天皇陛下之地方，非阁下之地方；地方人民乃天皇陛下之人民，非阁下之人民。（杉森文雄《青森县总览》）

他批判锅岛干的诽谤，“代表了对我政府地方自治在政略上产生影响之现象”。在这里，当地人民站在政府的立场上批判了地方官。

明治元年（1868），幕府设立真冈县知事取代真冈代官所，年仅二十一岁的锅岛干就任真冈县知事。此后，除任元老院议官的五年时间之外，锅岛干一直担任地方长官。尽管从年龄来看，他不能被称为老练，但锅岛干担任地方长官的经验却是十分丰富的。

新的国家形态逐步形成，人们也逐渐意识到自己所处的地位。于是，地方长官从长期以来的地方统治者，转变成了可以被批判的一介官僚。明治十年（1877），《太政官日志》废刊后，政府一直没有机关报纸。明治十六年七月，《官报》创刊。伴随着内阁制度的起步，《官报》被定位成了政府公布法令的正式手段。除此以外，《官报》的作用还在于，将本来仅为政府内部所知的当政者的声音传递给普通民众。开设议会的前提是，比过去更准确地展示行政状况，强调行政部门的权威，为此官僚们的意识也必须改革。或许锅岛干正是因为担任地方长官的经验太过丰富，所以才跟不上政府公开信息的步伐。

在青森，因后藤象二郎来访而开始的大同团结运动，以上述事件为契机变得更加活跃。要想把县里大多数人团结起来，可以说没有比这更好的机会了。在青森县第一届大选中当选的，都是大同团结运动的领导人。

另一个被批判的人是秋田县知事。围绕整修道路的问题，秋田县知事与县会对立，解散了县会。如前所述，府县会议长作为人民代表参加了宪法颁布仪式，而处于解散状态的秋田县县会并没能派出代表参加。仪式当天，担任宫内省御用挂的儒学者根本通明与被解散县会的议长等人，作为秋田县人在东京的总代表被传唤到宫内省。他们向政府呈递了经重野安绎校阅过的颂德表，随后伊藤博文枢密院长、井上馨农商务大臣单独向他们颁布了宪法。政府十分重视将宪法赐给人民这一形式。另一方面，导致县会被解散的议员在当地遭到批判，县会议长在第一届大选中落选。当时民权运动的主流是，在顺应国家目的的基础上批判地方官与行政负责人，因此那些使本县无法参加举国欢庆的宪法颁布仪式的人，自然不可能获得好评。

冲绳

有些地区因为制度的原因，无法派代表参加宪法颁布仪式。《大日本帝国宪法》在敕语中明确表示对“现在及将来之臣民”宣布宪法，并在全国范围内实施。然而，同时公布的《众议院议员选举法》则规定，在“一般地方制度”实施前，宪法不适用于冲绳、北海道与小笠原。由于冲绳尚未开设县会，所以冲绳并没有能代表人民的县会议长。而冲绳县的知事丸冈莞尔因病不能前往东京（《东京日日新闻》二月九日），所以他也无法参加宪法颁布仪式。北海道虽然在函馆町会所举行了六百余名官民参加的宴会（《东京日日新闻》十三日第六版），但同样因为没有议会，因而无法派出代表参加宪法颁布仪式。

明治十二年（1879）废藩置县后，冲绳基本上仍然按照旧制度统治，琉球士族的秩禄没有被处分，土地、租税制度也维持不变。这样做是为了不侵害传统统治阶级——琉球士族的权益，避免招致他们的反对。县令与少数官员由日本本土派遣，但县内的体制相对本土而言，仍然保持着废藩置县前的状态。

冲绳的维新是一个特殊的过程，它主要依靠学校的教育实现。明治十三年（1880），为培养小学教员，冲绳设立了师范学校与十四所小学，明治十九年，冲绳与本土同时开始实施《修订小学校令》。明治二十年，伊藤博文首相与森有礼文部大臣到访冲绳，他们巡视了学校，督促、激励了相关负责人。尽管冲绳的就学率有 20%，但它不像本土那样拥有能够担负维新重任的势力，因此冲绳只能依靠教育，培养维新势力。

明治二十一年（1888）十二月，冲绳不再限制最能带来经济收益的甘蔗的种植活动，农民得以自由决定种植何种作物，这相当于本土采取的自由耕种田地措施。明治二十一年，各间切[1]设立了由各村代表组成的预算协会，协商公费预算。这些措施都构成了地方制度改革的前提。

明治四十五年（1912），《众议院议员选举法》开始适用于冲绳县，大正八年（1919）起，《众议院议员选举法》开始适用于宫古和八重山。

北海道

开拓使被废除后，北海道设立了札幌、函馆、根室三县，由鹿儿岛出身的前开拓使官僚担任县令。开拓使的各项事业停

1 间切，琉球王朝时期的行政区划单位。

止出售，被移交给农商务省的北海道事业管理局；屯田兵被移交给陆军省。而这二者的负责人，均是鹿儿岛出身的前开拓使官僚。北海道采取的是过渡性体制，在这种体制下，尽管北海道解散了开拓使，但其主要官僚仍然留任下来。

在前往北海道视察的金子坚太郎的建议下，明治十九年（1886）内阁制度实施后不久，上述三县被废，设立北海道厅，岩村通俊任北海道厅的第一任长官。岩村通俊是高知人，他是岩村高俊和林有造的兄长。与总是一意孤行使矛盾激化的弟弟岩村高俊不同，岩村通俊擅长处理善后事宜。他曾任山口裁判所院长，负责审判萩之乱，西南战争后，他就任鹿儿岛县县令，明治十六年起，他开始担任冲绳县县令，在冲绳采取怀柔政策。正如前文明治二十一年黑田清隆成为首相处所言，三岛通庸希望担任北海道长官，但却未能如愿，曾在江华府指挥加特林炮队的屯田兵局长永山武四郎兼任了北海道厅长官。

据盐出浩之的研究显示，因北海道没有府县会，故居民与大同团结运动无缘。不适用于《众议院议员选举法》的情况，使北海道人民意识到，自己已失去了作为国民的“真正资格”。以此为契机，人们开始以当地已有的报纸为载体，参与议政。明治三十三年（1900）《选举法》修订后，北海道才选出了代议士，札幌、小樽、函馆三个区才分派到议席。

另一方面，北海道煤矿铁道会社的筹建工作在不断推进中。明治二十二年（1889）十一月，北海道煤矿铁道会社成立，堀基担任社长。北海道煤矿铁道会社接受北海道厅长官的管理，其正副社长皆由官方选派，政府会为其补贴利息。北海道煤矿铁道会社是一个受官方保护的会社，它接收了被出售的旧开拓使的公有财产。明治十四年时，政府计划以开拓使官僚为主要负责人，命其接收统一出售的公有财产，继承开拓使的事业。在首相黑田清隆的领导下，这一构想以另外一种方式得以实现。仅从这一点看，北海道也是一个与重视经济公平的本土有所不同的区域。

一般的地方制度

一年前作为一般地方制度公布的《市制町村制》，从这一年开始实施。全国的约七万个町村，被整合为约一万三千余个，发生了极大的变化，明治时期的行政村成立了。在二战后的昭和三十年（1955）前后，这些町村又被整合至三千多个。此后，市逐步增加并不断合并周边的町村，最后形成了平成大合并的局面。

如前所述，明治十一年（1878）《地方三新法》实施后，户长逐渐不再受到重视。但到了明治十七年，数个町村联合设立"户长役场"，由政府选派了户长。全国的户长由明治十五年的约三万人减少到明治十八年的约八千人。户长名义上由府知事县令选派，但实际上，户长多依靠反映民意的手段选出，如：

通过选举从候选人中选出户长等。根据松泽裕作的研究显示，户长管辖范围扩大后，他们不再为居民的个人利益所左右，这一变化受到民权派与户长本人的欢迎。由此，户长的地位再次变得重要起来，各地不乏辞去县会议员职务就任户长的人。

与宪法一同诞生的新町村，大多数继承了户长役场的管辖范围，其负责人由地位提高后的户长担任。町村设町村会，町村长与助手由町村会选派。居住两年以上、缴纳地租或直接缴纳国税两日元以上的男子，拥有町村会议员的选举权。虽然有些地区町村会的选举权被授予了更多的人，但通行全国的制度中规定的是，向府县会缴纳五日元以上直接国税的人才享有选举权。也有研究指出，《众议院议员选举法》规定，缴纳十五日元以上才享有选举权，这一规定的局限性太大。但不管怎么说，作为一种统一的制度，它还是扩大了包括地方参政权在内的参政权。

直到一般的地方制度施行后，《众议院议员选举法》才开始实施。从这一点我们可以清楚地看出，国家参政权与地方参政权之间相互关联。正如没有经过修宪，《大日本帝国宪法》就直接过渡成了普通的选举制一样，由于《众议院议员选举法》只规定众议院由“依据选举法之规定所公选之议员组成”（第三十五条），所以选举权的范围其实是全权交由议会决定的。

明治时代的行政村还有一个构成要素——驻在巡查。明治八年（1875）前后，大城市以外的地区开始派驻巡查，但也不过是一个郡设置一个警察局或分局。根据明治二十一年十月的《警察官吏配置及勤务概则》，全国设立了一万多个派出所（巡查岗亭），几乎每个行政村都有一个，巡查就在这里工作和生活。驻在巡查通过挨家挨户调查户口等工作，在日常生活中与当地居民接触频繁。

通过派驻巡查，中央政府与府县知事能够直接掌握地区信息，过去由户长们承担的基层行政警察的工作改为直接由巡查承担。以此为背景，政府同意町村实施自治。

师团

作为宪法颁布仪式的第二阶段，宪法颁布仪式当日的下午，青山练兵场（今明治神宫外苑一带）举行了规模空前的阅兵式。

明治二十一年（1888）五月，陆军完成了由镇台制向师团制的转轨。司令部设在东京的第一师团，由四个步兵连队组成，其中第一连队与第三连队驻扎东京。在阅兵式上，加上当天抵达的佐仓的第二连队，以及前一天抵达的高崎的第十五连队，新组建师团的总体实力第一次得以展示。

除了步兵，师团还有炮兵、工兵、骑兵和辎重兵部队。战时通过征召预备役、后备役，师团的规模能从一万多人扩大到两万五千人。师团既是独立的作战单位，也是征兵与管理预备役、后备役的单位，它的成立意味着征兵制军队的成立。预备役、后备役每年需要集合一段时间。明治二十二年（1889），第一师团命令他们于二月十三日在东京集合。大多数预备役、后备役借观看热闹的颁布仪式之便来到了东京。

第二天，《朝野新闻》刊登了题为“阅兵式之情景并批评”的评论：

> 第一师团司令部诸官员之位置似有所混乱。第一连队可谓表现出色，第十五连队（高崎兵）或因不熟悉地形而未能展现实力。特别是最后之大队中，中队间之距离甚狭。又同连队之步调活力不足也。

观众中有很多接受过西式训练的士族，他们能够批判性地看待这次阅兵式，他们既为师团规模之大而感慨，也能指出其技术尚不纯熟的问题。在这种理性目光的注视下，取代士族成为中坚军事力量的征兵制军队为了展示自身的实力而不断训练。

《征兵令》在宪法颁布前的一月二十二日被修订，修订后的《征兵令》废除了所有缓征入伍、免服兵役的规定，除了身体残疾、经济上有困难的人之外，所有成年人都成为征兵对象。除此以外，修订后的《征兵令》还设立了服役一年的制度，用以吸引上流阶层参军。《征兵令》规定，拥有中学以上学历者，作为候补干部入伍，被服、装备、弹药费及武器属具修理费共计六十日元须自理（也有公费），虽然没有日薪，但允许他们住在营外。通过最终测试的人，在作为预备役被征召时可担任干部（少尉），没有通过测试的人也可担任下士。

除了函馆、江差、福山外，征兵制很长时间内并未在北海道、冲绳、小笠原地区实施。在《大日本帝国宪法》规定了全民征兵义务的背景下，这些不实施征兵制的地区有其特殊性。直到明治三十一年（1898），北海道和冲绳才开始实施征兵制。

第三节　“书籍奴隶”的维新

宫城前

宪法颁布仪式结束后，天皇亲临青山练兵场观看阅兵式。天皇乘坐的马车在近卫骑兵保护下驶过二重桥，进入宫城前的广场。各类学校的学生塞满了广场的每一个角落，其中有身穿古风套装、包括冈仓天心在内的东京美术学校的教官与学生，有文部省直属学校的学生。除此以外，东京府辖下的学校自不待言，从长野、群马、山梨、神奈川各县来京的普通师范学校的学生与小学生也列队于此。这次来的学生以普通科最高学年——小学四年级的学生和高等科的学生为主。本所区[1]四所公立学校与私立学校的一千余名学生聚集在两国桥旁，他们集体过桥后，在宫城前列队等待。

一个月前的一月十一日，新皇居完工，天皇从当了十六年临时皇居的赤坂离宫，搬往皇居（当时称为宫城），由三十六辆马车组成的队伍浩浩荡荡。当时，宫城前的广场被近卫都督小松宫彰仁指挥的七个大队的近卫步兵、近卫炮兵、近卫骑兵及数百名宫内省官员填得满满当当。这样的阵容很符合庆祝皇居落成的皇室庆典的要求。为了使宫城前的氛围符合国家与国民庆典的要求，此次政府也让学生参加了庆典。

自《学制》颁布以来，经过十七年的发展，各地都建起了小学。但全国的就学率，即学龄儿童在校率、毕业率，仅为50%。尽管不同府县有所不同，但就总体而言，全国男子就学率为三分之二，除冲绳外，所有道府县的就学率都在二分之一以上，可以说男子的义务教育已在全国普及开来。另一方面，全国女子的就学率仅为三分之一，鹿儿岛、秋田、青森则只有10%左右，这表明人们还没有充分理解女子教育的意义。公立学校的学生人数占98%，平均每个学校有二点六名教员，一百二十名学生。

东京府辖下的小学约有八万人，其中男子就学率约五成，

---

1 本所区，位于现在的东京墨田区南部。

女子就学率约四成，男女就学率差距小于全国平均值，但其男子就学率却是本州地区最低的。比起性别差异，在东京府，阶级差别对儿童能否就学的影响更大。不过，东京府在校学生的出勤率为 90%，高于 70% 的全国平均值。在户长们致力督促儿童入学的农村地区，入学率高，但出勤率低。在东京，只有能真正到校学习的儿童才会入学。由此可见，户长比居民更加热衷于普及小学制度。

小学生的《君之代》

北丰岛郡在郡役所举行了庆祝仪式，让郡内的三千名小学生合唱《君之代》，之后高等科的学生与其父兄一起，前往宫城前恭迎天皇。仪式结束后，集体行动的小学生们列队前进。《朝野新闻》十三日（第三版）对此做了如下报道：

> 京桥区内有志之士与小学生一同列队。有志之士身着各种奇异之服装，手举火把，歌唱《君之代》，在人群中缓缓前进。此景在东京实为新奇，所到之处博得阵阵喝彩。

在各处的祝贺仪式与队列中，小学生反复歌唱《君之代》，而在那个时代《君之代》并非国歌。

明治十五年（1882）前后，文部省曾尝试制定国歌。负责人西村茂树与词作者依田学海选定了五首歌曲，但他们在采用何种旋律和歌词上并未达成共识。于是，他们决定把这五首歌列为小学唱歌课的学习内容，将来再从中选取适当曲目作为国歌。在国民没有歌唱传统的前提下，文部省无法制定国歌，于是政府决定等歌唱普及后再另行打算。另一方面，作为赞颂天皇的庆典曲目，自明治十三年以来，《君之代》不断被军乐队等演奏。

在东京，一个月前天皇搬入新皇居时，很多市民在沿路两旁观看马车队，“府下各郡区内公私立学校之生徒，悉数高举写有校名之旗帜奉迎之。圣驾过处，皆唱君之代，以祝陛下万岁”。在天皇出御，即天皇登场与退场时，人们会演奏《君之代》，因此在天皇出行之际，人们很自然地就会演唱《君之代》来代替庆典曲目。当时还不像现在这样，人们尚未在小学唱歌课堂上被指导演唱《君之代》，因此东京府大概是为了庆贺天皇出行，对辖下的小学都施以了特别的指导，或者是用当时的《君之代》代替了庆典曲目。那时的《君之代》有一部分歌词、旋律与现在的《君之代》不同。

一个月后，为了庆祝宪法颁布，这一训练的成果得以体现，人们在看不见天皇时，也开始演唱《君之代》。越来越多的人听到了这首歌。从这一点来说，宪法颁布日使《君之代》又向国歌迈进了一步。

私立法学校

宪法颁布当日，最早从雪花飘飞的银座大街上走过的，是十津川的壮士，紧跟在他们身后的是由身穿英国律师服、骑在马上的增岛六一郎校长带领的英吉利法律学校的学生。

奈良县十津川乡人在高野山起义后，参加了戊辰战争，所有居民都因战功被封为士族，他们是明治初期民间维新的中坚力量。英吉利法律学校即现在的中央大学，校长增岛六一郎从英国留学归来，时年三十一岁。由他率领的法学生希望能成为这个时代担负维新重任的民间力量。

当时全国有五十七所法律、医学、商业等专科学校，共计约一万三千名在校生，其中三十二所学校的近一万名学生都集中在东京，有五千多名学生就读的私立法学校，学生人数最多。

据报纸报道称，东京专门学校即今天的早稻田大学的七百余名学生头戴统一的帽子，在数十名消防员的护卫下蜂拥而出，他们十点从早稻田出发，经神乐坂到樱田门外迎接天皇，高呼“宝祚万岁”。“他日将要参与宪法问题的政治法律学部学生，充分表达了祝贺之意，以此迈出了第一步。”（《东京日日新闻》二月九日第四版）将来要灵活运用宪法和法律的正是这些政治法律学部的学生。

当天，创办于明治十三年（1880）的东京法学社（今法政大学）的出席人数也较多。而规模最大的队伍，是聚集于日比谷练兵场、由讲师等两千余人组成的明治法律学校（今明治大学）的队伍。这些学校的创办人以及教员，多是来自各藩的贡进生，他们先进入大学南校学习，后转入了司法省法学校，他们在明治十年前，于日本国内学习法学，之后又积累了留学或法律实务的经验。正因为这些既接受过充分的法学教育，又拥有担任官员、法曹实际工作经验的年轻法律专家，日本的法学校才具备了兴盛的条件。

这些东京地区的学校同时接受来自地方的学生。自古以来，拥有青云之志的年轻人便多上京求学。明治二十年（1887）前后，私立法学校的学生人数翻倍，就读私立法学校成为年轻人的首选。

选叙之法

四个月前，前往青森县视察的文部大臣森有礼对县会议员们说：

> 颁布文官录用规则，无论东西南北，取有学术才艺者。十年前，若有萨长出身之大臣，则凭关系成为官员，同国之人亦依赖于此。然，今采用考试之法，依赖萨长关系者感叹失其依靠。若仍诬蔑政府为萨长联合政府，实为浅薄之见。

政府制定了《文官试验试补及见习规则》，将通过资格考试制度选拔官员，所以政府已不再是长州藩与萨摩藩的联合政权，而是转变成了公平的政府。

明治十八年（1885）十二月，宣布实施内阁制度的诏敕指出："周密选叙以候有能之士"，这表明政府将采取公平制度任用官员。伊藤博文首相指出，这具体是指通过考试制度选拔官员。该制度于明治二十年开始实施。

从官立、府县立中学或法学校毕业的学生，无须通过考试就能担任作为正式官员的见习判任官。高中、法学校的毕业生则有资格参加选拔高级官僚——见习奏任官的高等考试。明治十九年（1886）的《中学校令》，确立了通过五年制普通中学、两年制高中来衔接小学与帝国大学的制度，但在新制度施行后升学的学生数量仍不足。明治二十三年，全国仅有五百二十九名普通中学毕业生，三百七十三名高中毕业生，而同一年私立法学校有一千五百八十一名学生毕业。入读私立法学校，成为取得高等考试资格的主要途径。

明治十七年（1884）的《判事任用规则》早已规定，私立法学校的毕业生拥有参加法官录用考试的资格。随着明治二十年《文官试验试补及见习规则》的颁布，私立法学校的学生数量一举翻倍，由此不难推测，有很多人是为当官选择了法学校。不过，从毕业生的实际就业情况看，有很多人选择成了代言人，即后来的律师。

以上现象的出现是因为帝国大学法科、文科的毕业生无须参加考试便可自动拥有担任见习奏任官的资格。席位有空缺时，通过高等考试的私立法学校的毕业生才能填补。在截至明治二十三年（1890）被任用的见习奏任官中，为完善裁判制度而增员的司法科，共有七十四名帝国大学的毕业生和六十四名通过高等考试的私立法学校毕业生，二者人数大抵相当。而行政科则有七十名帝国大学的毕业生，此外仅有九名通过考试的私立法学校毕业生。从明治二十四年起，行政科的高等考试被废除。比起考试，政府更多地依据学历任用行政官。

由于社会舆论批判“帝大阀”取代了原来的“藩阀”，明治二十六年（1893）起，政府改为采用让帝国大学毕业生与私立法学校毕业生平等参加考试的制度。

帝国大学

内阁制度起步后，为进一步完善其他制度，明治十九年（1886）三月，政府整合了文部省的东京大学、司法省法学校、工部大学校，随后又兼并了农商务省的驹场农学校，成立了帝国大学。帝国大学是当时唯一的大学，它的各个分科大学——相当于现在的院系，是“教授符合国家所需之学术技艺”的“理论及运用之处”(《帝国大学令》)。

帝国大学原则上只允许高中毕业生入学。因此，帝国大学

明治二十二年帝国大学一年级学生毕业学校一览

	法－法律	法－政治	医	工	文	理	合计
东京大学预备门		1					1
第一高等中学校	102	25	26	24	6	6	189
第三高等中学校	5	4					9
第四高等中学校				1		3	4
札幌农学校（临时入学）				3		1	4
分科大学、分科统计	107	30	26	28	6	10	207

毕业于第一高等中学校以及就读于法科大学的学生占绝大多数。高等中学（旧制）即后来的高等学校（出自《明治二十二年帝国大学一览及后年的各高等学校、大学一览》）

最初的招生计划虽然有四百人，但最后只有两百人入学。明治二十二年（1889），帝国大学一年级学生的分布如上表所示，约三分之二的新生集中在法科大学；在理科下，医科和工科的学生最多。除去西式医学校的要素，帝国大学有着为国家培养官僚的浓厚色彩。创办之初，工科大学与法科大学所有的教授都有留学经验。那时日本正学习西方的法制体系与官僚制度，出现上述现象并不足为奇。渡边洪基出任帝国大学第一任校长，他学习西医出身，曾担任工部少辅、东京府知事，是个有才能的官员。虽然也有人对他的上任感到意外，但渡边洪基的确符合以法、医、工为中心的帝国大学选任校长的要求。

然而，天皇对这样的帝国大学表示了不满。明治十九年（1886），天皇在巡视帝国大学后指出：

理学、医学、法科等学术之进步虽令人可喜，然作为

> 教育本源之修身学科究竟如何？就朕所见未有该设施……如今日，于理学、医学可得专门之科学家，而能否养成讲治国之道、堪负国家经纶之任者，实令人疑虑。和汉学者陷于偏僻固陋者虽多，然此非学问之罪，乃其人之过也。就其道之本体而言，须大肆宣传。未知总长之见如何？

虽然这段论述中也夹杂了负责记录的元田永孚的看法，但我们由此不难看出，学校教育与“修身”教育的关系在当时是亟待解决的问题。

修身

人们常说明治初期的小学采取的是自由主义的教育理念。如第二章所述，那时建校与维持学校运行的费用均由地方居民负担，因此自由主义的倾向是很难避免的。小学的教学内容包括“读书、算数、地理、历史、修身”，小学会优先教授能帮助人们出人头地、有助产业发展的知识，道德教育的优先序被排在了最后。这是因为如果不优先实用之学，不允许各地区根据实际情况建立学校、选择教学方式，那么小学将很难被建立起来。

另一方面，只有小学制度得到普及，政府才有可能统一教学内容。明治十二年（1879），天皇借巡幸全国之机，接触到了各地的学校教育。担任天皇侍讲的元田永孚，体悟天皇之意，总结出《教学大旨》，主张为了矫正维新以来风俗、伦理混乱与过激言论横行之弊，应当实行重视仁义忠孝的教育。于是，“修身”这个新的课题登上了历史舞台。以侍讲身份为天皇讲解西洋书籍并在文部省负责教科书编纂工作的西村茂树也主张重视修身，但他的想法没有得到采纳。西村茂树于明治十三年辞去编辑局局长一职，他的职务由嘤鸣社的岛田三郎接替。当时的形势，可想而知。明治十四年政变后，西村茂树官复原职，“修身”这一课题也比原来更受重视了。

西村茂树曾在东京大学设立结合儒学与西方哲学的“圣学科”，主张以修身、程朱理学为基础，教授经济、政治的相关知识。文部大臣森有礼在选择渡边洪基前，曾邀请西村茂树担任帝国大学的第一任校长。

为了不让帝国大学变成一个纯粹培养技术官僚的机构，这种做法看起来是一个好办法，但西村茂树却拒绝了森有礼的邀请。森有礼想要创建的是以教授西学为中心的大学，从政府需要的角度考虑，西村茂树也不得不赞同。但是，要在制度上建立一所这样的大学，恐怕连西村茂树也觉得困难。

一般的修身教育以皇室为中心，讲授仁义忠孝等内容，这种做法是无人反对的，但在讲授方式上，人们并没有达成统一。明治十九年（1886）十二月，西村茂树在帝国大学大讲堂，连续三天向公众发表题为“日本道德论”的演讲。西村茂树认为："国民全体之品性若不良善，绝不能扬国威于海外。"在西村茂树看来，儒教、佛教失势，日本又没有像欧美的宗教、哲学那样的道德标准，日本的现状令人感到担忧。西村茂树提出具体的道德戒律，呼吁结成遵守这些戒律的"道德会"。当时的报道称，这是身为日本讲道会（翌年改称日本弘道会）会长的西村茂树为劝说人们加入该会而举办的演讲（《朝野新闻》明治十九年十二月二十八日第三版）。辞官后的西村茂树希望在社会大众中推广这一运动。另一方面，森有礼认为大学生的修身虽然有待其本人自身的觉醒，但他也赞同西村茂树此次演讲的内容，并考虑将此次演讲的内容列入中学以上的修身参考书。据说这一想法因伊藤博文的反对而最终未果（《泊翁丛书》）。究其原因，一方面是因为各方力量难以达成一致，另一方面伊藤博文或许也是为了防止某一个特定人物掌握此事的主导权。

暗杀森有礼

文部大臣森有礼没能参加宪法颁布仪式。仪式前一晚，森有礼任驻英公使时代的部下——负责协调典礼形式与出席人员的宫内官僚牧野伸显来访，两人一直交谈到深夜。为了参加颁布仪式，森有礼第二天一大早便开始准备。但他却被来访的西野文太郎用厚刃菜刀刺伤，次日去世，享年四十一岁。西野文太郎当场被文部属官座田重秀用藏刀手杖杀死，社会舆论竟普遍同情西野文太郎。

巴尔茨在三月十九日的日记中写道：

> 宪法承诺尽可能给予出版自由后，政府立即在次月要求以下五种帝都报纸暂停发行，并称此乃不得已之举。这源于这些报纸都赞美暗杀森文相的人。不仅如此，还作诗称西野计划暗杀的第二人芳川仍活着实乃憾事！位于上野的西野墓前宛如圣地！参拜者尤以学生、演员、艺人居多。此现象实属不妙，这表明这个国家还未到实施议会制度的时期。在应该由国民自身制定法律的时期，他们赞美了暗杀者。

事件发生后，各大报纸在刊登森有礼传记的同时，也刊载了西野文太郎的传记。十五日，《朝野新闻》在头版刊登了应该处罚座田重秀的投稿。西野文太郎乃神官之子，时年二十一岁，对天皇忠心耿耿。他生平倡导敬神之说，曾任山口县及内务省的下级官员。据说，因为明治二十一年（1888）森有礼在参拜伊势神宫时，用手杖掀起了神殿的竹帘，并有不敬的言行，西野文太郎才决意杀他。

文部大臣森有礼

因顾忌森有礼基督教徒的身份，天皇不赞成让他担任文部大臣，但伊藤博文不顾天皇的反对，任命森有礼为文部大臣。根据明治十五年（1882）伊藤博文写给身在英国的森有礼的信件，伊藤博文这么做的原因是森有礼有“为将来我国之治安计，确立教育基础之见识”，伊藤博文称赞森有礼是一个“并非一味醉心西学、一味执着汉学、一味为宗教所束缚”的人。森有礼认为，教育应以取得智育、德育、体育三者的平衡为目的，他以近乎一人之力规划了从小学到帝国大学的宏伟蓝图，包括后来的配属将校制度和青年学校。这些制度在伊藤博文的支持下逐步得以实施。

森有礼对学生有严格的纪律要求。在视察小学时，他看到小学生的作文，批判“除一二点外皆不合理，严格说来皆封建时代之思想”，这样严格的指导招致很多人的反对。此外，森有礼在视察地方时，直接就明治政府推进的维新进行了演讲，如前文提到的在青森的演讲。那时，在大臣中，只有森有礼不断在普通民众前发表演说，这也致使人们把对明治政府激进政策的不满全都发泄在了他身上。

为了使皇室成为国家的支柱，伊藤博文提出了“怀柔政策”，并通过仪式、选定天皇陵、设立橿原神宫等形式推行了该政策。尽管没有人反对上述政策，但人们却也以此为中心开始批判政府与高官。政府对天皇、天皇的祖先，以及供奉天皇祖先的神宫，表现出了尊重的态度，但人们仍批判政府的高官敬意不足。从经历来看，西野文太郎正是森有礼所说的“依赖萨摩藩、长州藩关系之人”，他因没能当上需要通过考试才能担任的判任官而心怀不满。在西野文太郎死后，他并非作为萨长派系的一员，而是作为一个忠于天皇却怀才不遇的人赢得了广泛的支持。从这一点可以窥见，如森有礼所言，年轻人因出身萨摩藩、长州藩而受到优待的情况日益减少。

在二战前的昭和时代发生的“天皇机关论事件”中，依据宪法行事的官僚被质疑是否尊重天皇也是出于上述原因。昭和十一年（1936）二月二十六日，前内大臣牧野伸显在汤河原的别墅被青年军官袭击，好不容易才脱险。那时，他应该会想起四十七年前与森有礼共度的最后一夜吧！

光辉国史之成迹

明治二十一年（1888）十月，编纂史书的工作被移交给帝国大学，重野安绎因此担任帝国大学的教授。重野安绎从中国的考据学传统出发，重视实证，他批判长期以来为人们所喜爱的《太平记》并非史实。重野安绎被称为“抹杀博士”，他否定了那些常被用来宣扬忠孝的典故，如楠木正成、楠木正行在樱井驿分别一事，他还质疑儿岛高德这一人物的真实性。这与为进行忠孝教育而主张在小学张贴古今“忠臣、义士、孝子、节妇画像”的元田永孚的态度，形成了强烈的对比。重野安绎的思想与明治二十年文科大学上任的第一位历史学家——德国人李斯教授的德国实证史学有共通之处，因此重野安绎的史学观顺利地被“进口学问”的最高学府——帝国大学所接纳。

《大日本帝国宪法》的颁布敕语指出，宪法是依据“传承自祖宗之大权”颁布的，天皇的祖先凭借“我臣民祖先之协力辅翼”“肇造我帝国以垂于无穷”，有赖祖宗之德威并“忠诚武勇、爱国殉公”之臣民，以贻此“光辉国史之成迹”，希望今后臣民也和衷协同，共同分担。宪法所阐述的天皇与臣民的关系是对这个国家历史的一种继承，因此在宪法颁布之际，敕语有必要叙说“国史”。颁布仪式当天傍晚，重野安绎发表了演讲。

重野安绎指出，《大日本帝国宪法》是始自《五条御誓文》变革的成果，是继圣德太子的《十七条宪法》《大宝令》之后的第三部宪法，在“臣民一和，奉戴翼赞皇上”这一点上，《大日本帝国宪法》与之前的宪法一脉相承。重野安绎还指出，议会制源于《十七条宪法》，明治的太政官制度是《大宝令》的“斟酌增损”，以此来强调这一系列制度的连贯性。他主张《十七条宪法》依据的是三韩地区传入的佛法，《大宝令》是遣唐使对唐朝律令的介绍，以此说明此次参照欧美各国法律制定宪法一事，本身就有传统可循。武家政权虽然已被遗忘，但在此处重野安绎成功地把宪法定位在了国家历史的传统中。

《十七条宪法》“虽名为宪法，实皆为训诫。盖古昔以训诫垂宪法，后世立宪法以寓训诫。时世变化，人情推移，百般大率为如此”，重野安绎指出宪法已从浅显易懂的训诫转变成了具体的法律（《重野博士史学论文集》上）。

如前文所述，对推进开化、争取民权的人们而言，宪法的问世是一个极大的成果。聆听重野安绎演讲的是帝国大学的师生，对这些知识分子而言，“时世变化，人情推移”已经到了能够“立宪法以寓训诫”的地步，但对社会大众而言，目前的情况却远未达到这一程度。

神代复古请愿

推广神代复古请愿运动的人们自有一套不为《大日本帝国宪法》所动摇的理论。制作藤编工艺品的东京工匠小林与平于明治十八年（1885）起，开始提倡这一运动，这一运动在青森到四国之间得到推广。

这一运动也以《五条御誓文》说明自身的合理性。小林与平以“三十年丹心一片，废寝忘食，遂发现”“天照皇大神之教诲”乃“以天地之公道为基，万机决于公论，上下一心，立万民保全之道，各尽其心，不厌其烦”的“教诲与御誓敕相当”。

小林与平以独特的视角解读了御誓文，比如对“求知识于世界，以大振皇基”，他给出了这样的解释：“知识”指“不同于学习书籍、借助古人智慧的学者，乃天生之贤人”，因此没有必要从外国聘请“全因月俸才不断而来、身为书籍奴隶的学者”。此外，他还指出日本国内那些“模仿古来陋习之古人，身为书籍奴隶的顽固学者”“天生气度狭小”，无以为用，因此要“找寻一些具备全地球之天地自然知识的大人才”。

在这里，小林与平否定了外国学者与传统的知识阶级，他称他们为“书籍奴隶”。他所说的“教诲”不依靠书籍，而是以语言为媒介进行传播。比如他说供奉给神的“榊”，是从对他人无用的“离去之神的树木”中取三个字构成的，这是一个告诫人们“不要在祭祀上浪费”的伟大“教诲”。

当然，小林与平等人并不认同，只有“书籍奴隶”才能理解的《帝国宪法》正确阐释了《五条御誓文》的宗旨。松本博在这场运动的德岛县负责人家中发现了《明治二十二年丑旧二月布告》，其中写道：

一 宪法颁布乃由当今大臣选定

二 五事誓愿敕乃天皇之圣意

三 神代复古乃大神之教诲

……不应以宪法颁布为由不满足国民愿望

日本的愚民们听好了，神代复古乃国祖大神所言、世界无类之教诲，快快警醒！切莫因区区宪法之颁布而震惊。

从中可窥见，该运动的领导人号召民众无视宪法，继续推广神代复古誓愿运动，也可以看出他们因宪法颁布致使运动遭遇危机而深感焦虑。宪法颁布前，该运动已经被政府列为监管对象，此后该运动则无所作为，逐渐消亡。

很多国民都对通晓外国形势和法律的“书籍奴隶”所主导的维新持怀疑态度，这是西野文太郎的暗杀活动之所以能获得支持的背景。不过，现在作为史料保留下来的资料，几乎都经过了“书籍奴隶”之手，因而史料很难证明上述观点。

重野的演讲

在演讲的最后，重野安绎罗列了那些学者出身、得享长寿的官员：吉备真备享年八十三岁、三善清行得年七十二岁……他也提出“学者不长寿则无以成大业”，由此祈愿天皇、教官与学生们能够长寿。在这里，他称大学毕业、承担着国家未来的人为“学者”。

重野安绎的脑海中想必想起了那些比他年轻却先他而去、成就了一番事业的同僚、知己、弟子——好友大久保利通、西乡隆盛、三岛通庸、川路利良；生命垂危的森有礼等旧萨摩藩的藩士；受岛津久光之命视察下关时，在白石邸为他生动描述下关战争战况的高杉晋作；明治初期在大阪跟随他学习汉学的弟子岩崎弥太郎；与他同去观看西乡歌舞伎的松田道之……

重野安绎并不认为英年早逝就意味着他们未能完成“大业”，这一点从那些竖立在青山墓地、由他撰写的、彰显着“大业”的墓志铭即可看出。正因如此，重野安绎更为这些人短暂的生命而叹息，于是他忍不住对担负着国家未来发展的年轻人说出了前文所述的话。

芳川显正被视为森有礼的同类与继任者，他也是西野文太郎选定的暗杀对象。翌年，芳川显正在首相山县有朋手下担任文部大臣，他努力模仿《军人敕谕》制定了《教育敕语》。这既是明治政府对西野文太郎支持者的挑战，也是对当时现实的回应，即除了宪法之外，还需要有训诫来引导人心向善。修身教育的问题由此在一定程度上得到了解决，但人们却并未将其与宪法直接联系起来。

宪法作为以《五条御誓文》为起点的维新成果，虽然明文规定了日本这个国家的基本架构，但它并不能解释社会的整体状况。有人指出，宪法的问题在于没有充分保护权利，它涉及统帅权之类的大权事项太多。实际上，宪法最大的问题是，宪法是在维新的旗手们达成一致后制定的，它缺乏被全体国民接纳的基础。因此，随着人民参政意识的提高，新的问题不断涌现。重野安绎希望人们长寿，或许是希望他们能够参与进来，共同解决这些问题。

附　录

年表

公历	年号	日本	世界
1868	庆应四年	一月，旧幕府军与鹿儿岛藩、萩藩藩军交战，战败（鸟羽伏见之战）。戊辰战争开始。新政府颁布德川庆喜追讨令。睦仁天皇举办成人仪式。新政府向列国公使通告实行王政复古，并与各国建立睦邻友好关系。颁布三职七科制。定每月一日和六日为休息日。 二月，新政府任命三井组、小野组、岛田组为为替方（国库出纳机关）。改官制为三职八局制。旧幕臣结成彰义队并占领上野。新政府创立机关报《太政官日志》。 三月，西乡隆盛和胜海舟商讨江户城开城事宜。宣布复古政教一致体制。天皇在紫宸殿率领公卿和诸侯，颁布《五条御誓文》。新政府撤去旧幕府的布告牌，五榜揭示。禁止神佛习合（神佛分离令），之后废佛毁释（废弃佛法，拒绝释迦教说）运动开始。 四月，江户城开城。接收金座和银座，由于军费不足增铸货币。福泽谕吉将学塾命名为庆应义塾（今庆应义塾大学前身）。 闰四月，英国公使巴夏礼向天皇提交国书（外国首次承认新政府）。下赐《政体书》，修改官制，太政官以下有七官。 五月，奥羽二十五藩制定同盟条约，之后八藩加盟，奥羽越列藩同盟成立。新政府军进攻并击败上野的彰义队。发行五种太政官币。德川龟之助（家达）被封为骏河府中。	

续表

公历	年号	日本	世界
		六月，新政府接管旧幕府的医学所（江户幕府的西医学校）、学问所、开成所。 七月，大坂开港。江户改称东京。 八月，旧幕府海军副总裁榎本武扬率领八艘舰船从品川出逃。天皇举行即位大典。	
	明治元年	九月，改年号为明治，制定一世一元制（一代天皇在位期间只使用一个年号），实施宿驿、助乡改革。天皇行幸东京。会津藩被占领。 十月，定江户城为皇居所在地。新政府公布《藩治职制》。 十一月，在筑地铁炮洲设置外国人居留地。东京开市、新潟开港。 这一年，发生了针对大地主和村吏的农民骚乱。《中外新闻》《江湖新闻》创刊。筑地酒店竣工（由布利钦斯和二代清水喜助共同设计，是日本第一座西式酒店）。	十一月，美国共和党人格兰特成功竞选总统。 这一年，海厄特兄弟（美国）发明了赛璐珞。克鲁马努人头盖骨被发现。
1869	明治二年	一月，鹿儿岛、山口、高知、佐贺四藩联名上书奉还版籍。撤去各镇干道间的关卡。皇室新年年初的诗会恢复举办。 二月，新政府命令各藩、各府县制定议事制度。 三月，开设公议所。天皇初次参拜伊势神宫。天皇再次东幸，定都东京。各诸侯受命被召集到东京。	三月，西班牙公开表示确立君主立宪制。 五月，美国第一条横跨大陆的铁路通车。

续表

公历	年号	日本	世界
		五月，制订《出版条例》，规定出版许可制、禁止政法诽谤、版权保护制度。开设上局、下局（立法机关）。五稜郭开城，榎本武扬投降，戊辰战争结束。 六月，奖励鸟羽伏见之战以后的军功，颁发赏典禄和赏金。允许各藩奉还版籍，任命藩主为藩知事。公卿、诸侯改称为华族，家臣改称为士族。本木昌造在长崎设立活版传习所（电铸法活字实用化的第一次试验）。 七月，改革官制，制定以太政官、神祇官为中心的二官六省制。设立大学，承担高等教育及教育行政的职能。公议所改称集议院，变为咨询机构。和英国、法国、美国、意大利、德国公使就处理二分金假币的问题、外国人所持假币兑换真币的方法进行协商。将官吏分为敕任官、奏任官、判任官。 八月，天皇首次亲临太政官厅议事。虾夷改称为北海道。 九月，在筑地设置海军操练所。 十月，在芝新钱座设立陆军操练所。 十二月，在东京和横滨之间开通电报业务，确定费用，开始办理公共电报业务。 这一年，全国社会改造骚乱频发。	九月，法国制定施行“议会帝政”的新宪法。 十一月，埃及苏伊士运河开通。 这一年，门捷列夫（俄国）提出“化学元素周期表”。英国《自然》杂志创刊。托尔斯泰（俄国）完成《战争与和平》。 七月，俾斯麦篡改并公布了威廉一世发来的电报，煽动德国公民的反法情绪（埃姆斯密电事件）。法国向普鲁士宣战，普法战争开始。 九月,法国宣布建立第三共和国。 十月，意大利和罗马合并，完成统一。 这一年，洛克菲勒俄亥俄标准石油公司创办。谢里曼开始挖掘特洛伊遗址。

续表

公历	年号	日本	世界
1870	明治三年	一月，颁布《大教宣布诏》，确定神道教为国家宗教。对诸队解散措施感到不满的萩藩奇兵队等的逃兵包围萩藩厅（诸队脱队骚动）。制定商船规则，确定国旗（日之丸旗）。 二月，设置桦太（库页岛）开拓使。向各藩传达常备军队编成规则。 四月，鹿儿岛藩开始经营堺纺织所。政府命令各府、藩、县将牛痘接种推广至偏僻地区。 五月，确定陆军军旗为旭日旗。设立集议院。 六月，高岛煤矿井下工人在破坏外国技师宿舍和器械后逃亡（高岛煤矿骚乱）。前桥藩开始经营藩营前桥制丝所（第一家机械制丝厂）。 十月，颁布兵制统一布告，定海军为英国式，陆军为法国式。定海军军旗为旭日旗（较陆军军旗太阳位置偏左）。 闰十月，岩崎弥太郎继承九十九商会（后来的三菱商会）。设置工部省。 十一月，在各府藩县颁布《征兵规则》。 十二月，颁布《新律纲领》。 这一年，斯迈尔斯著、中村正直译《西国立志编》出版。《横滨每日新闻》（最早的日刊报纸）创刊。	四月，英国制定治安维持法，加强对爱尔兰独立运动的镇压。 六月，英国导入通过公开考试公平竞争的公务员录用制度。 法国皇位继承问题日益严峻。

续表

公历	年号	日本	世界
1871	明治四年	二月，命令召集鹿儿岛藩、山口藩、高知藩的军队编成亲兵。大阪制币所开始营业，铸造统一货币。 三月，东京、京都、大阪之间的邮政事业开始，发行四种邮票。 四月，制定户籍法。在东山道、西海道设置镇台。 五月，制定新币条例，定一两为一日元，采用元、钱、厘十进制法和金本位制。宣布全国神社为国家宗祀，确定神社的级别、神官的职制。 六月，上海和长崎之间的海下电缆铺设完成。 七月，设置司法省。天皇召集在东京的各藩知事，下达废藩置县诏书。形成三府三百零二县的行政体制。设置文部省。设置正院、左院和右院。在天津签署《中日修好条规》。 八月，设置神祇省。改革官制，设左右大臣。废止“秽多”“非人”（指贱民阶层）的称呼。 九月，允许自由耕种田地。东京开始鸣午炮。 十月，废除僧人的户籍簿和寺请制度。在东京府设置巡逻兵。制定府县官制，设置府知事和县知事（后改称为县令）。 十一月，岩仓具视一行被派往欧美考察并交涉条约修改事宜。津田梅子赴美留学。全国府县完成统一，共三府七十二县。制定县治条例。	一月，德意志帝国建立。 三月，俾斯麦就任德国首相。法国巴黎公社成立。 四月，德国颁布《帝国宪法》。 五月，德法签订《法兰克福条约》，法国割让阿尔萨斯和洛林给德国，普法战争结束。英国和英格兰东北部的机械工人举行罢工，要求九小时工作制。巴黎公社失败。 六月，朝鲜摄政大院君实施“排外锁国”政策。英国制定《劳动组织法》，承认组织合法性。这一年，伦敦和上海之间开通电缆。威尔第（意大利）完成《阿依达》作曲。

续表

公历	年号	日本	世界
		十二月，在司法省设置东京裁判所。开始在东京府的商业街发行地券，并开始征税。制定陆军和海军入伍宣誓誓文，制定军纪。这一年，仮名垣鲁文的《牛店杂谈·安愚乐锅》出版。	
1872	明治五年	一月，特命全权大使岩仓具视谒见美国总统格兰特。 二月，解除禁止土地买卖的禁令。设置陆军省和海军省。 三月，废除近亲兵，设置近卫军。设置教部省。 四月，废除庄屋、名主、年寄，设置正副户长。 六月，美国和意大利的临时代理公使向外务卿副岛种臣提出申请，要求调查秘鲁船“马利亚·卢兹”号上虐待清朝劳工事件（“马利亚·卢兹”号事件）。古河市兵卫和吉村甚兵卫等建立陆运元会社（后改称为内国通运会社）。 七月，在全国开展邮政事业。在青山和涩谷设置神葬地（青山灵园的起源）。 八月，颁布《关于奖励学事的指示》和《学制》，以实现全民受教育为目标。制定司法职务定制，代言人（即现在的律师）制度开始实施。 九月，新桥和横滨之间的铁路开通（日本第一条铁路）。任命琉球国王尚泰为琉球藩王，位列华族，宣布将琉球纳入版图。横滨点亮第一盏煤气灯。	二月，德国制定《学校管理法》，将教育制度的管理权从教会转移到国家。 九月，荷兰海牙举办第一国际第五次最终会议。德国、奥匈帝国、俄国三国皇帝就近东问题达成维持现状约定。 十一月，格兰特再次当选美国总统（任期至1877年）。

续表

公历	年号	日本	世界
		十月，禁止贩卖人口，废除娼妓的“年季奉公”制（艺伎娼妓解放令）。官营富冈缫丝厂开业（民部省管辖）。 十一月，制定《违式诖违条例》。制定《国立银行条例》，允许开设银行。发布征兵诏书，《征兵告谕》。鹿儿岛纺织所（第一家民间纺织所）开业。 十二月，采用阳历，定明治五年十二月三日为明治六年一月一日。 这一年，《日新真事志》《东京日日新闻》（现在的《每日新闻》）《邮便报知新闻》创刊。福泽谕吉的《劝学》出版。太政官史局编《辛未政表》（最早的关于日本的统计）。河竹默阿弥的作品《月宴升毬栗》（通称《披头散发的阿富》）在守田座首次公演。	
1873	明治六年	一月，设置六镇台。发布征兵令。为筹集奉还家禄士族的就业资金，在伦敦募集外国公债。制定地皮典当抵押规则。 二月，清除禁止天主教的布告牌，默认基督教的存在。 三月，定神武天皇即位日（二月十一日）为纪元节。为处理藩债，制定新旧公债证书发行条例。 四月，全国统一邮费。 六月，大藏省制定并颁布会计预算表和年度收支预算表（自此开始公布预算）。颁布《改定律例》。废止集议院，相关事务交由左院负责。	二月，西班牙第一共和国成立。 五月，维也纳万国博览会举办，日本展出的工艺美术品获得广泛赞誉。维也纳发生金融危机，波及各国。 九月，美国发生金融危机。 十月，德国、奥匈帝国、俄国三国皇帝建立三皇同盟。 十一月，朝鲜大院君失势，王

续表

公历	年号	日本	世界
		七月，制定《日本矿业法》，确定矿物归政府专有，禁止外国人开发。第一国立银行开始营业。制定地租改订条例、地租修订施行规则和地方官心得书，定地租为地价的百分之三。在工学寮开设工学校（后改称为工部大学校）。 八月，参议西乡隆盛提交推进征韩决定的意见书（征韩论）。内阁会议决定派遣西乡隆盛赴朝。 九月，遣欧大使岩仓具视回国。 十月，再次召开内阁会议，讨论遣韩使节人员，决定派遣西乡隆盛。木户孝允、大久保利通、大隈重信、大木乔任诸参议因不满派遣西乡隆盛而提出辞呈。岩仓具视也表明了辞职意愿。天皇决定无限期延迟向朝鲜派遣使节一事。陆军大将西乡隆盛辞去参议、近卫都督一职。 十一月，设置内务省。 十二月，许可奉还家禄、赏典禄。 这一年，散发者数量增多，流行《散发头之歌》。伍尔西著、箕作麟祥译《国际法：一名万国公法》出版。河竹默阿弥作《梅雨小袖昔八丈》（发结新三）在中村座第一次上演。	妃闵氏一族把持政权。
1874	明治七年	一月，板垣退助、后藤象二郎、副岛种臣、江藤新平等人结成	一月，西班牙爆发政变，共

续表

公历	年号	日本	世界
		爱国公党。设置东京警视厅。板垣退助、后藤象二郎、副岛种臣、江藤新平等人向左院提出《设立民选议院建议书》，并刊登在《日新真事志》上，之后引发了在报纸和杂志上的论争。 二月，佐贺的不满士族举兵（佐贺之乱）。 三月，制定《秩禄公债证书发行条例》。 四月，陆军中将西乡从道收到命令出兵清朝统治下的台湾（入侵台湾）。板垣退助、片冈健吉等创立立志社。参议木户孝允因不满入侵台湾而提出辞呈。 七月，三菱商会被委任承担入侵台湾时的军事运输任务。 九月，发布《日本帝国电信条例》，确立政府对电信事业的控制权。在筑地设立海军的军备制造所。 十月，小野组、岛田组、三井组被命令增加公款抵押品。制定《北海道屯田宪兵设置条例》。 十一月，小野组破产。 十二月，开始从台湾撤兵。岛田组破产。 这一年，各地发生反对征兵令、地租改革以及负担小学运营费用的农民暴动。煤油灯迅速普及。《明六杂志》《朝野新闻》《读卖新闻》创刊。	和制崩溃。 三月，法国和越南签订《第二次西贡条约》，越南成为法国的保护国。 四月，巴黎印象派举办第一次画展，莫奈的《日出·印象》展出，塞尚、德加等人参展。 十月，在伯尔尼签订《万国邮政联合条约》。 这一年，俄国发动“到民间去”运动。斯坦利（英国）到非洲探险。美国雷明顿工厂开始销售打字机。瓦格纳（德国）完成《尼伯龙根的指环》。

续表

公历	年号	日本	世界
1875	明治八年	一月，大藏省纸币寮聘请希俄索奈负责纸币、邮票等的印刷技术的改良。命令三菱商会开通上海和横滨之间的新航线。 二月，大久保利通、木户孝允、板垣退助在大阪进行会晤（大阪会议），约定木户孝允、板垣退助重返政府。发布倡导平民必须拥有姓氏的公告。板垣退助结成爱国社。 三月，发布确立渐次立宪政体的诏敕。设置元老院、大审院。 四月，和俄国签订条约交换库页岛和千岛群岛。制定大审院、高等裁判所、府县裁判所的职制章程。 六月，设立东京气象台，开始一日三次的观测。召开第一次地方官会议。制定《谗谤律》和《新闻条例》，加强言论管制。 八月，制定《度量衡管理条例》，统一尺贯法（日本传统的度量衡制）。 九月，改定《出版条例》，规定事先申报制度。“云扬”号军舰和江华岛守兵交战（江华岛事件）。 十一月，新岛襄创立同志社英语学校（今同志社大学前身）。向小笠原诸岛派遣“明治丸”。 这一年，福泽谕吉发表《文明论之概略》。	一月，清朝同治帝（19）殁。西班牙开始王政复古。 二月，清朝光绪帝（4）继位，慈禧太后再次摄政掌握实权。 五月，欧美十五国在巴黎签订《米制公约》。法国告知清朝其与越南签订《第二次西贡条约》。 六月，清朝拒绝承认《第二次西贡条约》。 七月，法国制定《第三共和国宪法》。 十一月，英国用四百万英镑买下苏伊士运河公司十七万六千六百零二股的股票。 这一年，列夫·托尔斯泰开始发表《安娜·卡列尼娜》。比才（法国）的《卡门》首次上演。

续表

公历	年号	日本	世界
1876	明治九年	一月，制定《医术开业考试法》，之后中医减少，西医增多。 二月，和朝鲜签订《日朝修好条规》(《江华条约》)。大藏省工厂竣工。 三月，制定《废刀令》。 四月，政府机关实施周日全休、周六半休制度。 六月，天皇出发，巡幸奥羽。军舰“清辉”号在横须贺造船所（海军省管辖）完工。 七月，三井银行（日本第一家私立银行）开业。 八月，公布《金禄公债证书发行条例》，废止家禄、赏典禄，决定支付金禄公债。札幌学校建校（后改称为札幌农学校）。 九月，命令元老院起草国家宪法。 十月，兜町米商会所开业。向各国公使宣告对小笠原诸岛的所有权。发生神风连之乱、秋月之乱、萩之乱、思案桥之乱。 十二月，三重县发生反对新地税计算法的暴乱（伊势暴动），波及爱知、岐阜和堺县三县。 这一年，上野公园开园。卧云辰致发明水车纺织机。清水诚发明黄磷火柴。《中外物价新报》(现在的《日本经济新闻》)创刊。圣经翻译委员社翻译的《圣经新约路加传》出版。	五月，德国、奥匈帝国、俄国就巴尔干问题达成调停案《柏林纪要》。 六月，塞尔维亚向土耳其宣战。 七月，黑山向土耳其宣战，巴尔干战争爆发。 十二月，伊斯坦布尔会议召开，围绕巴尔干问题，就维持塞尔维亚领土完整和保加利亚的分割问题达成共识。土耳其制定《米德哈特宪法》。 这一年，美国的贝尔发明了电话。

续表

公历	年号	日本	世界
1877	明治十年	一月，依据减轻地租、减少年度支出诏书的要求，地租由地价的3%减少为2.5%。 二月，陆军大将西乡隆盛率兵从鹿儿岛出发，西南战争爆发。邮政轮船三菱公司被政府任命负责西南战争的军事运输。三井银行被任命负责陆军的出纳管理。 四月，东京开成学校和东京医学校合并，改称东京大学。 五月，元老院译官佐野常民负责西南战争伤员的救治工作，创立博爱社（即后来的红十字会）。以全部华族的金禄公债为资本创建的第十五国立银行开业。京桥以南的银座砖瓦街完工（瓦特斯设计建造）。 六月，签订《万国邮政联合条约》。立志社总代表片冈健吉提出开设国会的建议书。 八月，第一届内国劝业博览会在东京上野公园开幕，入场人数共计达四十五万四千六百六十八人。 九月，西乡隆盛（51）自杀，西南战争结束。 十二月，工部省和宫内省之间装设电话。 这一年，摩斯发现大森贝冢。高桥由一完成《鲑》。	一月，英属印度帝国成立。土耳其拒绝承认英国和俄国达成的调停案。 四月，俄国向土耳其宣战，俄土战争开始。 七月，美国爆发铁路工人大罢工。 这一年，美国的爱迪生发明留声机。法国作家左拉的作品《小酒馆》完成。
1878	明治十一年	一月，开设东京府劝工场，展示并销售第一届内国劝业博览会上的展品。	三月，俄国和土耳其签订《圣斯特法诺条约》，俄土战争结束。

续表

公历	年号	日本	世界
		五月，制定《创业公债证书发行条例》。参议兼内务卿大久保利通（49）在东京纪尾井町被刺杀（纪尾井坂之变）。外务卿寺岛宗则开始以收回关税自主权为目的进行修改条约的交涉。 六月，东京证券交易所成立。 七月，制定《郡区村编制法》《府县会规则》《地方税规则》（三新法）。制定《府县官职制》。 八月，东京商法会议所第一次集会。陆军近卫炮兵队因不满减俸等而发动叛乱（竹桥事件）。 十月，陆军长官山县有朋发布《军人训诫》。 十二月，设置参谋本部。 这一年，箱根宫之下的富士屋酒店作为外国人专用的酒店开始营业。新富座在煤气灯的照耀下于夜间上演《舞台明治世夜剧》。	四月，英国兰开郡十二万纺织工人罢工。 六月，柏林会议召开，再次审议《圣斯特法诺条约》的各项条例。 七月，《柏林条约》签署，《圣斯特法诺条约》被废弃，俄国的南下政策受挫。 这一年，爱迪生电灯公司创立（即后来的通用电气公司）。
1879	明治十二年	一月，签署《万国电信条约》。 三月，向琉球藩王尚泰下达废藩、移居东京的命令。霍乱在全国蔓延，各地不断发生“霍乱传染”骚乱。东京府议会召开（第一次府县会议）。 四月，设置冲绳县，锅岛直彬任县令（琉球处分）。 七月，为预防霍乱，向各国发布停船检疫规则通告。美国前总统格兰特访日，与天皇进行会谈。	十月，《中俄交收伊犁条约》签订。德国和奥匈帝国签订同盟协定，约定面对俄国的攻击达成完全合作关系。 十二月，法国重新将《马赛曲》定为国歌。 这一年，爱迪生发明白炽灯。

续表

公历	年号	日本	世界
		八月，东京海上保险公司创立（第一家财产保险公司）。 九月，制定《教育令》。 十月，沼间守一创办《嘤鸣杂志》，向地方民权家发送该杂志。 十一月，批准成立京都第一百五十三银行，此后不允许再成立国立银行。 十二月，命令各参议提交关于立宪政体的意见书。 这一年，田口卯吉主持的《东京经济杂志》创刊。植木枝盛发表《民权自由论》。	易卜生（挪威）写成《玩偶之家》。
1880	明治十三年	二月，横滨正金银行开业。 三月，爱国社第四次大会在大阪召开，结成国会期成同盟。 四月，制定《集会条例》，明确政治集会和结社需事前审批，明确临检警察官有集会解散权。修订《府县会规则》，制定《区町村会法》，赋予府知事和县令中止、解散会议的权力。片冈健吉、河野广中请愿开设国会。 七月，改订《刑法》，废除因身份不同而判处不同罪名的内容。制定《治罪法》。 九月，制定《酿酒税法》，增加酿造税。 十月，《君之代》改曲。	这一年，罗丹（法国）开始创作《思想者》。

续表

公历	年号	日本	世界
		十一月，修正《地方税规则》，确定地方税增税、增加地方税支付项目，并废除府县土木费辅助金。制定《工厂政府转让概则》，确定官营工厂的转让方针。山县有朋上奏《邻邦兵备略》。 十二月，修正《教育令》。 这一年，金银铸币流向海外。	
1881	明治十四年	一月，再次在东京设置警视厅。神田松枝町失火，烧毁房屋一万一千多栋（明治时期最大的火灾）。 三月，制定《宪兵条例》。参议大隈重信提交意见书，主张开设国会，实施政党内阁制。 四月，设置农商务省。矢野文雄、马场辰猪等人在《交询杂志》上发表《私拟宪法案》。 五月，东京职工学校（今东京工业大学前身）创立。立志社起草《日本宪法草案》。 六月，地租修订工作完成。 七月，内阁会议召开，参议兼开拓长官黑田清隆决定出售开拓使的官产。《东京横滨每日新闻》揭露了出售的真相，舆论的批判之声高涨（北海道官产出售事件）。 八月，植木枝盛起草《日本国国宪案》。	二月，莱赛普斯着手修建巴拿马运河。俄国和清朝签订《中俄改订条约》，重新划定两国西北边界。 三月，俄国亚历山大二世（63）被暗杀。朝鲜掀起排外主义运动。 五月，法国和突尼斯签订《巴尔杜条约》，突尼斯成为法国的保护国。 六月，清朝唐胥铁路开通（为运输煤炭设计的轻便铁路）。

续表

公历	年号	日本	世界
		十月，御前会议上，讨论立宪政体、命令开拓使停止出售官产，罢免大隈重信参议之职（明治十四年政变）。发布开设国会的敕谕。自由党成立（总理板垣退助）。农商务卿河野敏镰辞职。松方正义被任命为参议兼大藏卿（“松方财政”开始实施）。 十一月，驿递总监前岛密等大隈派官僚辞职。日本铁道公司成立。 十二月，修订《陆军刑法》和《海军刑法》，把军人参政定为罪行。	
1882	明治十五年	一月，发布《军人敕谕》。关于条约修订的第一次各国联合预备会议召开。 三月，参议伊藤博文等人奉命前往欧洲考察宪法。福地源一郎等人结成立宪帝政党。 四月，立宪改进党成立（大隈重信任总理）。 五月，大阪纺织公司成立。福岛县会反对县令三岛通庸强行推进道路修建的决定，并否决地方税议案。 六月，修订《集会条例》，地方长官和内务卿的权限扩大，强化对集会结社的管理。植木枝盛向元老院提交降低酒税建议书。 十月，日本银行开业，管理中央银行业务、银行券发行和国库现金出纳。大隈重信、小野梓等人创立东京专门学校（今早稻田大学前身）。 十一月，向地方长官下达扩充军备的敕谕。	一月，巴黎发生金融危机。 三月，法国制定《初等教育法》，将无偿、义务、世俗三原则法制化。 五月，德国、奥匈帝国、意大利三国同盟成立。 六月，伊斯坦布尔会议召开，商讨埃及相关事宜。 七月，朝鲜汉城（今韩国首尔）的朝鲜军队袭击闵氏一族和日本公使馆（壬午事变）。 八月，日本和朝鲜签订《济物浦条约》。

续表

公历	年号	日本	世界
		十二月，福岛县自由党干部河野广中等人因企图颠覆政府的嫌疑被逮捕（福岛事件）。 这一年的下半年，“松方通缩”日益严峻。《时事新报》创刊。卢梭著、中江笃介（中江兆民）译《民约译解》(《社会契约论》）出版。加藤弘之完成《人权新说》。	十一月，埃及实际处于英国的统治之下。 这一年，科赫发现结核杆菌。
1883	明治十六年	三月，北陆地区的自由党党员因暗杀大臣、阴谋内乱的嫌疑被逮捕（高田事件）。 四月，修订《报纸条例》，强化言论管制。大日本纺织联合会制定《防止争夺职工规则》。 五月，修订《国立银行条例》，规定国立银行的纸币偿还和开业许可，二十年后推行至私立银行。 六月，修订《出版条例》，规定出版前十天需要提交内容审核。 七月，太政官《官报》创刊。 八月，伊藤博文等人归国。大阪纺织公司开始夜间工作制。 九月，三池煤矿的劳改工人发生暴动。立宪帝政党解散。 这一年，鹿鸣馆竣工（康多尔设计修建）。未进入中产阶层的人民生活困难。	二月，德国开始殖民统治西南非洲。 八月，法国和越南签订第一次《顺化条约》，越南的安南和东京（北部湾地区）两地成为法国的保护国。 九月，清朝和法国就越南问题在天津举行会谈。 这一年，科赫发现了霍乱弧菌。尼采（德国）的《查拉图斯特拉如是说》出版。莫泊桑（法国）创作完成《一生》。
1884	明治十七年	三月，制定《地租条例》，固定地价和税率。在宫中设置制度调查局，着手起草宪法和皇室典范规章。	六月，法国和越南签订第二次《顺化条约》，越南全境成为法

续表

公历	年号	日本	世界
		五月，修正区町村会法，强化县令和区长、户长的权限，户长由府知事或县令选任。自由党激进派率领负债农民策划颠覆政府，袭击高利贷放贷者和警察署（群马事件）。 六月，冈仓天心和芬诺萨受命遍访京阪地区的古寺庙和神社，并打开法隆寺的梦殿，以调查救世观音菩萨像。 七月，邮政轮船三菱公司承租政府的长崎造船所（后出售，改称三菱造船所）。制定《华族令》。 九月，茨城和福岛的自由党党员与警察交战，被逮捕（加波山事件）。 十月，修正会计年度（起始日期改为四月一日）。自由党解散。埼玉县秩父地区的农民袭击郡役所和高利贷放贷者（秩父事件）。 十一月，制定《同业公会准则》，奖励结成同业公会。 十二月，爱知和长野的自由党党员的举兵计划被发现，遭到逮捕（饭田事件）。 这一年，因经济不景气且收成不好，农民生活困难，各地骚乱频发，许多公司和银行倒闭。弥生时代的土器被发现。莎士比亚作、坪内逍遥译《该撒奇谈自由太刀余波锐峰》出版（全译《尤里乌斯·恺撒》）。亚当·斯密著、石川英作译《国富论》出版。	国的领地。法国将柬埔寨纳入自己的保护国。法国军队在越南和清军交战。 十月，国际子午线会议在华盛顿召开，定格林尼治子午线为零度经线。 十一月，柏林会议召开，有十四国参加，制定了瓜分非洲的计划。 十二月，金玉均、朴泳孝等开化派人物在朝鲜汉城发动政变（甲申事变）。英国制定第三次选举法修正法，在实现男性普选权方面更进一步。 这一年，恩格斯（德国）完成《家庭、私有制和国家的起源》。
1885	明治十八年	一月，古河市兵卫接收政府出售的院内银山。 二月，尾崎红叶等人结成砚友社。	一月，日本和朝鲜签订《汉城条约》。

续表

公历	年号	日本	世界
		三月，福泽谕吉在《时事新报》上发表《脱亚论》。 五月，修正《电信条例》，统一全国费用。日本银行发行兑换银币的日本银行券。 九月，制定《违警罪立即裁决条例》。太政官文书局出版《法令全书》。 十月，涩泽荣一、大仓喜八郎等人成立东京瓦斯公司。签署《米制公约》。 十一月，大井宪太郎等人在朝鲜发动政变的计划被发现，遭到逮捕（大阪事件）。 十二月，废止太政官制，创设内阁制。首届伊藤博文内阁成立。三条实美被任命为内大臣。《官报》成为正式发布所有法令条例的载体。 这一年，《ROMAJI ZASSHI》创刊（黑本式）。坪内逍遥的《小说神髓》出版。	四月，清朝和法国宣布同时停战撤兵。日本和清朝签订《中日天津条约》，规定两国同时从朝鲜撤兵，都不派遣军事教官。 六月，清朝和法国签订《中法新约》，清朝承认越南为法国的保护国。 这一年，本茨（德国）发明汽油发动机汽车。
1886	明治十九年	二月，颁布公文式（日本法令体系公布形式）、各省官制。 三月，公布《帝国大学令》，将东京大学改组为帝国大学。 四月，公布《师范学校令》《中学令》《小学令》。川崎正藏承租政府的兵库造船所（改称为川崎造船所，后出售）。 五月，外务大臣井上馨召开第一次条约修订会议。公布裁判所官制，规定了裁判所的体系和职务权限。制定《教科书检定条	一月，英国将缅甸纳入殖民领地。 五月，美国各城市发动全面罢工，要求实行八小时工作制（五一劳动节的起源）。 十二月，美国劳工联合会（AFL）成立。

续表

公历	年号	日本	世界
		例》，制定学校教科书检定制度。霍乱在全国蔓延，死亡人数达到十万八千四百零五人。 六月，签订《万国红十字条约》。为扩张海军，公布《海军公债证书条例》。 七月，涩泽荣一和大仓喜八郎等人开办东京电灯会社。 八月，公布《登记法》。 十月，星亨和中江兆民等人在东京召开全国有志大恳谈会，主张团结大同。英国船“诺曼通”号在纪州海面遇难，日本乘客全部溺死。 十二月，英国领事裁判判处船长入狱三个月，舆论批判之声高涨（“诺曼通”号事件）。 这一年的下半年，铁道、纺织、矿山行业成立新公司的形势向好（企业勃兴）。《ROMAJI SINSI》创刊（训令式）。马基雅维利著、永井修平译《君主论》（井上毅校对）出版。	
1887	明治二十年	一月，东京首次点亮电灯。 四月，第二十六次条约修订会议召开，议定修订案批准后两年内开放内地、编撰西洋法典、任用外国法官等议案。这一时期鹿鸣馆经常举办舞会，批判其欧化主义之声日渐高涨。	一月，俾斯麦在帝国议会上做强化军备演讲。 二月，英国与意大利签订《第一次地中海协定》，约定维持地中海现状。

续表

公历	年号	日本	世界
		六月，伊藤博文、伊东巳代治、金子坚太郎等人开始讨论《宪法》草案（后井上毅也加入）。司法省法律顾问博瓦索纳德向内阁提交反对修订条约的建议书。 七月，横滨正金银行成为处理外汇事宜的特殊银行。公布《文官考试试补充见习规则》。外务大臣井上馨向各国公使宣告，法典编撰完成之前将无限期推迟条约修订会议。 八月，修正《宪法》草案（夏岛草案），定稿。 十月，后藤象二郎成立丁亥俱乐部，发起大同团结运动。在横滨，开始使用铁管制成的上水道供水。片冈健吉等人向元老院提出三大事件建议书，主张降低地租、言论集会自由、挽回外交上的失策等。 十二月，在《官报》号外上公布《保安条例》，即日实施，命令反政府分子在三日之内退到皇居三里之外。 这一年，德富苏峰负责的《国民之友》创刊。二叶亭四迷的《新编浮云》出版。	十月，法属印度支那联邦成立。 十二月，清朝和葡萄牙签订通商条约，并将澳门割让给葡萄牙。英国、意大利、奥匈帝国三国签订《第二次地中海协定》，约定维持巴尔干现状并保证土耳其领土完整。 这一年，柴门霍夫（波兰）公布世界语。
1888	明治二十一年	一月，开始使用日本标准时。山阳铁道公司成立。 四月，公布《市制》《町村制》。黑田清隆内阁成立。 五月，设立枢密院，审议皇室典范草案、宪法草案。	一月，德国和意大利签订军事协定，约定意大利派军支援德法战争中的德国。

续表

公历	年号	日本	世界
		六月，后藤象二郎创办大同团结运动的机关报《政论》。设立东京天文台。《日本人》上刊登了高岛煤矿虐待矿工事件,引发社会舆论。 七月，后藤象二郎出发前往信越、东北地区游说。 八月,《东京市区改正条例》公布（第一部都市计划立法）。三井组承租政府的三池煤矿。 九月，枢密院审议《议院法案》《贵族院令案》《众议院议员选举法案》。 十一月，外务大臣大隈重信基于国别交涉方针，当面向德国代理公使递交了新条约修正案和外相宣言案。在华盛顿和墨西哥签订《修好通商条约》。 十二月，石川岛平野造船所“鸟海”号炮舰完工（民间造船所建造的第一艘炮舰）。 这一年，农商务省《农务始末》编撰完成。志贺重昂和三宅雪岭创刊《日本人》。	十月，签订苏伊士运河条约，意大利、奥匈帝国、西班牙、荷兰、俄国、土耳其参与签订条约，不论战时还是平常时期都保障运河的自由通航。 十二月，清朝建立北洋舰队。 这一年，伊斯曼（美国）发明小型胶卷相机“柯达”。
1889	明治二十二年	一月，修订《征兵令》，取消户主免除征兵的条例，实现国民皆兵。 二月,颁布《大日本帝国宪法》(明治二十三年十一月二十九日施行，昭和二十二年五月三日废止)。非正式发布皇室典范，未登载在《官报》上。公布《议院法》《贵族院令》《众议院议员选举法》。首相黑田清隆将地方长官召集到鹿鸣馆，倡导超然主义。	二月，莱赛普斯的巴拿马运河公司破产。 五月，巴黎万国博览会举办（纪念法国大革命一百周年），埃菲尔铁塔建成。

续表

公历	年号	日本	世界
		三月，后藤象二郎就任递信大臣。 四月，依次施行市制、町村制。 五月，《日本》翻译并转载登载在《泰晤士报》上的外务大臣大隈重信的条约修正案，民众批判声高涨。帝国大学系的英法学者主张延期施行《民法》，成立民法典争论协会。 十月，外务大臣大隈重信被璇洋社员袭击后受伤，条约修订一事中止。 十一月，向黑田清隆、伊藤博文颁发优待元勋的诏书。内阁记录局编《法规分类大全》出版。 十二月，第一届山县有朋内阁成立。公布内阁官制。 这一年，歉收导致物价高涨，以此为契机，物价、股票价格下跌（明治二十三年恐慌的开端）。陆羯南等人主编的《日本》与森鸥外主编的《栅草纸》创刊。	七月，巴黎成立第二国际。 八月，伦敦码头工人罢工。 十月，在华盛顿召开第一次泛美会议。朝鲜实施《防谷令》，禁止向日本出口粮食（防谷令事件）。 这一年，北里柴三郎（日本）在科赫的指导下成功地培养出导致破伤风的芽孢杆菌。

参考文献

（为方便读者检索，本书对原书参考文献各条目均予保留，作者名、书名、论文名、刊物名及出版社名等均按原文照录。）

全书相关（原则上超过四章引用）

『明治天皇紀』第一—第七（吉川弘文館、一九六八年〜一九七二年）

内閣官報局『法令全書』（同局、一八八七年〜、本文中の法令引用はこれによる）

犬塚孝明『森有礼』（人物叢書、吉川弘文館、一九八六年）

高橋昌郎『西村茂樹』（人物叢書、吉川弘文館、一九八七年）

学海日録研究会編『学海日録』（岩波書店、一九九〇〜一九九三年）

我妻栄等編『日本政治裁判史録』明治前・後（第一法規出版、一九六八、一九六九年）

鳥海靖『日本近代史講義—明治立憲制の形成とその理念—』（東京大学出版会、一九八八年）

飛鳥井雅道編『国民文化の形成』（筑摩書房、一九八四年）

第一章

尾佐竹猛『維新前後に於ける立憲思想―帝国議会史前記―』(文化生活研究会、一九二五年)

大久保利謙『明治維新の政治過程』「大久保利謙歴史著作集一」(吉川弘文館、一九八六年)

佐々木克『大久保利通と明治維新』(吉川弘文館、一九九八年)

星亮一『奥羽越列藩同盟―東日本政府樹立の夢―』(中公新書、一九九五年)

大山柏『戊辰役戦史』(時事通信社、一九六八年)

三谷博『明治維新とナショナリズム―幕末の外交と政治変動―』(山川出版社、一九九七年)

松尾正人『維新政権』(吉川弘文館、一九九五年)

松尾正人『廃藩置県の研究』(吉川弘文館、二〇〇一年)

勝田政治『廃藩置県』(講談社、二〇〇〇年)

山崎有恒「『公議』抽出機構の形成と崩壊―公議所と集議院―」伊藤隆編『日本近代史の再構築』(山川出版社、一九九三年)

宮地正人『幕末維新期の社会的政治史研究』(岩波書店、一九九九年)

佐倉市史編さん委員会編『佐倉市史』巻一、巻二(佐倉市、一九七一、一九七三年)

関順也『藩政改革と明治維新―藩体制の危機と農民分化―』(有斐閣、一九五六年)

佐々木克『志士と官僚―明治初年の場景―』(ミネルヴァ書房、一九八四年)

古川薫『長州奇兵隊―栄光と挫折―』(創元社、一九七二年)

肥田木重文「都城と三島通庸」『宮崎県地方史研究紀要』八(一九八二年)

平尾道雄『無形　板垣退助』(高知新聞社、一九七四年)

第二章（不含前章涉及条目，下同）

岡田俊平編『明治初期の財政金融政策』（清明会、一九六四年）

山本有造『両から円へ—幕末・明治前期貨幣問題研究—』（ミネルヴァ書房、一九九四年）

梅村又次・山本有造編『日本経済史3　開港と維新』（岩波書店、一九八九年）

佐藤誠朗『ワッパ騒動と自由民権』（校倉書房、一九八一年）

石川安次郎『沼間守一』（毎日新聞社、一九〇一年）

大島美津子『明治国家と地域社会』（岩波書店、一九九四年）

鈴木淳『新技術の社会誌』（中央公論新社、一九九九年）

藪内吉彦『日本郵便発達史』（明石書店、二〇〇〇年）

千葉正士『学区制度の研究　国家権力と村落共同体』（勁草書房、一九六二年）

木槻哲夫「村の成功者と学校—明治初年教育関心の一考察—」和歌森太郎先生還暦記念論文集編集委員会『明治国家の展開と民衆生活』（弘文堂、一九七五年）

藤村道生「徴兵令の成立」『歴史学研究』四二八号（一九七六年）

大島明子「廃藩置県後の兵制問題と鎮台兵—外征論との関わりにおいて—」

黒沢文貴・斎藤聖二・櫻井良樹『国際環境のなかの近代日本』（芙蓉書房出版、二〇〇一年）

加藤陽子『徴兵制と近代日本—一八六八—一九四五—』（吉川弘文館、一九九六年）

小田中聰樹「北条県血税騒動」我妻栄編『日本政治裁判史録　明治・前』（第一法規出版、一九六八年）

奥田晴樹『地租改正と地方制度』（山川出版社、一九九三年）

茂木陽一「新政反対一揆と地租改正反対一揆―伊勢暴動を例に―」『シリーズ日本近現代史一』(岩波書店、一九九三年)
中山勝「明治十一年・神奈川県真土村農民騒擾事件裁判小考」手塚豊編『近代日本史の新研究VI』(北樹出版、一九八五年)
渡辺隆喜『明治国家形成と地方自治』(吉川弘文館、二〇〇一年)
阿部武司「藤本庄太郎―堺緞通業の組織者―」竹内常善・阿部武司・沢井実編『近代日本における企業家の諸系譜』(大阪大学出版会、一九九六年)

第三章

ジョン・エリス『機関銃の社会史』越智道雄訳(平凡社、一九九三年)
雨倉孝之・熊谷光久「明治初期における海軍の活躍」海軍歴史保存会『日本海軍史』第一巻(海軍歴史保存会、一九九五年)
石井孝『明治初期の日本と東アジア』(有隣堂、一九八二年)
高橋秀直「江華条約と明治政府」『京都大学文学部研究紀要』三七号(一九九八年)
牧原憲夫『明治七年の大論争―建白書から見た近代国家と民衆―』(日本経済評論社、一九九〇年)
安岡昭男『明治前期大陸政策史の研究』(法政大学出版局、一九九八年)
D・R・ヘッドリク『帝国の手先』原田勝正、多田博一、老川慶喜訳(日本経済評論社、一九八九年)
明治維新史学会『明治維新とアジア』(吉川弘文館、二〇〇一年)
保谷徹『「欧米史料による下関戦争の総合的研究」研究報告書』科学研究費補助金成果報告書(二〇〇一年)
勝田政治『内務省と明治国家形成』(吉川弘文館、二〇〇二年)
山室信一・中野目徹校注『明六雑誌』上(岩波文庫、一九九九年)

稲田雅洋『自由民権の文化史—新しい政治文化の誕生—』(筑摩書房、一九九五年)
羽賀祥二「明治初期太政官制と『臨機処分』権」明治維新史学会『幕藩権力と明治維新』(吉川弘文館、一九九二年)
大宅由耿『郷土隠史—肥前の軍事と風教を語る—』(忠正社、一九三六年)
明治財政史編纂会『明治財政史』三巻(丸善、一九〇四年)
丹羽邦男「地租改正と秩禄処分」『岩波講座　日本歴史　一五　近代二』(岩波書店、一九六二年)
丹羽邦男『明治維新の土地変革—領主的土地所有の解体をめぐって—』(御茶の水書房、一九六二年)
高村直助『会社の誕生』(吉川弘文館、一九九六年)
深谷博治『改訂増補　華士族秩禄処分の研究』(亜細亜書房、一九四四年)
加藤俊彦・大内力編著『国立銀行の研究』(勁草書房、一九六三年)
落合弘樹『明治国家と士族』(吉川弘文館、二〇〇一年)
園田英弘・濱名篤・廣田照幸『士族の歴史社会学的研究—武士の近代』(名古屋大学出版会、一九九五年)
西郷都督樺山総督記念事業出版委員会編『西郷都督と樺山総督』(一九三六年)
初田亨『東京　都市の明治』(ちくま学芸文庫、一九九四年)

第四章

木山竹治『松田道之』(鳥取県教育会・岩美郡教育会、一九二五年)
渡邊直子「『地方税』の創出—三新法体制下の土木費負担—」高村直助編『道と川の近代』(山川出版社、一九九六年)
坂野潤治「『富国』論の政治史的考察」梅村又次・中村隆英編『松方財政と殖産興業政策』(国際連合大学、一九八三年)

有泉貞夫『明治政治史の基礎過程―地方政治状況史論』(吉川弘文館、一九八〇年)
平田元吉『三島通庸』(東京堂、一八九八年)
芳賀徹『絵画の領分―近代日本比較文化史研究―』(朝日新聞社、一九八四年)
高橋哲夫『明治の士族―福島県における士族の動向―』(歴史春秋社、一九八〇年)
高橋哲夫『福島事件』(三一書房、一九七〇年)
大石嘉一郎『自由民権と大隈・松方財政』(東京大学出版会、一九八九年)
長妻廣至『補助金の社会史―近代日本における成立過程―』(人文書院、二〇〇一年)
坂野潤治『近代日本の国家構想――八七一――九三六―』(岩波書店、一九九六年)
陸軍省『明治天皇御伝記史料　明治軍事史』上巻(原書房、一九六六年)
西岡香織「明治初期の陸軍後方―会計部・軍夫・輜重輸卒に関する一考察―」『軍事史学』一一二号(一九九二年)
澤地久枝『火はわが胸中にあり』(角川書店、一九七八年)
梅溪昇『軍人勅諭成立史―天皇制国家観の成立(上)―』(青史出版、二〇〇〇年)

第五章

古田和子『上海ネットワークと近代東アジア』(東京大学出版会、二〇〇〇年)
小風秀雅『帝国主義下の日本海運―国際競争と対外自立―』(山川出版社、一九九五年)

鈴木淳『明治の機械工業—その生成と展開—』(ミネルヴァ書房、一九九六年)
安丸良夫「困民党の意識過程」『思想』七二六号(一九八四年)
朝倉孝吉『新編日本金融史』(日本経済評論社、一九八八年)
脇田修『近世封建社会の経済構造』(御茶の水書房、一九六三年)
中林真幸「蚕糸業の再編と国際市場　一八八二——八八六」『土地制度史学』一四五号(一九九四年)
室山義正『近代日本の軍事と財政—海軍拡張をめぐる政策形成過程—』(東京大学出版会、一九八四年)
鶴巻孝雄『近代化と伝統的民衆世界—転換期における民衆運動とその思想—』(東京大学出版会、一九九二年)
丹羽邦男「明治政府勧解制度の経済史上の役割」『商経論叢』三十巻一号(一九九四年)
馬場宏二『会社という言葉』(大東文化大学経営研究所、二〇〇一年)
高村直助『日本紡績業史序説』(塙書房、一九七一年)
星野誉夫「日本鉄道会社と第十五国立銀行」(一)(二)(三)『武蔵大学論集』第十七巻二号—六号、第十九巻一号、五号、六号(一九七〇～一九七二年)
玉川寛治「初期日本綿糸紡績業におけるリング精紡機導入について」『技術と文明』十巻二号(一九九七年)
高村直助「二千錘紡績の蘇生」『企業勃興—日本資本主義の形成—』(ミネルヴァ書房、一九九二年)
中村尚史『日本鉄道業の形成　一八六九——八九四年』(日本経済評論社、一九九八年)
小木新造『東京時代—江戸と東京の間で—』(日本放送出版協会、一九八〇年)

牧原憲夫『客分と国民のあいだ―近代民衆の政治意識―』(吉川弘文館、一九九八年)
藤森照信『明治の東京計画』(岩波書店、一九八二年)
鈴木淳『町火消たちの近代―東京の消防史』(吉川弘文館、一九九九年)
原剛「明治初期の沖縄の兵備―琉球処分に伴う陸軍分遣隊の派遣―」『政治経済史学』三一七号(一九九二年)
御厨貴『首都計画の政治―形成期明治国家の実像―』(山川出版社、一九八四年)

第六章

木野主計『井上毅研究』(続群書類従完成会、一九九五年)
佐々木隆『伊藤博文の情報戦略―藩閥政治家たちの攻防―』(中公新書、一九九九年)
坂本一登『伊藤博文と明治国家形成―宮中の制度化と立憲制の導入―』(吉川弘文館、一九九一年)
升味準之輔『日本政党史論』一、二巻(東京大学出版会、一九六五、一九六六年)
河西英通『近代日本の地域思想』(窓社、一九九六年)
塩出浩之「明治立憲制の形成と『植民地』北海道」『史学雑誌』百十一編三号(二〇〇二年)
宮城栄昌『琉球の歴史』(吉川弘文館、一九七七年)
松沢裕作「明治十七年の地方制度改革―埼玉県の事例を中心に―」『史学雑誌』百九編七号(二〇〇〇年)
大日方純夫『近代日本の警察と地域社会』(筑摩書房、二〇〇〇年)
松本博先生徳島地域史研究四十年記念論集・史料集刊行会『近代徳島民衆

的世界の形成』(教育出版センター、二〇〇〇年)
中野実『東京大学物語—まだ君が若かったころ—』(吉川弘文館、一九九九年)
東京都公文書館『都史紀要一〇　東京の大学』(東京都、一九六三年)

出版说明

“讲谈社·日本的历史”是日本讲谈社出版的日本通史系列丛书，由日本史学家网野善彦领衔撰写，邀请各领域的一流学者，讲述日本从旧石器时代到平成年间的历史，共二十六卷。

在日本出版界，各大出版社都曾在不同时期出版过日本通史系列。“讲谈社·日本的历史”问世前，中央公论社于 1965 年至 1967 年出版的“日本的历史”系列二十六卷本，是日本通史系列丛书中的权威作品。对于这些日本通史读物，文艺评论家三浦雅士曾指出，若以时间为基轴阅读，即可窥见历史观随时代迁移呈现出的变化。中央公论社的“日本的历史”代表着战后二三十年的研究结晶，“讲谈社·日本的历史”呈现的则是直至当代的研究动向，在承袭前人的基础之上，还有新时代独有的创新之处，兼具权威性与前沿性。

整体而言，该丛书呈现了日本历史发展的主要脉络，也涉及各个时期的学术性问题和专题性问题。考虑到完全引进的工程量与中国市场的实际情况以及中国读者的阅读偏好，此次出版的中文版主要选择呈现历史脉络的卷册，剔除了部分学术性或专题性较强的卷册。选取的十卷本既呈现了日本学者从内部看待自身的独特切入点，涉及的内容亦包罗万象，读者可从中获得对特定时代的全景式了解。

因编者和译者能力有限，本书难免出现各种错误，敬请广大读者提出指正。

图书在版编目（CIP）数据

维新的构想与开展：明治时代 /（日）铃木淳著；
李青译 . -- 上海：文汇出版社，2021.5
（讲谈社·日本的历史）
ISBN 978-7-5496-3471-2

Ⅰ . ①维… Ⅱ . ①铃… ②李… Ⅲ . ①日本－近代史
－明治时代 Ⅳ . ① K313.41

中国版本图书馆 CIP 数据核字 (2021) 第 042932 号

维新的构想与开展：明治时代

作　　者／〔日〕铃木淳
译　　者／李　青
责任编辑／苏　菲
特邀编辑／林俐姮
装帧设计／尚燕平
内文制作／张　典
出　　版／文匯出版社
上海市威海路 755 号
（邮政编码 200041）
发　　行／新经典发行有限公司
电　　话／010-68423599　邮　　箱／editor@readinglife.com
印刷装订／山东韵杰文化科技有限公司
版　　次／2021 年 5 月第 1 版
印　　次／2021 年 5 月第 1 次印刷
开　　本／787×1092　1/32
字　　数／247 千
印　　张／13

ISBN 978-7-5496-3471-2
定　　价／78.00 元

版权登记图字 09-2021-0205